브라이언 트레이시의
# 행운의 법칙

브라이언 트레이시의
# 행운의 법칙

1판 1쇄 발행 2024. 3. 14.
1판 2쇄 발행 2024. 6. 1.

지은이 브라이언 트레이시
옮긴이 박병화

발행인 박강휘
편집 박완희 디자인 조명이 마케팅 백선미 홍보 강원모
발행처 김영사
등록 1979년 5월 17일(제406-2003-036호)
주소 경기도 파주시 문발로 197(문발동) 우편번호 10881
전화 마케팅부 031)955-3100, 편집부 031)955-3200 | 팩스 031)955-3111

값은 뒤표지에 있습니다.
ISBN 978-89-349-5772-0 03190

홈페이지 www.gimmyoung.com          블로그 blog.naver.com/gybook
인스타그램 instagram.com/gimmyoung          이메일 bestbook@gimmyoung.com

좋은 독자가 좋은 책을 만듭니다.
김영사는 독자 여러분의 의견에 항상 귀 기울이고 있습니다.

브라이언 트레이시의

# 행운의 법칙

그냥 살지 말라,
행운아로 살아라!

# THE LAWS
## OF LUCK

브라이언 트레이시
박병화 옮김

김영사

차례

THE LAWS
OF LUCK

1

# 인생의 기본 법칙

## The Fundamental Laws of Luck

사람은 누구나 더 건강하고 더 행복하기를 바라며 더 큰 만족과 성공을 원한다. 하지만 진정한 행복을 맛보며 삶 속에서 완벽하게 자아실현을 하는 사람은 극소수에 지나지 않는다. 사람들은 대개 불안한 가운데, 방법만 안다면 지금보다 더 잘할 수 있을 거라고 막연히 기대한다. 성공과 행복을 위해 타고난 능력이 있으면서도 그들이 경험하는 삶의 수준은 그 잠재력에 못 미친다. 지금보다 훨씬 더 건강하고 부유하게 생활하고 더 큰 성공을 거두고 더 많은 인정과 존경을 받으며 더 만족스럽게 살 수 있는데도 말이다.

내 경우, 이점이라고는 거의 없는 상태에서 출발했다. 내 부모는 완전히 빈털터리였고 아버지는 오랫동안 실업자였다. 나는 고등학교를 중퇴하고 여러 해 동안 육체 노동자로 일했다. 스물네 살이 되었을 때까지도 여전히 떠돌이 신세였다. 파산 상태에서 빚만 잔뜩 진 실업자였다. 신통한 기술이 있나, 학교를 제대로 다녔나, 버젓한 친구가 있나, 내가 보아도 장래를 기대할 수 없었다.

그때 의문이 들기 시작했다. "남보다 더 크게 성공하는 사람들은 이유가 뭘까? 왜 어떤 사람은 더 부유하고 더 좋은 일자리를 얻고 가정도 더 화목한 걸까? 다른 사람보다 더 건강하고 더 활기차고 더 신나는 삶을 누리는 이유가 뭐냐고? 그런 사람은 더 좋은 차를 모는 데다가 더 좋은 옷을 입고 더 멋진 집에서 산다. 그들은 언제나 돈 냄새를 풍긴다. 더 좋은 레스토랑을 드나들고 멋진 여행을 하며 만족스러운 삶을 산다. 도대체 이유가 뭐냐고?"

성공한 사람들은 그저 운이 좋았을 뿐이라는 말이 있다. 성공하지 못하고 불행한 사람들은 단지 운이 나빴을 뿐이라는 것이다. 이 말은 제한된 환경에서 출발해 땀 흘려 일하고 열심히 공부하고 자신의 적응력과 노력으로 두각을 나타낸 사람들이 단순히 운이 좋았다는 뜻인가? 친구도 없고 이렇다 할 말재주도 없고 돈이나 결정적인 기회도 없음에도 불구하고 전 세계 곳곳에서 성공을 거둔 사람들이 그저 행운을 붙잡았을 뿐이라는 의미인가? 내가 볼 때는 말이 안 되는 소리였다.

세계적인 은행인 크레디트스위스에 따르면, 2022년에 미국에는 백만장자가 2,200만 명이 넘었다고 한다. 그중 상당수는 자수성가한 사람들이었다. 또 같은 해, 백만장자 대열에 새로 진입한 사람이 약 250만 명이었다. 이들이 모두 단순히 운이 좋았던 것일까?

그동안 내가 배운 것, 그리고 이제부터 내가 당신과 공유하려고 하는 것은 성공한 사람들의 생각과 느낌, 행위와 행동 방식, 그리고 그들이 내린 결정에 대하여 25년 이상 연구한 결과다. 결론은 '행운'이 예측 가능하다는 것이다. 행운은 아무런 기준도 없이 누구는 많이 받고 누구는 하나도 못 받는 우연한 사건의 연속이 아니다. 사실은, 우리가 이른바 행운을 잡은 사람들이 하는 대로 할 때, 우리가 원하는 행운을 무엇이든 누릴 수 있다.

## 이유 없는 일은 없다

기원전 5세기에 그리스의 많은 철학자는 훗날 서양 철학과 사상의 기본 법칙이 된 학설을 제기했다. 누구나 올림포스산에 사는 신과 우발적이고 무질서한 자연의 힘을 믿던 시대에, 이 철학자들은 우리 인간이 어떤 법칙의 세계에 살고 있다고 말했다. 우리가 그 배후에 있는 원리를 이해하든 못 하든 상관없이, 일정한 질서 체계에 지배받는다고 주장한 것이다. 오늘날 우리는 이 체계를 인과율, 즉 **원인과 결과의 법칙**이라고 부른다. 우리는 그것을 이 세계의 일부로 받아들이지만, 당시에 그런 주장은 놀랄 만한 아이디어였고 뜨거운 논란을 불러일으켰다.

인과율에 따르면, 모든 일은 이유가 있어서 발생한다. 우리가 살면서 직면하는 결과에는 한 가지 원인이 있기 마련이다. 아니면 일정한 한도에서 측정하고 정의하고 식별할 수 있는 일련의 원인이 있는 법이다. 우리가 살아가며 원하는 것이 있을 때, 혹은 바라는 결과가 있다고 할 때, 우리는 그와 똑같은 결과를 달성한 사람을 발견할 수 있다. 그들이 한 일을 똑같이 함으로써 똑같은 결과와 보상을 맛볼 수 있다.

성공은 우연이 아니다. 성공은 행운과 불운에 따른 결과가 아니다. 설사 우리가 어떤 위치에서 현재의 위치로 이동했는지 파악하지 못한다고 해도, 일련의 일정한 단계를 밟았기 때문에 현재의 위치로 온 것이다. 사실 그 과정은 우리를 다른 곳으로 데려갈 수 없었다.

현재 우리의 존재 방식과 모습은 우리 자신이 그 원인이다. 오랜 세월 살면서 내린 선택과 판단이 이 순간의 삶을 결정한 것이다. 인과율의 놀라운 점은, 어느 때건 우리가 다른 선택을 하기 시작하고 다른 과정을 밟을 때, 필연적으로 지금과는 다른 위치에 도달할 수밖에 없다는 것이다.

미국에는 열악한 환경에서 온갖 악조건과 부담을 극복하고 놀라운 삶을 스스로 일궈온 사람들이 수없이 많다. 주변에서는 여전히 그들의 성공을 행운 덕으로 돌린다. 그러나 성공한 사람들과 이야기를 나누고 그들의 인생 스토리를 추적해보면, 행운은 그들의 성공과 아무 관계가 없다는 것을, 또 행운이 우리의 성공과도 아무 관계가 없다는 것을 알게 될 것이다.

원인과 결과의 법칙에 따라, 원인을 바꾸면 결과도 바뀐다. 예를 들어 돈이 떨어지거나 인간관계가 안 풀리거나 하는 일이 불만스러운 등 우리 삶에 나쁜 결과가 나타날 때, 그런 결과를 초래한 것들을 역추적할 수 있다. 원인을 제거함으로써 빠르면 하룻밤 새에 결과를 없애버릴 수 있다. 성공한 사람들, 행복하고 잘 나가는 사람들은 그들의 삶을 지배하는 법칙을 발견하고 그 법칙에 발맞추도록 인생을 설계한다. 그 결과 보통 사람보다 훨씬 더 많은 기쁨과 만족을 경험하고 몇 년 안 되어 더 많은 것을 이룩한다.

포커판에서 돈을 따는 사람이 웃으며 농담할 때, 잃은 사람은 "닥치고 패나 돌려"라고 말하는 장면을 보았을 것이다. 우리 주변 세상을 돌아보면 승자가 바쁘게 움직이고 목표를 향해 열심히 노력하는 데 비해, 보통 사람들은 뭔가 좋은 일이 생기기를 기대하면서도 가능한 한 땀을 적게 흘리려고 한다. 승자는 자신의 성공을 노력과 현실 적응의 덕으로 돌리지만, 보통 사람들은 자신의 실패를 불운 탓으로 돌린다.

> 우리가 하는 생각이 원인이고 우리가 처한 상태가 결과다.

어쩌면 원인과 결과의 법칙에서 가장 중요한 핵심은 다음과 같은 판단일 것이다. "우리가 하는 생각이 원인이고 우리가 처한 상태가 결과다. 이 우주에서 가장 강력한 힘은 우리의 마음이다." 랄프 왈도 에머슨도 "사람은 생각한 대로 된다"라고 하지 않았던가.

현재의 상태와 지위는 습관적인 사고 방식에서 비롯한다. 사람의 생각은 창조적이기 때문에 결국 그 사람의 현실을 만들어낸다. 그러므로 생각을 바꾸면 인생이 바뀐다. 고대의 종교인이나 철학자, 여러 형이상학 학파를 비롯해 역사상 가장 위대한 사상가들은 한결같이 마음에서 나오는 힘이 개인의 운명을 결정할 만큼 강력하다고 강조했다.

# 뿌린 대로 거두리라

또 다른 원인과 결과의 법칙으로는, 뉴턴이 처음 제시한 **작용과 반** **작용의 법칙**이 있다. 모든 작용에는 그와 같거나 반대되는 반응이 있다. 달리 말하면, 모든 행동에는 결과가 뒤따른다. 우리가 어떤 행동을 할 때, 처음에는 우리가 결정을 내리고 통제할 수 있다. 하지만 이후에는 거기서 나오는 결과가 우리 손에서 벗어날 때가 많다. 우리가 어떤 행동이나 말을 하면, 그 결과에는 자체의 힘과 영향력이 있다. 성공하는 사람들이 자신이 하는 말과 행동에 아주 신중한 반면, 성공하지 못하는 사람들이 생각이 짧거나 심지어 자신의 말과 행동에 부주의하기까지 한 이유가 바로 이 때문이다.

흔히 행운이라고 부르는 것을 더 많이 누리는 비결은, 자신이 바라는 결과를 부를성싶은 행동을 더 많이 하는 것이다. 동시에 원치 않는 결과를 부를 것 같은 행동은 의식적으로 피해야 한다. 영업 활동을 한다면, 잠재 고객을 예측하고 발굴하고 지속 관리하라. 모범적이고 우수한 고객층을 꾸준히 양성하려고 노력하라. 더 높은 매출과 소득, 개인적인 자부심, 그리고 경력상으로 더 큰 만족감을 맛볼 것이다. 이런 행동을 많이 할수록 더 만족스러운 결과를 누릴 것이다. 반대로 이런 행동이 적을수록 만족스러운 결과는 줄어들 것이다.

원인과 결과의 법칙을 다르게 표현한 말로는 **파종과 수확의 법칙**이 있다. 성서에도 "사람이 무엇을 심든지 그대로 거두리라"(〈갈라디아서〉 6장 7절)라고 나왔듯 콩 심은 데 콩 나는 법이다. 현재 우리가 거두어들이는 것은 과거에 씨를 뿌린 결과다.

원인과 결과, 작용과 반작용, 파종과 수확의 법칙은 변하지 않는 진리로서 인류가 지구에 처음 존재했을 때부터 함께해온 보편적인 원리다. 모든 성공과 행복, 목표 달성은 시대를 초월하는 이 원리에 우리의 삶을 맞추는가에 달렸다. 거기에 맞춘다면, 우리는 보통 사람은 좀체 경험하기 어려운 수준의 만족을 맛볼 것이다. 그러면 사람들은 우리를 '행운아'라고 부르기 시작할 것이다.

## 확률을 키우는 법

**확률의 법칙**은 행운을 설명하는 데 결정적인 요인이다. 이 법칙에 따르면, 특정 상황에서 특정 사건이 발생할 확률이 있다. 모든 사건은 삶에서 논리적이고 체계적인 규칙성을 가지고 일어난다. 예를 들어 우리가 동전을 던진다고 할 때, 장기적으로 보면 50퍼센트는 앞면이 나오고 50퍼센트는 뒷면이 나온다. 아무리 많이 던진다고 해도, 앞면이 나올 확률과 뒷면이 나올 확률은 각각 50퍼센트다. 동전을 5,000번 던진다고 할 때, 50퍼센트의 확률은 항상 유지된다. 더 많은 행운을 누리기 위해서 우리가 주로 매달려야 할 일은 우리에게 중요한 모든 영역에서 성공 확률을 키우는 것이다.

이 책에서 나는 당신이 하는 일이 무엇이든, 거의 모든 일에서 당신이 바라는 결과를 얻을 확률을 높여주는 수십 가지 방법을 보여줄 것이다. 한 가지 예로 몸을 제대로 가누지 못할 만큼 만취한 사람이 어두컴컴한 방에서 10여 미터 떨어진 벽에 걸린 다트판을 바라본다고 가정해보자. 이 사람은 눈도 밝지 못하고 민첩하지도 않고 다트 던지기 경험도 없지만, 다트를 던지기 시작한다. 다트는 얼마든지 있다. 이 사람이 다트판을 맞출 확률은 얼마나 될까? 별로 높지는 않을 것이다. 하지만 다트판 방향으로 계속 던지다 보면, 언젠가는 맞출 것이다.

이 사람이 과녁의 중심을 맞출 가능성은 얼마나 될까? 다트가 충분히 있고, 오랜 시간 서 있을 수 있고, 시간을 들여 조준하는 법을 배운다면, 그리고 끝없이 계속 던진다면, 틀림없이 결국 언젠가는 중심을 맞출 것이다.

이 이야기는 인생의 핵심적인 교훈을 전한다. 당신이 누구든, 어떤 상황에서 출발했든, 충분한 시간을 가지고 매번의 시도에서 배운다면, 그리고 당신에게 중요한 목표를 조준하기 위해 끊임없이 애쓴다면, 언젠가 당신은 반드시 과녁의 중심을 맞출 것이다. 이것은 행운의 문제가 아니다. 단순한 확률의 문제일 뿐이다.

이제 당신이 바로 그 사람에게 술을 끊게 하고 상급반에 들어가 프로 다트 선수에게 다트 던지기 훈련을 받게 한다고 가정해보자. 그리고 이 사람을 조명이 환한 방으로 데리고 가서 다트판에서 4~5미터 정도 떨어진 곳에 세워두고 정밀하게 손질한 다트를 준다. 이 사람은 하나하나 조심스럽게 과녁을 조준해가며 신중하고 여유 있게 다트를 던진다. 그러면 어떻게 될까? 지식과 기술, 조명 상태, 민첩성, 과녁의 선명도, 다트판의 거리 등 조절할 수 있는 모든 요인을 개선하면, 이 사람이 더 일찍 과녁의 중심을 맞출 확률은 처음 다트를 던질 때보다 훨씬 커질 것이다.

당신에게 가장 중요한 목표를 달성하는 모든 과정을 점검하고, 세부적인 단계를 살펴보며 그 과정을 최대한으로 개선함으로써, 당신은 원하는 성공을 거둘 확률을 크게 높일 수 있다. 만일 당신이 어떤 분야에서 성공하고 싶을 때, 성공이 당신에게 어떤 의미인지 글로 분명하게 밝힐 수 있다면, 성공할 가능성은 훨씬 커진다. 그런 다음 그 분야에서 뛰어난 수준에 도달하는 데 필요한 지식과 기술을 배우고 익히면, 당신이 성공할 확률은 더욱 높아질 것이다. 적절한 사람과 어울리고 당신 자신과 당신의 시간을 아주 잘 활용하며 역경을 견뎌내고 기회가 저절로 모습을 드러낼 때 재빨리 움직이며 진행 과정의 속도를 높이기 위해 위험을 지능적으로 감수한다면, 천사는 당신에게 미소를 보낼 것이다. 이런 상태에서 당신은 확률을 키우게 된다. 그리고 다른 사람이 집중력이 떨어지는 행동으로 10년이나 20년이 걸려도 이루지 못할 성공을 1~2년 안에 거두게 될 것이다. 이건 행운의 문제가 아니다. **평균의 법칙**에 따르면, 잇달아 일어나는 사건 중에 어느 사건이 성공할지 예측할 수는 없지만, 일정한 일을 일정한 횟수로 행하면 목표를 달성할 수 있다.

예를 들어 아름답게 차려입은 여성이 중요한 행사에 참석한다고 해보자. 옷은 몸에 딱 맞고 색도 여자의 피부나 머리칼과 잘 어울린다. 그 차림새는 모든 면에서 돋보이며 여자는 너무도 멋져 보인다. 친구가 그 여자에게 말한다. "아니, 이 멋있는 옷을 어디서 구한 거야?" 여자가 대답한다. "차림새에 최선을 다하고 싶었지. 그래서 밖에 나가 마음에 쏙 드는 옷을 찾을 때까지 쇼핑했어."

그러자 친구가 말한다. "운 좋게도 이 행사에 딱 맞는 물건을 건졌네."

처음부터 이 여성은 분명히 이 모임에 딱 맞는 옷을 생각한 것이다. 그 생각은 옷과 색감과 섬유에 관한 경험에서 나온 것이다. 이 사람은 패션 잡지를 구독하고 광고를 보면서 정보를 모았다. 그리고 여러 가게에 전화까지 하면서 재고와 치수를 확인했다. 또 다른 옵션을 보려고 수많은 웹사이트를 방문했다. 여러 가게를 돌아다니며 자신의 목표나 경험과 비교하고 다양한 옷을 걸쳐보는 개인적인 탐색을 시작한 것이다. 결국 이 과정에서 그 여자는 멀리 떨어진 쇼핑센터에 있는 한 부티크에서 색이나 치수, 디자인이 자신에게 딱 들어맞는 옷을 찾아냈다.

이 선택은 행운과 아무 상관이 없다. 이 여자는 자신이 무엇을 원하는지 정확하게 알았고, 철저히 탐색했다. 시간 낭비를 막기 위해 전화를 하고 인터넷에 접속해가며 여러 가게를 찾아다닌 끝에 정확하게 자신이 원하는 상품을 발견한 것이다. 물론 아무 가게에서나 마음에 꼭 드는 옷을 찾아낼 가능성은 적었을 것이다. 그러나 평균의 법칙은 그 여자가 자신이 원하는 것을 정확하게 아는 상태에서 많은 가게를 찾아다닌다면, 언젠가 자신이 원하는 것을 찾을 수 있음을 보여준다. 설사 행운이 작용했다고 해도, 그 작용은 아주 미미하다.

## 당신이라는 자석

행운이 어떤 역할을 한다면, 모든 요인 중에서 가장 중요한 것은

**끌어당김의 법칙**일 것이다. 이 법칙에 따르면, 사람은 살아 있는 자석 같은 존재여서 자신이 주로 하는 생각에 어울리는 사람이나 환경, 아이디어, 자원을 삶으로 끌어들인다.

알다시피 끌어당김의 법칙은 원인과 결과의 법칙에 바로 이어진다. 내 경험으로 볼 때, 우리가 살아가며 직면하는 모든 상황은 끌어당김의 법칙으로 설명할 수 있다. 자신이 원하는 것에 대해 끊임없이 생각하고 말하는 사람은 자신이 원하는 것을 점점 더 자신의 삶으로 끌어들이게 마련이다. 비난이나 불평을 하는 사람, 샘을 내거나 화를 내거나 원망하는 사람은 끊임없이 부정적인 경험을 끌어들인다.

다른 법칙과 마찬가지로 끌어당김의 법칙은 중립적이다. 편애 같은 것을 할 줄 모른다. 그것은 당신과 같은 편이 될 수도 있고 적이 될 수도 있다. 이 법칙이 긍정적으로 작용하는가, 부정적으로 작용하는가는 당신에게 달렸다. 사실 당신이 배우게 될 인생의 가장 중요한 교훈은 이것이다. 바로 사람의 첫째 임무가 자신이 원하는 것에 관해서만 생각하고 말해야 하며, 원치 않는 것에 관해서는 생각하고 말하기를 거부해야 한다는 것이다. 간단하게 들리지만, 이런 훈련은 당신이 하게 될 일 중에서 가장 힘들고 어려울

인간은 자신이 주로 하는 생각에 어울리는 사람이나 환경, 아이디어, 자원을 삶으로 끌어들인다.

수도 있다. 이 원칙은 앞으로도 종종 다룰 것이다.

## 믿음은 현실이 된다

**믿음의 법칙** 또한 행운의 요인이며 당신에게 유리하게 활용할 수 있다. 마찬가지로 이 법칙이 같은 편이 되느냐, 적이 되느냐는 당신이 이것을 어떻게 적용하는가에 달려 있다. 믿음의 법칙은 당신이 굳게 믿는 것은 당신의 현실이 된다는 것이다. 하버드의 위대한 심리학자인 윌리엄 제임스는 "믿음이 실제의 현실을 만든다"라고 말했다. 신약에는 "너희 믿음대로 그 일이 이루어지리라"(〈마태복음〉 9장 29절)라고 나온다. 구약에는 "대저 그 마음의 생각이 어떠하면 그 위인도 그러한즉"(〈잠언〉 23장 7절)이라는 말도 있다.

역사를 통해서 인간은 그 자신의 믿음이 세상을 바라보는 방식과, 생각하고 행동하는 방식에 결정적인 영향을 준다는 사실을 깨달았다. 만일 당신이 살면서 큰 성공을 하도록 정해져 있다고 굳게 믿는다면, 당신은 그에 걸맞게 생각하고 행동할 것이며 결국 그 믿음은 실현될 것이다. 만일 당신이 행운아이며 좋은 일이 끊임없이 당신 자신에게 일어날 것이라고 굳게 믿는다면, 그 믿음은 당신의 인생에서 생생한 현실이 될 것이다. 사람의 믿음은 그 사람의 현실이 된다는 말이다.

## 욕망은 능력의 증거

믿음의 법칙의 필연적인 결과라고 할 **마음의 법칙**은, 사람의 생각은 그 생각 자체를 객관화objectify한다는 것이다. 당신의 생각은 당신 주변의 세계에서 언젠가 실현된다. 예수는 "그들의 열매로 너희가 그들을 알리라"(《마태복음》 7장 20절)라고 말했다. 어떤 사람이 대부분의 시간에 무슨 생각을 하는지는, 그 사람의 삶을 들여다보면 알 수 있다. 행복하고 건강하고 인생이 잘 풀리며 좋은 친구와 가족을 둔 사람은 언제나 주변 사람들을 긍정적으로 생각하며 그들이 옳고 자신에게 좋은 역할을 한다고 믿는다.

우리 시대는 인류 역사상 그 어느 시대보다 건강이나 행복, 재정적 독립 등 자신의 목표를 이룰 기회가 더 많다. 실감하거나 이해하는 사람은 별로 없지만, 현대인에게 주어진 최대의 행운 요인 중 하나는, 그런 행운이 존재하는 이 세상에 태어나 살고 있다는 사실 자체다. 오늘날처럼 많은 사람이 건강과 복지를 누린 적은 일

생각은 그 생각 자체를 객관화한다. 당신의 생각은 당신 주변의 세계에서 언젠가 실현된다.

찍이 없었다. 모든 시대를 통틀어 남자든 여자든 인류는 지금 우리가 갓 맞이한 황금기를 꿈꿔왔다. 물론 사회적인 문제나 정치적, 경제적인 문제는 늘 발생할 것이다. 하지만 이런 문제는 어쩔 수 없는 것으로서 해결할

> 욕망 자체는 보통 그 욕망을 충족할 능력이 우리에게 있다는 증거다.

수 있는 문제이기도 하다. 당신에게 반가운 소식은 그 해결의 가능성이 무한하다는 점이다.

우리 각자에게 최대의 한계가 있다면, 그것은 스스로를 제한하는 믿음이다. 이런 믿음은 사실과 전혀 상관이 없는데도, 우리 자신을 과소평가하게 만든다. 이런 믿음이 우리의 잠재력에 제동을 건다. 가장 흔한 것으로는 "나는 너무 나이가 많아" "나는 너무 어려" "나는 학력이 부족해" "나는 학력만 높아" "나는 경험 부족이야" "나는 쓸데없는 경험을 너무 많이 했어" 같은 생각들이다. 사람들은 자신이 원하는 것을 얻을 만큼 똑똑하거나 창의적이지 못하고 그럴 만한 재능이 없다고 생각한다.

여기서 중요한 점은, 뭔가를 얻을 능력이 없는 상태에서는 그것을 간절하게 바랄 수 없다는 것이다. 욕망 자체는 보통 그 욕망을 충족할 능력이 우리에게 있다는 증거다. 우리가 할 일은 우리가 바라는 대로 계획에 맞춰 목표를 이룰 확률을 높이기 위해 우리가 무엇을 할 수 있는지 확인하고 그 방법을 찾아내는 것이다.

# 매일 아침 더 멋진 하루를 기대하라

또 다른 행운의 요인으로는 **기대의 법칙**이 있다. 사람이 무엇이든 믿음을 가지고 기대하면, 그 기대는 자기실현적 예언이 된다. 달리 표현한다면, 우리가 삶에서 얻는 것은 우리가 (삶에서 부족해서) 원하는 것이 아니라 우리가 (자발적으로) 기대하는 것이라는 말이다.

50년간의 연구를 통해 얻은 결론은 개인에게 동기를 부여하는 요인 중에 가장 강력하고 확실한 것은 긍정적으로 기대하는 태도라는 것이다. 바로 이것이 차분하게 자신감을 갖고 우리에게 좋은 일이 일어난다고 기대해야 하는 이유다. 기대의 법칙을 생활 속에서 실천하는 좋은 방법은, 매일 아침 일어나 "나는 오늘 나에게 멋진 일이 일어난다고 믿는다"라는 말로 하루를 시작하는 것이다. 당신의 온 마음이 자신 있는 기대감으로 채워질 때까지, 이 확언을 몇 차례 반복해보라. 하루를 끝낼 때, 그날의 일정을 돌아보고 지난 몇 시간의 일들을 살펴본다. 당신은 마음이 자신감 있는 기대로 채워졌을 때, 크든 작든 멋진 일들이 당신에게 많이 일어났다는 사실을 알고는 놀랄 것이다.

성공하는 사람의 특징은 이런 자기 기대의 태도다. 이들은 실패보다 성공을 더 자주 기대하고 지는 것보다 이기는 것을 더 많이 기대한다. 무슨 경험을 하든 뭔가를 얻는다는 기대를 하며, 어떤 상황에서든 좋은 점을 찾아낸다. 유리잔 속의 물을 봐도, 반밖에 안 남았다기보다 반이나 남았다고 생각한다. 일이 잘못될 때도 차질을 빚은 이유를 곰곰이 생각하며 거기서 배울 수 있는 교훈이나 얻을 수 있는 이점을 찾아낸다.

나폴레온 힐은 미국의 부자 500명을 조사한 저서 《생각하라 그리고 부자가 되어라》에서 그들이 모두 이처럼 긍정적으로 기대하는 태도를 지녔다는 결론을 내렸다. 그들은 하는 일이 장애물에 부닥치거나 차질을 빚을 때, 거기서 비슷한 혹은 더 큰 이점이나 이익을 찾는 습관이 있었다고 한다. 그리고 언제나 그런 측면을 발견했다는 것이다. 당신도 이와 똑같은 습관을 들여야 한다.

만일 고객이 당신의 물건을 구매할 것이라는 기대와 자신감을 품고 사업을 시작한다면, 필요한 자금이 생길 것이고 사업상의 꿈이 실현되도록 도와줄 최고의 인물들을 끌어들일 것이다. 당신의 태도는 하루 종일 환한 빛처럼 작용하며 당신과 접촉하는 모든 사람에게 영향을 줄 것이다.

당신 자신과 당신의 세계에 대한 믿음은 당신의 기대에 영향을 준다. 당신의 기대는 당신의 마음가짐을 결정하고 당신의 마음가짐은 당신의 몸가짐을 결정한다. 그리고 다른 사람들에 대한 당신의 품행은 그들이 당신과 관계를 맺는 방식을 결정한다. 당신이 더 자신 있는 태도를 보일수록, 또 스스로 큰 성공을 하도록 정해져 있다고 믿을수록, 끌어당김의 힘은 그만큼 더 강력해질 것이다. 빠른 속도로 앞으로 나아가는 데 필요한 사람과 상황을 더 많이 끌어들일 것이다.

## 잠재의식을 활용하라

또 하나의 핵심적인 행운 요인인 **잠재의식 활동의 법칙**에 따르면, 의식 속에 가지고 있는 생각이나 목표는 무엇이든 잠재의식에 명령이나 지시로 받아들여진다. 끌어당김의 법칙이 자리 잡은 우리의 잠재의식은 우리 스스로 정한 목표를 삶 속에 끌어들이는 활동을 벌인다. 잠재의식은 우리가 하는 말과 행동을 우리의 자아개념(우리가 자신에 관해 주로 하는 생각)에 어울리는 틀에 맞추려고 한다. 우리의 몸짓이나 우리가 다른 사람과 교류하는 방식을 결정한다. 의식을 통해 잠재의식에 전달된 명령은 우리의 목소리, 우리의 에너지와 창의력의 수준, 우리의 의욕과 기대를 결정한다. 사람의 잠재의식은 유난히 강력하다. 일단 특별한 목표와 목적 달성에 유리하게 작용하기만 하면, 상상할 수 없는 속도와 힘으로 우리를 밀어준다.

사람의 뇌에는 망상피질reticular cortex 혹은 망상활성계reticular

28

activating system라고 불리는 손가락만큼 작은 기관이 있다. 이것은 마치 전화 교환대 같아서 전화가 걸려오면 그것을 우리의 의식과 무의식에 전달해준다. 망상피질은 우리가 누구인지, 우리가 무엇을 원하는지, 무엇이 우리에게 중요한지에 관한 생각의 형태로 의식에서 무의식으로 전달하는 명령에 의해 활성화된다. 망상피질이 작동하면, 우리의 마음은 우리가 정말로 원하는 것에 아주 민감하게 반응한다.

예를 들어 빨간 스포츠카를 갖고 싶다고 마음먹으면, 곳곳에서 빨간 스포츠카가 눈에 띄기 시작할 것이다. 만일 경제적으로 성공하겠다고 결심하면, 경제적으로 도움이 되는 아이디어와 정보, 사람, 기회에 관해 선택적 인지selective perception를 하는 습관을 들일 것이다. 당신은 아이디어와 조언을 건네주는 사람들을 끌어들일 것이고 주요 질문에 대한 해법을 담은 책과 기사를 접하게 될 것이며 경제적 성공에 도움이 되는 방식으로 행동하기 시작할 것이다.

## 긍정의 힘

**긍정 확언의 법칙**은 우리가 지속적으로 사용할 수 있는 또 다른 행운 요인이다. 이것은 우리가 어떤 목표든, 자신에게 맞는 긍정적인 목표를 현재 시제로 반복해서 되뇌면, 그 목표가 우리의 잠재의식에 명령으로 받아들여진다는 것을 말한다. 그러면 원하는 결과가 끌어당김의 법칙을 통해 우리의 삶 속으로 빨려 들어온다. 예를 들어 당신이 "나는 1년에 15만 달러를 번다, 나는 1년에 15만 달러를 번다, 나는 1년에 15만 달러를 번다"라는 말을 계속 반복하면 어떻게 될까? 당신은 그 생각을 잠재의식 속으로 점점 더 깊이 몰아넣게 될 것이고, 당신의 잠재의식은 자체의 힘을 발산하면서 그 생각을 받아들일 것이다.

운이 좋다는 말을 듣는 사람은 언제나 자신이 원하는 것이나 자신을 둘러싼 환경을 긍정적으로 말하는 경향이 있다. 이런 사람은 생각하는 대로 이루어지기라도 하듯(자신이 말하는 것을 얻기 때문에) 반드시 자신이 원하는 것만을 말하며 원치 않는 것은 절대 말하지 않는다.

## 생각이 가난해지면 생활도 가난해진다

**일치의 법칙**은 시대를 초월해 성공과 실패를 설명해주는 모든 원칙 중 내가 가장 좋아하는 법칙이다. 핵심적인 행운의 요인이라고 할 만하다. 일치의 법칙은 우리의 외부세계가 내면세계를 반영한다는 것이다. 바깥세상에서 벌어지는 일은 우리의 마음속에서 벌어지는 생각이 실현된 것이다.

당신이 거울 앞에 서서 거기 반사된 모습을 볼 때, 거울에 비친 모습은 당신이 거울에 보여준 것으로 결정된다는 것을 안다. 당신의 삶을 들여다볼 때도, 당신은 그것이 주로 당신의 내면의 모습을 통해 결정된다는 것을 알게 될 것이다. 당신이 다른 사람과 맺는 관계도 당신의 특징이나 개성을 통해 주로 결정된다. 당신의 태도와 당신에게 사람들이 반응하는 방식은 주로 당신 자신과 세계에 대한 당신의 믿음과 기대를 통해 결정된다. 부와 재정적인 목표 달성은 내면의 열망과 준비 수준에 의해 결정된다. 외부세계에서 가난한 것은 내면세계가 가난하기 때문이다. 겉으로 드러나는 건강도 마음속으로 건강을 생각하는 방식으로 결정된다. 항상 먹을 것을 생각하는 사람은 과체중이거나 볼품없는 몸매로 건강이 안 좋은 경향이 있다. 끊임없이 건강과 운동을 생각하는 사람은 홀쭉하거나 날씬하거나 원기가 왕성해지는 경향이 있다. 만사는 언제나 생각에서 비롯된다.

> 외부세계는 내면세계를 반영한다. 바깥세상에서 벌어지는 일은 마음속에서 벌어지는 생각이 실현된 것이다.

# 지금 선택하라

지금까지 말한 이 모든 법칙을 간단하게 줄인 원칙으로 **정신적 등가교환의 법칙**이 있다. 이 법칙에 따르면, 내면세계에 쌓인 의식에 대응하는equivalent 사건이 외부세계에서 발생한다. 따라서 삶에서 이루고 싶은 것(성공, 건강, 행복, 번영, 개인적 성취)이 있다면, 그것에 관한 생각과 감정을 의식적으로 만들어내야 한다.

이때 과거나 미래의 생각이 중요치 않다는 사실을 깨닫는 것은 대단한 발견이다. 단 한 가지 중요한 것이 있다면, 바로 이 순간 당신이 생각하는 방식이다. 당신은 과거에 저지른 실수나 미래에 깨닫게 될 한계에 얽매일 필요가 없다. 당신의 잠재적인 능력이 무한한 이유는, 바로 이 순간 자유롭게 생각을 선택할 수 있기 때문이다. 이 순간 당신이 생각하는 것이 앞으로 다가올 미래의 인생을 결정한다. 도로를 따라 운전하다가 어느 한 방향으로 차를 몰 때, 당신은 그 순간부터 그 방향으로 가게 될 것이다. 그 방향은 어제의 운전 방식이나 내일의 운전 방식으로 결정되는 것이 아니라 현재의 선택에 의해 결정된다.

우리는 온 세상을 통제할 수 없으며 현대 생활의 복잡하고 끝없는 모든 세부 사항을 통제할 수도 없다. 또 과거나 미래의 모든 시간을 통제하지도 못한다. 다만 지금 이 순간을 통제할 수 있다. 우리가 상상할 수 있는 모든 성공을 이룩하는 데 필요한 것은 지금 이 순간의 통제가 전부다.

## 좋은 생각에 관한 생각

**연상의 법칙**도 행운의 요인이다. 이것은 (생각이나 느낌, 단어, 그림, 이미지, 아이디어, 통찰력, 희망, 두려움의 복잡한 조합이라고 할 수 있는) 사람의 마음이 끊임없이 바뀐다는 것을 말해준다. 전체적인 정신의 구조 속에서 일어나는 이런 변화는 의도적이고 신중하며 긍정적일 때도 있고 순서가 없고 우연하며 부정적일 때도 있다.

연상의 힘은 현재와 미래의 우리 모습에 가장 강력한 영향을 준다. 매일같이 우리 마음을 뒤흔드는 수많은 영향의 한 가지 결과로서, 우리는 원하거나 원치 않는 일을 불러일으키는 강력한 끌어당김의 장을 만들고 있다. 이제부터 우리는 우리의 의식에 영향을 미치는 것들을 의식적이고 체계적이며 일관되게 통제해야 한다. 우리는 유익한 자료를 읽어야 하고 긍정적인 오디오 프로그램을 듣거나 용기를 북돋는 교육적인 비디오 프로그램을 봐야 하며 긍정적인 생각을 하는 사람들과 어울려야 한다. 우리는 정신적으로 온전한 상태를 신성한 자산으로 간직하며 지켜내야 한다. 우리가 신체적으로 건강해지고 싶을 때 영양가 있는 음식만을 먹듯이, 정신적으로 건강해지고 싶다면 영양가 있는 영향만을 받아들여야 한다.

## 나만이 나를 책임질 수 있다

이 장에서 끝으로 소개할 행운의 요인은 **책임의 법칙**이다. 이것은 현재와 미래에 대한 책임은 100퍼센트 자기 자신에게 있다는 말이다. 우리가 현재의 모습으로 이 자리에 서 있는 까닭은 우리 스스로 이 자리의 존재가 되기로 결정했기 때문이다.

이 법칙은 엄청난 해방감을 안겨준다. 이 말은 당신의 인생과 살면서 당신에게 일어나는 모든 일은 완전히 당신 책임이라는 뜻이다. 당신이(오직 당신만이) 당신의 생각을 통제할 수 있고 당신의 생각이 당신의 운명을 통제할 수 있기 때문에, 스스로의 생각에 책임을 짐으로써 당신은 남아 있는 삶을 통제할 수 있는 것이다.

'행운'은 예측할 수 있다. 성공은 우연히 일어나는 것이 아니기 때문이다. 행복이나 불행은 우연이 아니다. 그것은 이 장에서 내가 언급한 법칙을 근거로 예측할 수 있는 것들이다. 결정을 내리는 것만으로도 당신은 엄청난 행운아가 될 수 있다. 당신은 자신의 바람

과 일치하는 생각들에 대해서, 성공 확률을
높여주는 것들에 대해서 더 꼼꼼하게 살펴
볼 수 있다. 동시에 당신은 자신의 발목을 잡
는 행동이나 자신의 잠재적인 능력에 대한
믿음을 깎아내리는 생각들을 멈출 수 있다.

현재와 미래에 대한 책임
은 100퍼센트 자기 자신
에게 있다.

만일 당신이 아름다운 디자인의 새 차를 구매해서 거리로 몰고
나가 멋들어지게 달린다고 할 때, 당신은 이것을 행운의 덕으로 돌
릴 것인가? 당연히 아닐 것이다. 당신이 구매한 것이 아름다운 차
든, 아니면 세련된 오디오 장치나 수제 시계든, 당신은 그것이 기
계공학이나 물리학, 전기공학의 특수한 법칙에 따라 제작되었다는
것을 알 것이다. 그것들이 아름답게 작동한다는 사실은 행운이 아
니다.

당신도 마찬가지다. 이런 행운의 요인을 당신의 인생에 적용할
때, 당신은 아주 특별한 것들을 이루기 시작할 것이다. 당신은 주
변 사람들보다 한발 앞서 나갈 것이다. 당신은 상상했던 것보다 더
큰 성공과 목표 달성을 누릴 것이다. 그리고 그것은 행운이 아니라
미래 설계의 결과가 될 것이다.

## ✦ 행운아로 사는 비결 ✦

1. 성공하는 사람들이 하는 일을 하기만 하면, 원하는 것이 무엇이든 똑같은 성공을 거둘 수 있다.

2. 세상은 원인과 결과의 법칙에 따라 움직인다. 세상만사는 그것을 일어나게 만든 원인이 있기 마련이다.

3. 현재의 위치는 과거의 선택이 가져다준 것이다.

4. 우리가 처한 상황은 우리가 주로 하는 생각이 끌어들인 것이다.

5. 사람의 마음이야말로 우주에서 가장 강력한 힘이다. 생각을 바꿈으로써 인생을 바꿀 수 있다.

6. 무엇이든 굳게 믿기만 하면 현실이 된다.

7. 우리가 주로 해야 할 일은, 인생에서 실제로 즐기고 싶은 것만큼의 정신적 자산을 만들어내는 것이다.

# 목표:
## 펜과 종이를 준비하라
### The Secret of Goals

인생의 모든 영역에서 자신이 원하는 것이 무엇인지 정확하게 아는 것, 아마도 이것이 모든 행운의 요인 중에 가장 중요할 것이다. 가장 확실한 성공 방법은 목표를 글로 쓰는 것이다. 명백하고 구체적이며 측정할 수 있는 목표들을 적고, 계획서를 작성하고, 뜨거운 열망으로 계획을 실천하라. 실패하거나 목표를 달성하지 못하는 주된 요인은 '자신이 정확하게 무엇을 원하는지' '어느 시점에 어떤 형태로 원하는지' 또는 '어떤 방법으로 그것을 이룰지' 결정하지 못하는 무능력과 그로 인한 혼란이다. 지금은 고인이 된 동기부여 연사 지그 지글러도 말했듯이, 사람들은 대개 의미심장하고 특수한 문제보다 보편적인 문제 때문에 방황한다. 과녁이 보이지 않으면 명중시킬 수 없듯이, 자신이 어디로 가야 할지 모를 때는 엉뚱한 길로 들어설 수도 있다.

가장 확실한 성공 방법은 명백하고 구체적이며 측정할 수 있는 목표를 글로 쓰는 것이다.

분명한 목표가 없는 사람은 키가 없는 배와 같아서 조류와 바람에 따라 어디로 흘러갈지 알 수 없다. 그러나 분명하고 구체적인 목표가 있는 사람은 키를 조종하며 조금도 어김없이 목적지를 향해 똑바로 나아가는 배와 같다. 강력하게 목표를 향하는 생각을 통해 얼마나 빠르게 운이 바뀌는지를 알면 놀라울 정도다. 언젠가 내 친구가 말한 대로 "성공은 목표에서 나오고 그 밖의 나머지는 모두 해설이다." 이 말은 비록 단순하게 들릴지 모르지만, 놀라운 출발 지점이 될 것이다.

최근에 나온 베스트셀러는 "우연은 실제로 일어난다"라며 아무 까닭 없이 발생하는 사건이 존재한다고 단언한다. 이 말은 천기누설처럼 들린다. 많은 사람이 이런 생각에 흥분했지만 우연한 사건이란 거의 존재하지 않는다. 그 대신, 특정한 사건이 발생할 확률은 다양하게 존재한다. 평균의 법칙에 따르면, 당신이 수년간 여러 가지 일을 하다 보면 그 일들이 마치 굴러다니는 당구공처럼 서로 충돌하는 일이 생길 수 있다. 하지만 그것은 법칙에 따른 것이지 우연으로 일어난 일이 아니다.

# 인생지사 새옹지마

당신이 배워야 할 아주 중요한 원칙 두 가지가 있다. 이것은 본질적인 행운의 요인으로서 인류 역사에서 계속 존재해온 것들이다. 남녀를 가리지 않고 오늘날 가장 성공적으로 살아가는 사람들은 이 두 원칙을 실천하고 있다. 이 원칙을 이해하면, 당신은 이전에는 절대 알지 못했을 잠재력과 가능성을 보게 될 것이다.

이 행운의 요인 중 첫 번째는 **세렌디피티의 법칙**이다. 이것은 새옹지마의 교훈과 같은 뜻밖의 발견을 의미한다. '인생길에서 행복을 발견하는 능력'이라는 묘사가 이 법칙을 가장 잘 표현한다.

'세렌디피티serendipity'라는 단어는 세렌디브(지금의 스리랑카)의 세 왕자에 관한 동화에서 유래한다. 이들 세 왕자는 이곳저곳 여행하면서 보통 사람들에게 재난처럼 보이는 불행과 계속 맞닥뜨린다. 하지만 여행 중에 불행한 사건을 겪은 사람의 마음을 바꾼 결과 재난은 성공으로 변했다.

예를 들면, 세 왕자는 비극적인 사건이 일어난 한 농가를 방문했다. 농부의 외아들이 농부의 하나뿐인 말에서 떨어져 다리가 부러진 것이다. 말은 어디론가 달아나서 찾을 수 없었다. 당연히 농부는 몹시 괴로워했지만 세 왕자는 걱정하지 말라고 위로하며 그 결과로 좋은 일이 생길 수도 있다고 말했다.

그때 농부의 나라는 이웃 나라와 전쟁에 휘말리게 되었다. 이튿날 아침, 젊고 건강한 남자들을 징집하기 위해 군인들이 들이닥쳤다. 그러나 농부의 외아들은 다리가 부러졌기 때문에 징집을 면할 수 있었다. 그날 늦게 정부 관리들이 찾아와 군대에서 부릴 말을 징발하려고 했지만, 하나뿐인 농부의 말은 달아나고 없어서 징발을 면했다.

이 사건들은 분명히 불행처럼 보였지만, 결국 농부에게는 행운으로 변했다. 관리들이 돌아간 뒤에 말은 제 발로 돌아왔고 아들의 다리도 곧 회복되었기 때문에 농부는 행복을 맛보았다. 이 나라 군대가 큰 전투에서 지는 바람에 대부분의 말과 병사가 죽은 것이다.

다른 대목에서 세 왕자는 부유한 지주를 우연히 만났는데, 이 사람은 홍수가 휩쓸고 가는 바람에 전 재산을 날려버렸다. 그가 평생 모은 모든 재산이 사라졌다. 당연히 이 지주는 넋을 잃고 말할 수 없는 슬픔에 빠졌지만, 세 왕자는 좋은 일이 생길 것이라는 믿음을 심어주었다.

그 직후 이들이 홍수에 쓸려나간 땅을 걷고 있을 때, 표면이 씻겨 나간 토지에서 진귀한 보석이 계속 발견되었다. 오래된 토지 상층부의 흙이 홍수에 쓸려나가는 바람에 엄청나게 귀한 보석이 드러나면서 지주는 상상할 수 없을 정도로 큰 부자가 되었다.

세렌디피티의 법칙에 이르는 비결은 **긍정적 기대의 법칙**에 있다.

어느 상황에서든 더 자신 있게 좋은 일이 생길 거라고 기대할수록, 그런 결과가 일어날 가능성은 더 커진다.

즉, 어느 상황에서든 더 자신 있게 좋은 일이 생길 거라고 기대할수록, 그런 결과가 일어날 가능성은 더 커진다.

세렌디피티의 법칙은 무슨 일이든 더 나아질 거라고 굳게 믿을 때만 작동한다. 그러면 온갖 행복한 일들이 일어난다. 그중 많은 것은 처음에 좌절하거나 실패한 것으로 보이기도 하지만, 조금 있으면 목표를 달성하는 과정에서 꼭 일어날 수밖에 없었던 일임이 드러난다.

여기서 중요한 철학적 원리가 드러난다. 현재 우리가 부닥치는 상황은 바로 이 순간 우리의 개인적인 성장과 발전에 꼭 필요한 것이라는 사실이다. 우리가 마주치는 모든 일은 우리 자신에게 유리하게 전환될 가능성을 담고 있다.

당신이 열악한 환경에서 일하고 있을지도 모른다. 경쟁은 치열한데 전체 파이는 작고 성장의 가능성이 없는 업계일 수도 있다. 상사마저 까다로운 사람일 수도 있다. 자칫하면, 당신은 현재 상황을 부정적으로 받아들일 것이다. 하지만 세렌디피티의 법칙에 따라 그것이 이 순간 당신에게 필요한 과정이라는 것을 이해할 때, 당신은 그 상황에 숨은 가능성을 찾아낼 수 있을 것이다.

당신은 속으로 이렇게 의문을 품을 수 있다. "이 일과 이 일의 전망에 대해 내가 지금 아는 것을 그때 알았다고 해도, 애초에 이 분야에 뛰어들었을까?" 아마 아닐 것이다. 그러면 이어서 다음과 같은 의문이 생긴다. "내가 정말로 원하는 것을 할 수 있다면, 그 일은 무엇일까?" 그 일이 어떤 것이든, 당신은 가만히 앉아서 상황이 개선되기를 바라느니 현재의 경험을 더 높고 나은 경험으로 도약하기 위한 발판으로 활용할 수 있을 것이다.

> 과거는 가버린 것으로서 우리가 미래에 더 나은 결정을 하도록 길잡이 역할을 하는 지혜를 제공할 뿐이다.

커다란 행운의 요소 중 하나는, **미래의 법칙**이다. 여기서 당신이 어디서 왔는가는 중요하지 않다. 문제는 어디로 가는가다. 과거는 가버린 것으로서 우리가 미래에 더 나은 결정을 하도록 길잡이 역할을 하는 지혜를 제공할 뿐이다. 엎지른 물을 놓고 울어봐야 소용없다. 과거는 미래에 회수할 수 없는 투자비용, 즉 매몰비용sunk cost으로 봐야 한다. 그러면 당신 자신의 가능성을 펼칠 수 있는 미래로 눈을 돌리고 그 방향으로 움직이게 된다.


## 공시성, 그 성취의 기술

두 번째 원칙은, 어쩌면 모든 행운의 요인 중 가장 중요한 것으로서 이 책에서 소개하는 다수의 원칙과 맞물려 있는 것이기도 하다. **공시성** Synchronicity/共時性 **의 법칙**으로 불리는 이 원칙은 원인과 결과의 법칙을 초월한다. 즉 우리가 삶에서 마주치는 모든 결과에는 거슬러 올라가 확인할 수 있는 일정한 원인이 있다는 기본 법칙이 적용되지 않는 경우도 있다.

공시성의 법칙은 직접적인 인과관계가 없는 일들이 일어난다고 말한다. 각각의 사건은 인과율이 아니라 의미에 의해 연결될 때도 많다는 것이다. 예를 들어 당신은 어느 날 아침 일어나 배우자와 하와이로 휴가를 떠나는 문제를 놓고 대화를 한다고 하자. 그러나 당신은 그럴 형편이 못되고 시간을 낼 수도 없다는 것을 안다. 그럼에도 불구하고 하와이 여행이라는 아이디어는 당신에게 대단한 흥분을 안겨준다. 당신이 하와이 휴가라는 아이디어를 감정적으로 만들었기 때문이다. 감정적으로 받아들이는 모든 생각은 의식의 영역에서 끌어당김의 법칙이 자리 잡고 있는 무의식으로 전달된다. 그 결과 당신은 긍정적인 파동을 방출하고 이 파동은 그 생각을 현실로 만드는 사람과 환경을 끌어들인다.

그날 당신은 출근하면서 배우자에게 언젠가 하와이 여행을 하고 싶다는 말을 한다. 몇 시간 뒤에 사장이 전화를 해서 당신의 업무 처리가 깔끔했다고 칭찬하며 회사는 비수기이니 한두 주 휴가를 가도 전혀 문제 되지 않는다는 말을 한다. 같은 날 점심시간에 한 친구가 새 여행사의 하와이 패키지 프로그램을 소개한다. 호텔비와 항공료, 육상교통비 등을 아주 저렴한 가격에 제공한다는 것이다. 실제로 친구는 당신이 방문하고 싶은 섬과 당신에게 이상적인 호텔을 상세하게 소개하는 브로슈어를 가지고 있다. 그리고 두 사람이 하와이에 꼬박 일주일 머무는 비용이 2,000달러도 안 된다. 그날 밤 집에 와보니 소득세 환급금이 우편으로 와 있다. 뜻하지 않게 2,000달러가량 초과과세가 발생했다는 것이다.

이날 무슨 일이 일어났는지 살펴보자. 당신은 아주 분명하게 감정이 고무된 채로 배우자와 하와이 여행을 가는 생각을 했다. 이날 발생한 세 가지 사건 중 어느 것도 나머지와 인과관계로 연결되지 않지만, 그 모두가 조합되어 하루도 안 지나 당신의 목표를 이루게 해주었다. 이런 일은 '해당 구역 the zone'에 들어가면 언제나 발생한다. 당신이 감정을 자극하고, 생각을 분명히 가다듬고, 강렬하게 욕망하고, 자신감과 기대감이 가득한 상태로 살아가면, 세렌디피티와 공시성의 법칙을 보여주는 온갖 사건들이 당신에게 일어나기 시작할 것이다.

이 사건들을 서로 이어주는 매개가 있다면 그것은 단 하나, 당신이 진정 원하는 일에 관한 생각을 통해 제공한 의미뿐이다. 하지만 당신의 생각이 분명치 않거나 혼란스럽고 서로 모순된다면, 이런 원칙들은 당신에게 작용하지 않는다. 이것이 대부분의 사람이 불행하고 성공을 거두지 못하는 주된 이유다. 사람들이 엄청난 힘을 가지고 있으면서도 그것을 사용하지 못하는 까닭은 그 힘의 작동법을 모르기 때문이다.

아주 명확하게 작성된 전략 계획서를 가지고 경영하는 기업이 그저 감각과 경험에 의존해 일하는 기업보다 훨씬 성공률이 높다는 것은 끊임없이 확인되는 사실이다. 전략 계획서를 작성하는 데는 많은 시간이 걸리지만(여러 시간 심지어 여러 날이 걸리기도 한다), 이것은 기업의 미래를 위해 꼭 필요한 청사진이다. 모든 사업 전략 수립의 목적은 투자받거나 투자한 자본보다 더 많은 수익을 거두는 것이다.

같은 이유로 개인의 전략 계획서를 가지고 있을 때, 당신은 훨씬 더 효율적인 생활을 하게 된다. 다만 자기 자본 수익률을 올리기 위해 계획을 짜는 대신, 당신이 할 일은 에너지 수익률을 높이는 것이다. 기업이 시장에 투자할 금융 자본이 있다면, 당신에게는 인생에 투자할 인적 자본이 있다. 당신이 가지고 있는 인적 자본은 정신, 감정, 육체 등이다. 그리고 당신이 할 일은 성인이 된 이후 당신이 수개월 혹은 수년간 쏟아부은 이 인적 자본으로 가능한 한 최고의 수익을 올리는 것이다.

어느 분야에서든 거의 똑같은 일을 하는 사람들은 있기 마련이다. 그런데 이들 중 소득이 다른 사람보다 훨씬 많거나 훨씬 적은

사람들이 있다. 서로 관계가 없는 두 사람이
같은 회사에서 나온 똑같은 제품을 파는 것
은 흔한 일이다. 똑같은 경쟁 조건에서 똑같
은 가격으로 똑같은 고객에게 물건을 파는
데도, 한 사람은 다른 사람보다 세 배, 네 배,
다섯 배, 심지어 열 배의 돈을 번다. 실제로

개인의 전략 계획서를 가
지고 있을 때, 당신은 훨
씬 더 효율적인 생활을
하게 된다.

나이나 학력, 경험, 지능, 무엇이든 아무 차이가 없는데도 그렇다.
왜 그럴까?

이미 눈치챘겠지만, 그 이유는 한쪽이 상대보다 성공 가능성을
높이기 위해 사소한 일들을 더 많이 했기 때문이다. 성공하지 못하
는 사람은 이런 일들을 하지 못한다. 뿌린 대로 거둔다는 말이 있
듯이, 뿌리지 않으면 거두지 못하는 법이다. 집어넣은 것이 없으면
건질 것도 없다. 작용이 없으면 반작용도 없다.

미국에서 최고 급여를 받는 사람은 거의 예외 없이 개인의 전략
계획서를 가지고 있다. 이런 사람들은 고도로 목표 지향적이다. 이
들은 자신이 원하는 것을 정확하게 안다. 이들은 계획을 세우고 이
계획을 실천할 청사진과 개요, 아이디어를 작성한다. 자신이 무엇
을 원하는지 더 분명하게 알수록 또 그것을 성취하는 과정을 즐길
수록, 당신은 믿음의 법칙과 기대의 법칙, 끌어당김의 법칙, 일치
의 법칙, 정신적 등가교환의 법칙을 더 활성화하게 되고 세렌디피

티와 공시성의 법칙을 더 많이 경험하게 될 것이다. 그럴수록 삶에서는 당신이 목표를 향하고 목표가 당신을 향하는 행복한 상황이 끊임없이 이어질 것이다.


## 그대 스스로를 통제하라


**통제의 법칙**이야말로 행운의 핵심 요인이다. 이것은 자신의 삶을 스스로 통제할 수 있다고 믿을 정도로 자신에 관해 긍정적인 느낌을 지닌 것을 말한다. 당신이 외부 요인이나 다른 사람에 의해 통제된다고 믿고 있다면 자신에 관해 부정적인 느낌을 지닌 것이다. 높은 성취감과 행복 사이에 직접적인 연관성이 있듯이, 자신의 삶에 대한 통제감과 행복도 밀접하게 연결된다. 자신에게 일어나는 일을 스스로 책임진다는 느낌이 강할수록, 자신이 운명의 설계자이고 운명의 주인이라는 느낌이 강해지는 법이다. 자신의 삶을 책임진다는 느낌이 강할수록, 더 행복하고 더 긍정적이며 더 활력이 넘치고 집중력도 더 커질 것이다.

만일 당신이 직장 상사나 청구서, 건강 문제, 인간관계, 자녀 양육, 인종 혹은 그 밖의 어느 요인에 의해 통제받는다고 느끼면 불안해지고 부정적인 태도로 화를 낼 것이다. 문제가 생기면 남들에

게 화를 내며 그들을 비난할 것이다. 성공한
사람들을 원망하고 자신보다 잘하는 사람을
보면 샘을 낼 것이다. 당신이 실패하는 방향
으로 자신의 삶을 설정하는 이유는 하루 종
일 부정적인 생각을 하며 그것을 당신 자신
의 삶으로 끌어들이기 때문이다.

> ✦
> 자신의 삶을 통제한다는
> 느낌과 행복 사이에는 직
> 접적인 연관성이 있다.
> ✦

목표를 명확하게 글로 작성하면, 인생의 변화 방향을 스스로 통
제한다고 느끼게 된다. 이런 목표는 자신이 운전석에 앉아 운전대
에 두 손을 올려놓고 있으며 자신의 인생이 자신이 가고 싶은 방
향으로 가고 있다는 느낌을 준다. 자신의 인생을 통제한다는 느낌
이 강할수록, 더 긍정적이고 더 낙관적인 사람이 된다. 자신이 원
하는 것과 자신이 가는 방향을 더 긍정적으로 보고 그것을 더 명
확하게 알수록, 자신을 위한 정신적인 법칙을 더 활성화하고 더 많
은 '행운'을 경험할 것이다.

## 무계획은 실패를 계획하는 것과 같다

**목적의 법칙**이란 성공과 실패가 목적의 일관성에 달렸다는 것을
말한다. 실제로 성공하는 사람들은 모두 목적의식이 강렬하다는

특징을 보인다. 거의 같은 능력과 기회를 가진 두 사람 중에, 더 많은 성공을 거두는 사람은 거의 언제나 더 간절하게 그것을 원하는 사람이다. 우리가 할 일은 인생의 모든 영역에서 우리가 진정 원하는 것이 무엇인지 결정하는 것이다. 그런 다음 레이저빔처럼 그것에 집중하고 아무리 오래 걸려도 성공할 때까지 그 일에 매달려야 한다.

**우연의 법칙**은 통제의 법칙과는 반대다. 계획을 못 세우는 것은 실패를 계획하는 것과 같다. 우연의 법칙에 따라 사는 사람들은 인생이 주사위 던지기나 룰렛게임처럼 아무렇게나 우연히 일어나는 기회의 연속이라고 믿는다. 이런 사람은 시청을 상대로 싸워 이기지 못하는 이유가, 자신이 '무엇을 아는가'가 아니라 '누구를 아는가'와 상관있다고 믿는다. 우연의 법칙에 따라 사는 사람들은 복권을 사고 카지노에 출입하며 일확천금을 노리거나 '페니 주식'을 사는 등 자신이 아무것도 모르는 것에 투자한다. 이들은 언제나 행운을 바라지만 절대 그것을 얻지 못한다. 우연의 법칙에 따라 사는 사람들은 통제의 법칙에 따라 성공적인 삶을 누리는 사람들을 몹시 부러워하게 마련이다.

비록 사람들이 대부분 우연의 법칙에 따라 산다고 해도, 당신은 즉시 그것으로부터 자유로워질 수 있다. 개인 전략 계획서를 작성함으로써 내면으로부터 외부로 나아갈 수 있다. 존재 내면의 중심,

내면 한복판의 가치와 믿음에서 출발해 외부 삶의 모든 측면을 조합할 수 있다. 말하자면, 외부에서 하는 일이 자신의 내면 깊숙이 자리 잡은 기본적인 삶의 원칙과 일치되도록 계획을 짜는 것이다.

## 목표가 없는 사람의 특징

**명확성의 법칙**은 자신이 원하는 것을 더 명확하게 알수록 그것을 더 빨리 얻는다는 것을 말한다. 오로지 한 가지 일에만 집중하고 그 일이 완성될 때까지 그것에 매달리는 능력이야말로 행운의 핵심 요인이라 할 만하다. 이런 능력은 목표를 달성하는 데 도움이 되는 뜻밖의 일이 생길 가능성을 높여준다.

나는 목표가 있는 사람이 목표가 없는 사람보다 훨씬 더 생기 있고 낙관적이라는 사실을 발견했다. 누구나 행복해지기를 바라지만, 불행한 사람은 대개 아무 목표도 없다고 말한다. 목표가 없는 사람은 부정적이고 불행하며 여러 가지 일에 관해 끊임없이 불평하는 경향이 있다. 어떤 사람이 인생의 특정 부분을 불평할 때, 그의 목표가 무엇인지 간단히 물어보라. 아마 그런 사람은 자신의 직업이나 결혼생활, 건강, 인간관계 같은 문제에서 운이 나쁘다고 말할 것이다. 하지만 그들이 무엇을 진정으로 원하는지, 무엇을 갖고 싫거나 무슨 일을 하고 싶은지 묻는다면, 그들은 당황해한다. 이런 사람은 아무 생각이 없다. 때로는 그런 질문을 받는 것조차 불쾌해한다.

## 당신에게 가장 중요한 가치는 무엇인가

당신의 가치는 무엇인가? 당신은 무엇을 믿는가? 무엇을 지지하는가? 무엇을 지지하지 **않는가**도 똑같이 중요하다. 당신은 정직과 성실, 관용, 연민, 돌봄, 사랑, 용서, 진실 같은 것이 중요하다고 생각하는가? 당신은 청렴과 개인적 장점, 창의성, 자유, 자기표현의 중요성을 믿는가? 당신은 우정과 자제력, 일, 자기계발, 성공에 믿음이 가는가?

이런 질문을 스스로 던지고 대답하는 능력이야말로 성공으로 가는 지름길이다. 자신이 무엇을 정말 원하는지, 정확하게 무엇을 위해 기꺼이 일하고 싶은지 알아내는 것은 꼭 필요한 과정이다. 기본 가치는 서너 가지만 있으면 된다. 많아야 다섯 가지면 충분하다. 일단 핵심 가치를 선택한 다음에는 우선순위에 따라 그것을 정리할 필요가 있다. 첫 번째는 무엇이고 두 번째는 무엇인가? 세 번째는 무엇인가?

현재 자신의 가치가 무엇인지 어떻게 말할 수 있나? 간단하다. 언제나 자신의 가치를 행동으로 표현하면 된다. 압박감 속에서 하는 일이 무엇인지를 보고 자신이 진실로 믿는 것을 자신과 남들에게 말하는 것이다. 어쩔 수 없이 어느 방향을 선택할 때마다, 그 당시의 가장 중요한 가치와 일치하는 방향으로 가면 된다. 어떤 사람이 "나에겐 내 가정이 가장 중요한 가치야"라고 말한다면, 그것은 어쩔 수 없이 선택해야 할 때, 그가 자신의 가정을 항상 먼저 생각한다는 뜻이다. 어떤 사람이 건강을 핵심 가치라고 믿는다면, 그는 언제나 그 자신과 그가 돌보는 사람들의 안녕과 건강 유지를 위해 행동할 것이다. 그렇다고 해서 언젠가 행하거나 이루기 위해, 당신이 말하거나 바라거나 희망하거나 의도하거나 계획을 짜는 대상 자체가 핵심 가치인 것은 아니다. 매 순간 당신의 말과 행동이 지향하는 근본적인 목적과 믿음만이 핵심 가치에 해당한다.

일단 자신의 가치를 결정하면, **비전 선언**과 **사명 선언**으로 넘어간다. 당신의 비전은 앞으로 당신이 남들에게 어떻게 인식되고 싶은지를 글로 묘사한 것이다. 자신의 사망 기사를 작성해보라고 권하는 사람도 있다. 당신이 생전에 원했던 것을, 당신의 무덤 앞에서 절친한 친구가 읽는다고 상상하는 것이다.

비전 선언은 당신이 평생 되고 싶은 최고의 인물에 대해서 상상할 수 있는 것을 그럴듯하게 묘사하는 것이다. 비전 선언에서 놀라운 것은, 일단 그것을 작성하고 규칙적으로 읽고 음미하다 보면, 정신적 법칙이 활성화되어 당신이 상상한 것과 같은 부류의 사람이 되기 시작한다는 점이다. 비전 선언문을 작성함으로써 당신은 자신의 성격과 운명에 대한 책임을 진다. 기억해야 할 것은, 사람은 평소에 생각한 대로 된다는 점이다. 만일 오랜 시간 자기 자신을 뛰어난 인간으로 여긴다면, 당신은 스스로 되기로 결심한 사람과 아주 비슷한 사람이 될 것이다.

## 일단 뜨겁게 욕망하라

**욕망의 법칙**은 사람이 스스로 진정으로 원하는 것을 제대로 알지 못하는 것이 인간 능력의 유일한 한계라는 말이다. 사람의 욕망이 그 사람의 운명을 결정하는 법이다. 목표의 일관성과 강도는 욕망의 열기로 결정된다. 무엇이든 목표를 달성하겠다고 뜨겁게 욕망을 불태우는 사람은 자동적으로 그 목표를 향해 달려간다.

욕망은 야망의 연료이며 개성을 밀고 나가는 힘이다. 사람들이 많은 것을 이루지 못하는 주된 이유는 그들 자신이 되고 싶은 것, 갖고 싶은 것, 하고 싶은 것에 대한 열정이 충분치 않기 때문이다. 그것을 충분히 바라지 않는 것이다.

개인적이든 아니든, 일정한 목표에 관해 강렬하게 불타는 욕망을 갖는 유일한 방법은 그 목표를 자신의 진정한 가치로 표현하는 것이다. 그 목표는 스스로의 삶에서 진정 되고 싶은 사람에 대한 비전과 일치해야 한다.

> 인간 능력의 유일한 한계는 자신이 진정으로 원하는 것을 제대로 알지 못하는 것이다.

한편, 사람의 사명은 비전과는 조금 다르다. 사명은 살면서 또 장차 무엇을 이루고 싶은지에 대한 구체적인 진술이다. 사명 선언문은 자신의 삶에 어떻게 변화를 주고 싶은지를 표현하는 것이다.

자신의 삶을 변화시키는 유일한 방법은 다른 사람의 삶을 어떻게 변화시킬지 알아내는 것이다. 아인슈타인은 인간의 삶의 목적에 대한 질문을 받았을 때 이렇게 대답했다. "아니, 다른 사람에게 봉사하는 것 말고 다른 목적이 있을 수 있나요?"

사명은 달성할 수 있을 뿐 아니라 측정할 수도 있다. 그것은, 사람을 기분 좋게 해주지만 실제로는 적용하거나 측정할 수 없는 따뜻한 덕담처럼 불분명한 것이 아니다. 예를 들어 한때 AT&T의 사명 선언문에는 전화기를 모든 미국인의 손이 닿을 수 있는 거리에 둔다는 말이 있었다. 목표를 이루는 데 이 회사는 거의 80년이 걸렸다.

사명 선언문은 대강 다음과 같을 수 있다. "나는 업계에서 상위

10퍼센트에 들 정도로 뛰어난 영업사원이다. 나는 고객에게 양적으로나 질적으로 최고의 서비스와 신뢰성, 정직성을 보여준다. 그 결과 나는 연간소득이 15만 달러나 된다."

사명 선언문은 해당 업계에서 당신이 이루고 싶은 수준과 그 수준을 달성하기 위해 하려고 하는 일의 종류, 목표 달성 여부를 측정하는 방법 같은 것을 깨닫게 도와준다.

## 글로 쓴 꿈은 이루어진다

이를 위해 놀라운 효과를 내는 훈련이 있다. 종이 한 장을 집어 들고 꿈의 목록을 적어보라. 먼저 자유롭게 상상의 나래를 펼친다. 아무런 제한이 없다고 생각하라. 자신에게 항상 시간이 넉넉하고 돈이 있으며 온갖 자원과 지능, 학력, 온갖 경험과 세상의 모든 인맥을 갖추고 있다고 상상해보라. 인생에서 당신은 무엇이든 할 수 있고 될 수 있으며 가질 수 있다고 상상해보라.

이제 그 어떤 제한도 없다고 할 때, 당신이 삶에서 원하는 것이 무엇인지 적어보라. 당신에게 **가능한** 것을 정하기 전에 반드시 당신에게 **적합한** 것을 정해야 한다. 단, 시작도 하기 전에 불가능한 온갖 이유를 생각하느라 제 발등을 찍는 잘못을 범하지 마라. 일단, '가능하다'라는 단어는 제쳐두고 자신의 꿈을 펼쳐보라.

어느 분야든 지도자는 비전이 있다. 그들은 눈앞에 존재하는 것에 집착하기보다 꿈을 꾸며 무엇이 될 수 있는지를 보려고 한다.

꿈의 목록을 다 적었다면, 다른 종이를 들고 맨 위에 그날 날짜를 적는다. 그리고 이후 12개월 동안 달성하고 싶은 목표를 적어도 10가지 적는다.

이것이 내가 배운 것 중에 가장 효과가 뛰어난 훈련 방법이다. 오래전에 이 방법을 활용하면서 내 인생은 바뀌었다. 처음에는 장난삼아 시작하며 별 기대를 안 했다. 그러나 몇 분의 시간과 종이 몇 장 밖에 안 들어간 이 방법으로 그 이후의 내 삶은 변했다.

당신이 앞으로 12개월 동안 이루고 싶은 10가지 목표를 적는다면, 그 순간 당신은 미국인 상위 3퍼센트에 속하게 된다. 자신의 목표를 적어보는 미국 성인은 3퍼센트밖에 안 되기 때문에 당신은 원하는 10가지를 적어보는 행위 자체로 이미 엘리트에 속하는 것이다. 설사 1년 동안 한 것이라곤 그 종이를 어딘가에 처박아 두었더라도, 당신의 인생은 송두리째 달라질 것이다. 12개월이 다 지났을 때 종잇장을 들춰보면서 당신은 그중 80퍼센트가 아주 놀라운 방법으로 달성되었다는 것을 알고는 깜짝 놀랄 것이다. 아마 실제로 당신이 보는 것은 각 목표 달성 뒤에 숨은 공시성과 세렌디피티의 효과일 것이다. 아무도 예측하거나 계획할 수 없는 놀라운 우연이 연이어 서로 맞물려 있는 것을 본다는 말이다. 지금은 상상조차 할 수 없는 방법으로 당신의 10가지 목표 중 80퍼센트나 달성했다는 것을.

## 성공과 실패는 종이 한 장 차이

그다음 훈련은, 10가지 목표를 쭉 훑어보면서 "달성한다면 어떤 목표가 내 인생에 가장 긍정적인 영향을 줄까?"라고 스스로 물어보는 것이다. 그 목표가 정해지면 거기 동그라미를 그리고 다른 종이를 꺼내 맨 위에 그것을 적는다. 이것이 당분간 당신의 주요 목표가 된다.

목적의 법칙은 성공 비결이 목적의 일관성에 있다는 뜻임을 기억하라. 10가지 목표를 적고 그중 가장 중요한 것을 고르고 그것을 당신의 주요 목표로 정했다면 당신은 현재 미국인 상위 1퍼센트의 세계로 들어간 것이다.

종이에 적힌 그 목표 밑에 지금이나 앞으로 그 목표를 이루기 위해 할 수 있는 행동을 하나하나 생각나는 대로 적어보라. 이것은 아주 중요한 훈련이다. 목표를 이루는 데 도움이 되는 것을 많이 적으면 적을수록 그것이 가능하다는 믿음은 더 강해질 것이다.

처음 목표를 적을 때는 기대감은 크지만, 그것을 이룰 수 있을지 자신의 능력을 의심할 것이다. 목표를 달성하기 위해 할 수 있는 여러 가지 행동을 모두 적었다면, 이후로 당신은 자신의 목표를 완전히 새로운 시각으로 보게 된다. 아이디어를 잇달아 적을 때, 당신은 목표를 자신의 잠재의식으로 몰아가게 된다. 그러면 당신은 그 목표가 가능하다고 믿기 시작한다.

목록에 있는 여러 가지 행동을 하면서 당신은 목표를 향해 다가간다는 기대를 하기 시작한다. 끌어당김의 법칙을 활성화하면서 당신은 목표 달성에 도움이 되는 사람과 환경을 자신의 삶으로 끌어들인다. 당신은 주변에서 펼쳐지는 사건과 상황 속에서 공시성의 예를 보게 된다. 그리고 망상피질을 활성화하면서 당신의 목적 달성에 도움이 되는 당신 주변의 사람과 가능성 앞에서 민감한 감각과 인식이 발달한다. 당신은 더 민첩하고 더 생생하게 깨어 있는 상태로 변할 것이며, 에너지와 집중력이 폭발하고, 더 긍정적인 사람이 될 것이다. 이 모든 변화에 들어가는 것이라곤 고작 종이 몇 장과 몇 분의 시간뿐이다.

승자와 패자 사이에는 많은 차이가 있다. 패자는 언제나 조언을 듣고는 "안 되면 어쩌죠?"라고 묻는다. 그러나 이것은 잘못된 질문이다. "되면 어쩌죠?"가 당신의 올바른 물음이다. 효과가 없다고 해도 투자한 것은 달랑 종이 한 장이다(자신도 모르게 이 훈련을 멈춘다면, 당신은 틀림없이 지나치게 부정적인 사람일 것이다). 하지만 이 훈련은 분명히 효과가 있다. 게다가 상상 이상으로 효과가 빠르다.

## 3×5인치 색인 카드의 기적

재정 고문 한 사람이 토요일 오전 피닉스에서 있었던 내 세미나에 참석하고 그날 오후에 비행기 편으로 휴스턴으로 돌아갔다. 그다음 주 목요일 그는 내 비서에게 전화했다. 그런 다음 나에게 편지를 보냈는데, 자신이 세미나에 참석한 뒤에 한 일을 조금 자세하게 전하는 내용이었다. 다음은 그가 보낸 사연이다.

이 사람은 전에도 목표에 관해서는 많이 들어보았지만, 목표를 적는다는 것은 생각도 못 해봤다고 했다. 그런데 나의 권유를 듣고는 결심을 하고 다음 12개월 동안 달성할 목표 10가지를 적어보았다. 그리고 일요일 저녁 7시까지 채 48시간도 안 되는 동안에 스스로 정한 1년간의 목표 10가지 중 5가지를 이미 달성했다고 했다(재정과 가정에 관한 목표들이었다). 그는 재빨리 5가지 목표를 추가로 정했다. 그래서 새로 구성된 10가지 목표 목록이 완성되었다.

그로부터 4일이 지난 목요일 저녁 5시에 그는 내 사무실로 전화를 해, 새로 작성한 목록에서 이미 5가지를 달성했다고 했다. 그리고 편지에 이렇게 써서 보냈다. "목표를 구체적으로 글로 쓰니, 정말 솔직히 말씀드립니다만, 1년 내 달성하리라고 예상한 것보다 많은 목표를 이루었습니다. 그저 놀라울 따름입니다."

목표 설정의 과정은 목표 달성을 위해 현재 하려고 하거나 매일 매달리는 일정한 행위로 요약할 수 있다. 일단 그 행위를 적은 다음에는 강력한 정신 기술을 활용해 목표를 향한 진행 과정의 속도를 높이고 그 목표가 더 빠르게 당신 자신으로 다가오도록 할 수 있다.

**가속도의 법칙**은 당신 스스로 설정한 거의 모든 큰 목표에 적용된다. 이것은 당신이 무언가에 다가가면, 그것 또한 당신에게 다가온다는 것을 말한다. 끌어당김의 법칙과 비슷하다. 어느 면에서 이것은 끌어당김의 법칙에서 비롯된 결과라고 할 수 있지만, 한 가지 중요한 차이가 있다.

목표를 향해 나아가는 속도가 느려서 당신은 좌절할지도 모른다. 목표가 클수록 그것은 멀어 보일 것이다. 일정한 진전 상황이 눈에 들어오려면 한동안 그것에 매달려야 할 것이다. 그러나 이것은 모든 목표 달성 과정의 일부다.

가속도의 법칙에는 80 대 20의 규칙이 적용된다. 처음 목표에 매달리는 시간의 80퍼센트까지는 전체 도달 거리의 20퍼센트에 당신이 무언가에 다가가면, 그것 또한 당신에게 다가온다. 끌어당김의 법칙과 비슷하다.

만 이룰 것이다. 하지만 꾸준히 목표 달성에 매달리다 보면 20퍼센트의 남은 시간에 목표의 마지막 80퍼센트를 달성하게 될 것이다.

많은 사람은 큰 목표를 향해 수주나 수개월 혹은 수년씩 매달리면서도 별로 진전을 보지 못한다. 그러면 용기를 잃고 목표를 포기한다. 하지만 이들은 자신이 필요한 모든 토대를 거의 다 갖추었다는 사실은 깨닫지 못한다. 이륙 지점이 바로 눈앞에 있고 그 지점부터는 놀라운 속도로 목표에 접근할 수 있고 또 목표가 그들에게 놀라운 속도로 다가올 텐데도 말이다.

주요 목표를 정한 다음에는 3×5인치 크기의 색인 카드 몇 장에 1인칭 현재 시제의 긍정 확언을 적어보라. 이것은 놀라운 효과를 내는 훈련이다. 마치 인생의 가속페달을 세게 밟는 것과 같다. 예를 들면, 한 카드에는 "내 체중은 68킬로그램이다"라고 적는다. 그리고 다른 카드에는 "나는 1년에 15만 달러를 벌었다"라고 쓴다. 또 다른 카드에는 "나는 스페인어를 유창하게 말한다"라고 쓴다.

어떤 목표든 그것을 3×5인치 크기의 색인 카드에 큼직하게 적어 휴대하고 다닌다. 그런 다음 아침저녁으로 자나 깨나 목표를 적은 카드를 읽고 또 읽는다. 그것을 읽으면서 마치 그것이 이미 달성된 것처럼 각 목표를 눈앞에 그려본다. 선명하게 그린 목표를 이미 실현된 현실처럼 받아들이는 것이다. 가능하면 그것을 생생하고 또렷하게 상상해보라. 여기서 뜻밖의 효과가 나온다. 머릿속에 새겨진 그림과 목표가 실현될 때 느끼게 될 성취감이 감정과 결합하는 것이다.

당신이 갖고 싶은 멋진 자동차가 있다고 할 때 그에 대한 정신적인 그림을 그리면, 당신은 그 차를 몰 때 맛볼 자부심과 행복, 만족감, 기쁨을 창조하게 된다. 나에게 이 시각화 훈련을 활용해서 회사의 최우수 영업사원이 되었고 전국대회에서도 우승했다고 말하는 영업사원이 많다. 이들은 상상으로 단상에 올라 회사 사장으로부터 상을 받는 자신의 모습을 그려보았다고 했다. 상상 속에서는 청중이 하는 말도 들렸다. 이들은 수상했을 때 누릴 수 있는 자부심과 만족감을 창조한 것이다. 이들은 계속해서 그들이 속한 조직에서 최고의 실적을 올렸다.

## 나와의 약속에 집중하라

엄청난 행운을 부르는 또 다른 요인으로는 주의의 원칙principle of attention 혹은 **집중의 법칙**이 있다. 이 법칙에 따르면, 자신이 바라는 목표에 관해 더 많이 생각하고 더 많이 말하고 눈앞에 그려보면서 감정적으로 다룰수록, 당신의 정신력은 그 목표를 당신 쪽으로 더 가깝게 끌어당기고 당신을 그 목표에 더 가깝게 데려다줄 것이다. 자신의 목표를 더 명확하게 인식할수록, 그것을 글로 쓰고 또 쓸수록 또 목표에 대한 계획을 세우고 그것에 매달릴수록, 당신은 모든 정신력을 활성화해서 당신에게 놀라운 일을 가져다주는 에너지 장force field of energy을 창조할 것이다. 그러면 당신은 다른 사람들이 행운이라고 생각하는 놀라운 기회와 가능성을 끌어들이게 된다.

이 책을 읽는다는 사실만으로도 당신은 오늘을 사는 사람 중 상위 10퍼센트, 아니 상위 5퍼센트에 속한다. 당신은 이른바 "유능한 10퍼센트the talented tenth"에 속하는 엘리트다. 당신은 끊임없이 배우고 성장하는 사람이다. 당신은 특별한 계층, 위너스 서클winner's circle에 포함되는 것이다. 인생의 어느 지점에 있는지, 현재 얼마를 버는지, 그것은 중요치 않다. 문제는 당신이 어디로 향하고 있는가다.

자신의 삶과 미래를 걸고 다짐하는 약속은 당신이 몇 년 안에 어디로 가게 될지를 알려주는 가장 확실한 지표다. 지금 가고 있는 방향으로 끊임없이 가다 보면 당신은 놀라운 것들을 이룰 것이고 아무것도 당신을

당신이 누누이 말하는 것은 무엇이든 당신의 세계에서 자라나고 늘어난다.

막지 못한다. 당신은 이 세상 최고의 행운을 잡은 사람 중 한 명으로 알려질 것이다.

---

**✦ 목표를 세우는 비결 ✦**

1. 모든 행운의 요인 중에 가장 중요한 것은 자신이 원하는 것을 정확하게 아는 것이다.

2. 당신의 삶에 나타나는 모든 사건과 상황은 당신의 기대에서 비롯한다.

3. 어디서 왔는가는 중요치 않다. 문제는 어디로 가는가다.

4. 공시성의 법칙은 직접적인 인과관계가 없는 사건들도 일어난다는 것을 말해준다. 사건은 인과율이 아니라 의미에 의해 연결될 때도 많다.

5. 개인 차원의 전략적인 계획이 성공으로 가는 지름길이다.

6. 명확하게 글로 작성한 목표는 자신의 삶이 나가는 방향을 통제할 수 있다는 느낌을 준다.

7. 3×5인치 색인 카드 몇 장에 1인칭 현재 시제의 긍정 확언으로 당신의 주요 목표를 적어보라.

---

3

# 지식:
## 보고 듣고 읽어라

Knowledge:
The Key to Power and Success

오늘날 인간은 달리기 경주를 하고 있다. 당신도 그 속에 있으며 유일한 문제는 이기느냐 지느냐다. 승패는 당신에게 달렸다. 당신과 달리, 다른 사람들은 자신이 결승점까지 맹목적으로 질주하고 있다는 사실을 모른다. 그리고 그들은 경쟁 방법도 모르고 이 경주에서 이기는 것이 얼마나 중요한지도 모른다. 역사적으로 인류가 농경 시대에서 1760년경에 시작된 산업 시대로 이동하는 데 6,000년이 걸렸다. 1950년 무렵 선진국의 고용원은 대부분 산업 노동자였다. 그러나 1960년에 접어들면서 산업 시대가 끝나고 우리는 서비스 시대로 진입했다. 제조업보다 서비스에 종사하는 사람이 더 많아졌다.

1970년대 말이 되자, 정보 시대로 진입했다. 21세기 현재 우리는 통신 시대에 살고 있다. 점점 더 많은 사람이 다른 산업 분야보다 지식과 정보통신 기술에 기반한 산업 분야(연예, 뉴스, 교육)에 종사한다. 육체의 힘에서 정신의 힘으로, 근력에서 지력으로 대세가 바뀐 것이다. 앞으로 남은 인생에서는 당신이 하는 모든 일의 지식 콘텐츠가 질적으로나 양적으로 당신의 일과 삶을 결정할 것이다.

## 18개월: 요즘 기술의 유통기한

무어의 법칙Moor's Law에 따르면, 컴퓨터가 처리할 수 있는 정보의 용량은 18개월마다 두 배로 늘어나고 같은 기간에 비용은 절반으로 줄어든다(인텔의 창립자 고든 무어가 발견한 예측 결과로, 후에 18개월을 24개월로 수정했다—편집자 주). 이 말의 의미는 믿을 수 없을 정도로 놀랍기만 하다. 만일 렉서스 한 대에 무어의 법칙을 적용한다면, 새 렉서스 한 대 값은 2달러밖에 안 되고 1갤런의 연료로 1,100킬로미터를 달리며 시속 800킬로미터로 이동한다는 말이 된다. 사실 요즘 새로 나온 렉서스는 1970년 당시의 최첨단 달 착륙선 아폴로 13호보다 더 복잡한 컴퓨터 시스템을 갖추고 있다.

요즘 새로 나오는 자동차의 경우, 철강 재료
보다 전자 시스템에 생산비가 더 많이 든다.

우리가 지식이 가치의 주요 원천인 정보
시대로 이동한 속도가 너무 빠른 나머지 사
회의 주요 기관은 대부분 그 흐름을 따라잡지도 못하고 이해하지
도 못했다. 오늘날 금융기관은, 특히 은행은 1억 달러짜리 공장이
불과 18개월 만에 기술의 발전으로 쓸모없게 될 수도 있다는 사실
에 당황스러워한다.

지능을 통해 사실상 고정자산을 투자하지 않고 수없이 다양한
방법으로 부를 창출할 수 있다. 요즘 어떤 금융기관이 담보를 요구
할 때, 해당 기업의 가장 소중한 자산은 거기 근무하는 종업원의
머릿속에 있지만, 그런 지적 자산을 정확히 측정할 방법은 없다.
조직 전체가 내일 당장 깡그리 불타버릴 수도 있고, 지능의 힘으로
몇 시간 만에 길 건너편에 새로 회사를 차릴 수도 있다.


## 돈도 지식도 빈익빈 부익부


'경쟁 우위winning edge'라는 개념을 들어보았을 것이다. 지식과 능
력의 작은 차이가 결과의 엄청난 차이를 부른다는 개념이다. **경쟁**

**우위의 법칙**에 따르면 당신에게는 있고 경쟁자에게는 없는 작은 정보 조각이 경쟁 우위를 차지하게 만드는 결정적 한 방이 될 수 있다.

한 가지 예로 경마를 들 수 있다. 어떤 말이 한 끗 차이로 1등을 한다고 할 때, 그 상금은 2등을 한 말의 열 배나 된다. 이 말은 우승마가 열 배나 더 빠르다는 뜻일까? 두 배 빠르다는 것인가? 아니면 10퍼센트 빠르다는 말인가? 아니다. 우승마는 겨우 한 치 빠를 뿐이다. 그러나 이 한 치 차이가 열 배의 상금으로 변한다.

경쟁이 치열한 시장에서 한 기업이 할인 판매를 할 때, 경쟁사와 단가 차이는 조금밖에 안 나지만 매출 격차는 크게 벌어지는 현상을 흔히 볼 수 있다. 성공한 회사는 매출의 100퍼센트를 쓸어가며 이익의 100퍼센트를 가져간다. 성공한 회사가 실패한 회사보다 100퍼센트 뛰어나다는 말인가? 아니다. 그 회사는 단순히 경쟁 우위 한 가지를 개발했을 뿐이지만 거기서 다른 모든 차이가 나온다.

또 다른 중요한 행운의 요인은 **통합적 복합성의 법칙**이다. 이 법칙은 어느 집단이든 가장 많은 정보를 모을 수 있는 사람이 집단 안에서 우뚝 서서 나머지 전체를 지배한다는 말이다. 바꿔 말하면, 한 사람이 가진 지식과 경험이 많을수록 그는 어떤 위기가 닥치든 상황을 파악하고 그에 대응할 방향을 결정할 수 있다는 것이다. 어느 조직이든 방향 파악에 관해 최대의 능력을 갖춘 사람이 언제나 꼭대기로 올라서는 까닭은, 그 사람이 누구보다 더 많이 기여함으로써 더 큰 가치와 영향력을 지녔기 때문이다.

최고의 영업사원은 계속 최고의 자리를 유지하는 경향이 있는데 왜 그럴까? 그들이 훨씬 더 까다롭고 지나친 요구를 하는 고객에게 훨씬 더 경쟁력을 갖춘 제품을 팔기 위해 수주, 수개월, 수년씩 노력했기 때문이다. 그 결과 달리기 선수들이 우위를 차지하면 경주가 이어지는 동안 그 차이를 계속 벌려 나가듯이, 최고의 영업사원은 앞으로 치고 나가 경쟁자들을 멀리 따돌린다. 그렇게 하는 이유는 그들이 점점 더 복잡하고 다양해지는 경쟁에서 점점 더 많은 판매 양상에 노출되어왔기 때문이다. 이렇게 해서 그들은 갈수록 점점 더 많은 판매 실적을 올릴 수 있다. 알다시피 성공이 성공을 부르는 법이다.

한 분야에서 지식이 빠르게 확산할수록 저장해둔 지식은 빠르게 쓸모없어진다. 만일 당신이 요트를 타고 1~2년간 세계 일주를 마치고 돌아온다면, 그동안 당신의 급여와 지위를 보장해준 당신이 축적한 지식의 절반은 더 이상 쓸모없음을 알게 될 것이다.

또 어떤 분야는 다른 분야보다 지식의 노후화가 훨씬 더 빠르게 진행된다. 변화가 느린 분야의 지식은 쓸모없어지기까지 10년이나 20년, 혹은 그 이상 걸릴지도 모른다. 하지만 주식중개인의 경우, 가격이나 시장 포지션, 금리, 경제 동향 등에 관한 지식은 한두 주 만에 혹은 며칠 만에 완전히 쓸모없어질 수 있다. 선거 예측과 관련해 쌓은 지식은 단 하나의 정치적 사건만으로도 하루아침에 쓸모없어질 수 있다.

미래는 유능한 사람들의 것이다. 미래는 착하거나 성실하거나 단순히 야심만만한 사람의 것이 아니다. 자신이 하는 일을 훤히 꿰뚫고 있는 사람의 것이다. 부자는 더 부유해지고 가난한 사람은 더 가난해진다는 옛말이 있다. 하지만 이 말은 오늘날, 더 많이 가진 사람과 덜 가진 사람 간의 경쟁을 의미하는 것이 아니다. 아는 사람과 덜 아는 사람 간의 경쟁을 가리키는 말이다.

미국에서 가장 큰 소득의 차이는, 꾸준히 지식과 기술의 수준을 높인 사람과 그렇지 않은 사람 사이에서 발생한다. 더 많이 벌기 위해서는 더 많이 배워야 한다. 현재 가지고 있는 지식과 기술이 당신에게는 역대 최고치일 수 있다. 소득을 늘리고 돈 버는 능력을 더 키우고 싶다면 새롭고 가치 있는 정보와 시장에 적용해 가치를 창출할 수 있는 아이디어를 더 많이 배워야 한다. 종종 '지식이 힘'이라는 말들을 한다. 사실은 써먹을 수 있는 지식만이 힘이 된다. 오늘날의 시장에서 힘이 되는 지식은, 누

> 미래는 착하거나 성실하거나 단순히 야심만만한 사람의 것이 아니다. 자신이 하는 일을 훤히 꿰뚫고 있는 사람의 것이다.

군가의 지불로 발생하는 이익을 가져오는 데 이용할 수 있는 지식뿐이다. 한 조각의 지식은 어떻게 평가되는가? 간단하다. 가치 있는 지식은 다른 사람들에게 결과를 가져다주는 당신의 능력을 키워준다.

대학에서 가르치는 지식은 엄청나게 많다. 그런 지식은 옳기는 하지만 현실에서는 쓸모없는 것들이다. 대학 졸업자들이 대학 밖에서는 별로 주목받지 못하는 과목을 배우는 데 3~4년을 허비했다는 것을 알고 충격을 받는 일은 흔하다. 대학 졸업자의 80퍼센트가 졸업 2년 안에 공부한 것과 무관한 일에 종사한다.

앞에서 말했듯이, 나는 이점이라고는 없는 상태에서 출발했지만 한 가지, 독서를 즐기는 습관은 있었다. 시간이 지나면서 나는 뭔가를 읽고 배우는 일에 푹 빠졌다. 나는 미국에서 성공을 거두는 사람들 거의 대부분은 실제로 가진 것이 없는 상태에서 출발했으며 개인적으로 발전과 성장을 다짐함으로써 출세했다는 것을 오랜 세월 끝에 알게 되었다.

**자기계발의 법칙**은 스스로 설정한 목표를 달성하기 위해 배울 필요가 있는 것은 무엇이든 배울 수 있다는 말이다. 이것은 성공의 위대한 법칙 중 하나다. 사람이 이룰 수 있는 것은 무한하다는 뜻이다. 만일 당신이 자신의 목표를 훤히 꿰뚫고 있다면, 당신은 그것을 달성하는 데 필요한 지식이 무엇인지 알아낼 수 있다. 그 지식을 습득함으로써 당신의 목표는 이루어질 수밖에 없다.

행운은 준비와 기회가 마주칠 때 찾아온다.

상상해보라. 출발할 때는 성공하겠다는 강한 열망만 있으면 된다. 그러면 자기 성찰과 자기계발을 통해 스스로 설정한 목표를 달성하는 데 필요한 것을 무엇이든 배울 수 있다. 오늘날 모든 재산의 90퍼센트는 여전히 기존 시장에서 기존 고객들에게 기존의 제품과 서비스를 파는 보통 기업에서 만들어진다. 처음 재산을 모으는 데 필요한 것은 10퍼센트의 새로운 아이디어(지식과 착상, 통찰력)가 전부다. 그리고 그 아이디어를 시장에 적용하려는 의지와 능력만 있으면 된다. 그러면 당신은 현재의 경제 시스템에서 대성공을 거둘 수 있다. 링컨도 "나는 스스로 공부하고 준비할 것이다. 그러면 언젠가 기회가 찾아올 것이다"라고 말하지 않았던가.

행운은 준비와 기회가 마주칠 때 찾아온다. 많은 사람이 가만히 앉아서 우연한 행운을 기다리고 있지만, 그것은 그냥 찾아오는 것이 아니다. 우연한 행운은 기회가 올 때를 철저히 대비하는 사람이 잡을 수 있다. 이런 사람은 기회가 오면 그것을 잡아채서 달릴 준비가 되어 있다. 영감 전도사인 얼 나이팅게일은 "기회가 올 때를 대비하지 않는 사람은 어리석게 보일 뿐이다"라고 말했다. 대신 끌어당김의 법칙에 따라 당신이 대비 태세를 갖추면, 준비한 수준에 맞춰 지식과 기술을 활용할 기회가 당신의 삶 속으로 끌려올 것이다.

## 재능 계발의 전제조건

동기부여 전도사 짐 론의 말을 인용하자면, 재능을 계발하면 그것이 당신에게 길을 열어준다. 재능 혹은 능력을 계발하려면 반드시먼저 그것을 좋은 목적에 적용할 기회를 잡아야 한다. **재능의 법칙**에 의해 당신이 열심히 갈고닦은 재능은 그것을 발휘할 대상(사람, 환경, 기회, 자원)을 삶 속으로 끌어당긴다.

아이디어에 적용되는 **다양성의 법칙**에 따르면, 한 사람의 성공은 그 자신의 환경을 개선하기 위해 끌어낼 수 있는 아이디어의 양과 질에 달려 있다. 아이디어는 미래로 나가는 열쇠다. 그것은 가치의 주요 원천이자 맨 위에 떠 오르는 우유 크림 같은 지식의 정수다. 그러나 아이디어 그 자체로는 가치가 없다. 아이디어를 불러일으키고 그 가치를 더해주는 방향으로 그것을 현실에 응용하는 것은 우리의 몫이다.

나는 사람들이 자신의 새로운 아이디어를 나에게 팔려고 할 때면 언제나 놀란다. 나는 어떤 것인지 묻는다. 그러면 그들은 값을 치르지 않으면 말할 수 없다고 한다. 나는 100개의 아이디어 중에 99개는 작동하지 않기 때문에 그 자체로는 가치가 없으며, 하나 남은 아이디어도 어떤 가치 있는 목적을 이루기 위해 다른 아이디어나 자원과 결합할 때만 작동한다고 설명해준다.

## 깊이가 높이를 결정한다

지식과 관련하여 당신에겐 뚜렷한 이점이 있다. 당신과 달리, 보통 사람들은 자신이 가지고 있는 지식에 한계가 있고 심지어 날마다 쓸모없어진다는 사실을 모른 채 헤매고 있다. 안타깝게도 그들은 가정이나 직장에서 사람들과 어울리거나 텔레비전을 보거나 가능한 한 편한 삶을 추구하며 시간을 허비한다. 하지만 당신처럼 우리 인간이 쓸모 있는 지식을 얻기 위해 경쟁을 벌이고 있다는 것을 아는 소수의 지적인 사람은 경쟁 우위를 점하고 있다. 자신의 분야에서 최고의 지위로 올라서려면 무엇이 필요한지 깨달은 사람은 이미 앞서가고 있는 것이다.

사무실 건물을 몇 층 높이로 짓는 것인지 알고 싶을 때는, 기초를 얼마나 깊이 파는지 보면 된다. 건물을 얼마나 높이 세울지 결정하는 것은 기초의 깊이다. 그러나 일단 건물이 완공되면, 건물주라고 해도 처음으로 돌아가 20층이나 30층을 더 올리기 위해 기초를 더 깊이 파지는 못한다. 그러기엔 너무 늦었다.

## 독서부터 시작하라

당신에게도 똑같은 이치가 적용된다. 삶의 높이가 어디까지 올라갈지는 당신이 지식의 기초를 얼마나 깊게 파는가에 달려 있다. 그리고 지식과 이해의 폭을 끊임없이 넓힘으로써 개인의 삶의 구조는 꾸준히 높아질 수 있다. 사실상 한도는 없다. 높은 생각의 질이 행운을 불러들인다. 그리고 생각의 질은 끊임없는 학습이 좌우한다. 당신의 마음을 새로운 지식과 새로운 통찰력, 새로운 아이디어와 정보로 채울수록 당신의 목표를 이루고 멋진 삶을 살게 해주는 온갖 기회와 가능성을 맞이할 것이다.

지식을 확장하는 열쇠는 독서다. 책을 읽는 사람이 모두 지도자는 아니겠지만, 지도자라면 누구나 책을 읽는다. 당신은 얼마나 많이 읽는가? 미국의 최고연봉자들은 평균 하루에 2~3시간 독서를 한다. 미국의 최저 소득층은 독서를 전혀 하지 않는다.

> 삶의 높이가 어디까지 올라갈지는 당신이 지식의 기초를 얼마나 깊이 파는가에 달려 있다.

미국서점협회ABA에 따르면, 미국인 가정의 80퍼센트는 2022년에 한 권의 책도 사거나 읽지 않았으며, 미국 성인의 70퍼센트는 최근 5년간 서점에 가지 않았고, 대학 졸업자의 42퍼센트를 포함해 성인의 58퍼센트는 고등학교 졸업 후에 새로 읽은 책이 한 권도 없다. 〈USA 투데이〉에 따르면, 미국 성인의 43.6퍼센트는 13세 이하 수준의 독서를 한다. 이것은 사실상 모든 면에서 이들이 문맹이나 다름없다는 것을 뜻한다. 고등학교 졸업자의 50퍼센트는 자신의 졸업장을 읽지 못하고 맥도날드의 취업지원서를 작성하지 못한다. 모집공고를 통해 끊임없이 자격을 갖춘 사람을 찾는 대기업들은 지원자의 95퍼센트를 기초적인 읽기 능력이 떨어진다는 이유로 거절할 수밖에 없는 실정이다.

2022년 미국에서 영화 산업에 들어간 돈은 258억 달러에 이른다. 주변을 둘러보면, 신문과 잡지마다 영화배우와 영화 산업에 대한 뉴스가 흘러넘친다. 그들은 뉴스와 오락 프로그램의 변치 않는 주제다. 마치 우리가 영화 문화에 둘러싸여 그것에 흠뻑 빠져 있는 것 같다. 그러나 당신은 2022년에 미국인이 도서에 290억 달러가 넘는 돈을 썼다는 사실은 아마 모를 것이다. 미국인은 모든 종류를 통틀어서 9억 권의 책을 구매했다. 사실 지식 시대는 책의 시대로 불려왔다.

부유한 사람의 집에 가면, 가장 먼저 눈에 띄는 것은 무엇인가?

서재다. 더 부유하고 더 큰 집을 가진 사람일수록 책이 빽빽이 꽂힌 큼직한 서재를 보유할 가능성이 더 크다. 가난한 사람의 집에 가보면 무엇이 가장 먼저 눈에 띄는가? 그렇다. 빌어먹을! 그들의 형편에서 살 수 있는 가장 큰 텔레비전이다.

사람들은 부자가 된 다음에 책을 산 것인가? 아니면 책을 사 읽고 나서 부자가 된 것인가? 내가 볼 때 그 대답은 분명하다. 읽기 훈련을 하지 않고 고등학교를 졸업한 내 친구 한 명은 자신이 얻을 수 있는 일자리가 최저임금 수준의 육체 노동밖에 없다는 것을 알고는 화가 났다. 도랑을 파거나 나무를 심거나 바닥을 쓰는 일뿐이었다. 그는 좋은 가정에서 태어나 성장 환경도 괜찮았지만, 그가 얻을 수 있는 것은 밑바닥 일이 전부였다. 읽기 훈련을 하지 않고 고등학교를 졸업한 그의 친구들 또한 같은 처지였다.

마음에 들지 않는 이 일을 1년 반 동안 하고 난 뒤에, 친구는 나를 찾아와 조언을 구했다. 나는 그에게 공부를 더 할 필요가 있다고 말해주었다. 그러자 그는 독서는 정말 하고 싶지 않다며 긴 단락을 읽으면 짜증 난다고 했다. 나는 지역 전문대학에 가서 독서 과정을 듣는 것이 좋다고 말했다. 친구는 공부는 정말 하고 싶지 않았지만 밑바닥 노동자 일을 계속하는 것은 더 싫었다. 그래서 그는 지역의 야간대학에 2년간 다니며 읽기 실력을 높였다. 그 결과 그는 공업대학에 지원했고 바이오메디컬 전자공학 학위를 땄다.

친구가 이 과정을 마치는 데 다시 2년이 걸렸다. 하지만 그는 각급 병원에 의료기기를 납품하는 대기업에 즉시 고용되었다. 친구는 5년도 안 지나 큰돈을 벌었고 집과 차를 보유하고 멋진 삶을 누렸다. 훗날 그는 나에게 교육을 더 받으라는 내 충고가 이력의 전환점이 되었다고 말했다.

> 달랑 책 한 권이지만, 거기서 당신이 얻는 지식은 저자가 오랜 시간과 비용을 투자해서 얻은 것이다.

독서를 통해 당신의 지식을 업그레이드할 수 있는 비결 몇 가지를 소개한다. 이 방법은 나뿐 아니라 자기 분야에서 고액 연봉을 받는 수많은 사람에게 큰 효과를 준 것들이다. 읽기에 가장 좋은 책은 남녀를 불문하고 자기 분야에서 열심히 활동하는 사람이 쓴 것들이다. 말하자면 해당 분야의 전문가나 자신의 재능으로 현장에서 사업을 한 사람이 쓴 책이다. 대학교수나 경영 컨설턴트가 쓴 책은 피하라. 이런 사람들에게는 대개 해를 거듭하며 특정 분야에서 온종일 일할 때 얻는 깊은 통찰이 없다.

당신이 갖가지 아이디어로 가득한 책 한 권을 산다고 할 때, 그것은 누군가 20년 동안 배우고 나서 쓴 것이다. 달랑 책 한 권이지만, 거기서 당신이 얻는 지식은 저자가 오랜 시간과 비용을 투자해서 얻은 것이다.

# 빌려 읽지 말고 구매하라

참신한 아이디어 하나만 있어도 인생의 행로가 변한다. 당신이 직면한 문제는 모두 이미 누군가에 의해 해결된 것들이다. 책이나 잡지에 소개되는 이런 해결책은 찾아내기만 하면 당신도 이용할 수 있다. 하지만 수많은 비용과 시간과 노력을 줄여주는 아이디어가 시중에 있다고 해도, 당신이 모르면 그런 아이디어는 전혀 존재하지 않는 것이나 다름없다. 성공한 사람들이 끊임없이 새로운 정보와 새로운 아이디어로 자신의 정신을 뒤흔드는 것은 바로 이 때문이다. 어쩌면 필요한 순간에 필요한 것 하나와 마주치기까지 100개의 아이디어에 노출될지도 모른다. 질적으로 뛰어난 통찰력 한두 개를 찾아내려면 수많은 아이디어를 접해야 할 것이다.

자신의 서재를 꾸미고 당신만의 책을 구매하라. 그런 책을 도서관에서 대출하고 다시 반납하는 것은 좋지 않다. 색깔 펜이나 형광펜으로 요점에 밑줄을 그어라. 책은 자신의 소유가 되어야 한다. 내가 책을 구입하고 그것을 내 소유물로 만드는 습관을 들이기 시작했을 때, 처음에는 책 한 권 읽는 데 몇 시간이 걸렸다. 그러나 그다음에는 어느 책이든지 한 시간도 안 되어 모든 요점을 파악할 수 있었다. 요즘 나는 책 한 권을 빨리 읽고 나서 아주 가치가 있는 아이디어는 타이핑을 해두고 나중에 다시 들여다본다.

# OPIR 공식: 빠르게 핵심을 간파하는 속독법

속독은 배울 수 있고 또 배워야 하는 기술이다. 무슨 책을 읽든지 읽는 속도를 두 배나 세 배 높일 수 있는 간단한 방법이 있다. 그것은 OPIR 공식을 기초로 한다. 이 네 글자는 개관하기overview, 미리 보기preview, 중간 보기in view, 다시 보기review의 앞글자를 딴 것이다. 이 기술을 활용하는 방법은 다음과 같다.

우선 책 내용으로 빠져들기 전에 전체를 간단히 **개관한다**. 책 앞뒤에 있는 내용을 읽는다. 그리고 저자 소개를 읽은 다음 그가 자신이 하는 말을 꿰뚫고 있는 사람인지 확인한다. 책의 목차를 보고 그 아이디어가 당신의 흥미를 끄는 것인지 자문하라. 부록이나 참고문헌을 읽어보면 저자가 사용한 정보의 출처를 금세 알 수 있다. 책에 대한 느낌이 좋고 자신에게 뭔가 가치가 있다고 생각되면 다음 단계로 넘어간다.

속독의 두 번째 단계는 **미리 보기**다. 책을 집어 들고 한 번에 한 페이지씩 끝까지 책장을 넘겨본다. 장 제목과 소제목을 읽는다. 그래프와 도표, 그림을 본다. 가능한 한 많은 단락의 첫 줄을 읽고 몇 개는 저자의 특징이 드러날 때까지 끝까지 읽어본다. 그 책이 편한 느낌을 주는지 또 저자가 자신을 표현하는 방법이 마음에 드는지 확인하라. 시간을 절약하는 최선책 중 하나는 그 책이 몇 시간을 들여 읽을 만큼 가치가 있는지 미리 확인하는 것이다.

개관하기와 미리 보기를 마친 뒤에 그 책을 읽고 싶다면 이유가 뭔지 자신에게 물어보라. 이 질문을 통해 당신은 그 책으로부터 무엇을 얻을 수 있는지, 당신의 삶에 그것을 어떻게 적용할 수 있는지 생각할 수밖에 없다. 이런 것을 **목적에 따른 읽기**라고 한다. 관련성이 높고 적용할 게 많은 내용일수록 읽기를 마쳤을 때 기억에 남을 가능성이 크다.

읽기의 세 번째 단계는 **중간 보기**다. 만일 논픽션을 읽고 있다면, 가장 흥미를 끄는 장부터 시작하라. 그리고 계속 읽고 싶지 않다면 중단하라. 때로는 우수도서라고 해도 당신과 관계가 있는 장은 한두 개밖에 안 될 수 있다. 당장 도움이 안 되는 정보라면, 어차피 잊을 텐데 무엇 때문에 처음부터 읽는가? 중간 보기를 진행할 때는 가능하면 표시를 많이 하고 핵심 문장이나 단락에 밑줄을 그으며 여백에 느낌표나 별표, 인용부호를 사용한다. 핵심 아이디어에 동그라미를 치면 다시 볼 때 가장 중요하다고 생각한 사실을 쉽게 찾을 수 있다.

OPIR 방법의 마지막 단계는 **다시 보기**다. 아무리 똑똑한 사람이라고 해도 기억에 각인될 때까지 서너 번은 핵심 내용을 검토해야 한다. 일단 표시를 제대로 했다면, 전체 핵심 내용을 파악하는 데 한 시간도 안 걸릴 것이다.

# 최고의 비즈니스 도서를 찾는 법

최고의 비즈니스 도서는 어디서 구할까? 간단하다. 비즈니스 잡지에는 비즈니스 북클럽의 광고가 게재되는 데 그중에 아무 클럽이나 가입하고 거기서 할인 가격으로 책을 구매하면 된다. 해마다 그들이 선정하는 도서 중에 한두 권을 구매해 당신의 장서목록에 추가하라. 당신은 곧 클럽에서 최고의 정보 소유자 대열에 속할 것이다.

우수경영도서서머리 Soundview Executive Book Summaries를 구독할 수도 있다. 이곳은 매월 두 권 이상의 비즈니스 도서를 요약하고 설명해주는 단체다. 그들이 고용한 전문가들은 책의 핵심 내용을 4~8페이지 분량으로 읽기 쉽게 압축해준다. 당신은 매월 이런 도서의 핵심을 파악함으로써 사업가로서는 최고 수준을 계속 유지할 수 있다. 나는 여기 소개되는 책 전체를 읽지 않고도 뛰어난 아이디어를 꽤 많이 얻었다.

현재의 지식을 확장하는 데는 관심 분야의 잡지나 출판물을 구독하는 것이 중요하다. 당신이 사업가라면 〈포천〉이나 〈포브스〉를 구독해야 한다. 영업 활동을 한다면 〈석세스Success〉 〈셀링 Selling〉 〈퍼스널 셀링 Personal Selling〉 같은 잡지를 구독해야 한다. 고위 경영자라면 〈하버드 비즈니스 리뷰〉 혹은 〈MIT 슬론 매니지먼트 리

뷰MIT Sloan Management Review)를 봐야 한다.

무슨 책을 읽어야 할지
알아내는 가장 좋은 방법
은 해당 분야에서 가장
크게 성공한 사람들에게
물어보는 것이다.

무슨 책을 읽어야 할지 알아내는 가장 좋은 방법은 해당 분야에서 가장 크게 성공한 사람들에게 물어보는 것이다. 그들이 가장 많이 추천하는 책은 무엇인가? 그들이 즐겨 읽고 정기적으로 구독하는 매체는 무엇인가? 최고의 반열에 오른 사람들이 읽는 것을 당신이 읽는다면, 원인과 결과의 법칙에 따라 당신은 그들이 아는 것을 곧 알게 되고 당신의 분야에서 경쟁 우위를 얻게 된다.

잡지라면 찢어내 읽는 방법으로 시간을 절약한다. 목차로 들어가 당신에게 중요하다고 여겨지는 기사에 동그라미를 친다. 이어 그 기사를 찾아 관련 부분을 찢어낸다. 잡지의 나머지는 버린다. 찢어낸 기사는 파일 속에 꽂은 다음 서류 가방 속에 넣는다. 그리고 틈이 날 때마다 파일을 꺼내 빨간 펜이나 형광펜을 들고 그 기사를 처음부터 끝까지 읽으면 된다.

독서에는 유지관리를 위한 것과 성장을 위한 것, 두 가지 유형이 있다. **유지관리형 읽기**는 당신의 분야에서 최신 정보를 제공하는 출판물로 이루어진다. 반면에 **성장형 읽기**는 해당 분야에 대한 지식과 이해도를 높여주는 책들이다. 이런 책은 당신이 제자리걸음만 하지 않고 성장하게 만든다.

# 운전할 때는 오디오 학습

차를 타거나 운동을 할 때, 오디오 학습 프로그램을 들어라. 미국의 자동차 운전자들은 1년에 평균 2만 킬로미터에서 4만 킬로미터를 주행한다. 이것은 당신이 매년 500시간에서 1,000시간을 차에서 보낸다는 말이다. 이 시간을 잘 이용해야 한다. 당신의 차를 학습 기계, 달리는 대학으로 바꿔야 한다. 낮에 이동할 때도 휴가 쓴 사람처럼 움직여서는 안 된다. 라디오나 음악을 들으며 사치를 누릴 여유가 없다. 이동 시간도 근무시간이다. 끊임없이 당신의 마음을 뒤흔드는 새로운 아이디어와 개념에 온 정신을 쏟아야 한다.

차에서 오디오 프로그램을 듣기만 해도, 당신은 매년 정규대학 과정을 한두 학기 이수하거나 혹은 주 40시간씩 3개월에서 6개월 동안 공부를 하는 셈이다. 오디오 학습의 장점을 최대한 활용함으로써, 당신은 가장 똑똑하고 가장 많은 연봉을 받는 사람들 대열에 합류할 수 있다.

지식을 확장하려면 가능한 모든 세미나와 강좌를 들어라. 염두에 둘 것은, 실패하는 사람은 언제나 "수강료가 얼마예요?"라고 묻는다는 것이다. 하지만 승리하는 사람은 "얼마나 가치가 있나요?"라고 묻는다. 일선 기관이나 전문가가 여는 강좌를 들어라. 자신의 분야에서 실제로 활동하는 사람들의 강좌를 들어라. 가장 밀접하게 관련 있고 즉각 도움이 되는 강좌를 들어라. 새로운 정보를 적용하는 속도가 빠를수록, 그것을 익혀 삶에 계속 이용할 가능성이 커진다.

좋은 아이디어 하나만 있어도 경쟁 상황에서 우위를 확보하는 데 충분하다는 사실을 기억하라. 또 요즘 제공되는 강좌나 세미나는 훌륭한 아이디어로 가득 차 있다. 이런 수업은 단기간에 아주 중요한 정보를 주입하는 고도로 숙련된 담당자들이 진행한다. 내가 아는 사람 중에는 세미나에 한 번 참석하고도 소득을 두세 배 늘린 경우가 많다.

당신은 지속적인 학습을 피할 여유가 없다. 스펀지처럼 새로운 아이디어를 흡수하라. 엑스포나 각종 컨벤션, 전시회에 참석하되 특히 당신의 분야와 밀접한 관계가 있는 것을 주목해야 한다. 나는 오랫동안 셀 수 없이 많은 연례회의나 협회 모임에서 연설했다. 나는 관련 업계에서 최고의 대우와 연봉을 받는 사람들이 컨벤션에 단골로 참석한다는 것을 알게 되었다. 그들은 전시장을 둘러보며 핵심 세션에서는 맨 앞줄에 앉는다. 당신도 최고의 지위에 오르고 싶다면 최고의 반열에 오른 사람들이 하는 대로 해야 한다.

당신이 삶을 개선한다면, 개선의 요소는 모두 당신의 마음이 새로운 아이디어와 충

좋은 아이디어 하나만 있어도 경쟁 우위를 확보하는 데 충분하다.

돌하면서 생기는 것들이다. 당신이 할 일은 올바른 시간에 올바른 아이디어와 마주칠 확률을 높이는 것이다. 이렇게 하려면 의도적으로 자기 자신을 아이디어와 통찰력의 십자 포화 속으로 내던져야 한다.

## 먼저 배운 사람의 조언을 들어보라

끝으로 정보 시대에 관련 분야에서 최고의 지위에 오르기 위해 할 수 있는 가장 중요한 일의 하나는 사람들에게 정보와 의견을 구하는 것이다. 사람들에게 도서나 오디오 프로그램, 강좌를 추천해달라고 부탁하라. 의문에 대한 답과 문제의 해결책을 구하라. 비슷한 경험을 한 사람이 건네는 훌륭한 조언은 수개월간의 고생과 엄청난 비용을 줄여줄 수 있다.

벤저민 프랭클린은 우리가 지식을 얻는 데는 두 가지 방법이 있다고 말한 적이 있다. 구매pay는 (시간과 금전의 측면에서) 전액을 내고 직접 깨닫는 것이고, 대여borrow는 이미 전액을 내고 배운 사람의 말을 듣는 것이다. 자신의 마음을 끊임없이 새로운 정보와 아이디어로 뒤흔듦으로써 당신은 우리가 언급한 모든 정신 법칙을 활성화하여 지금까지 논의한 모든 행운의 요인을 불러일으킬 것이다.

당신의 목표는 관련 분야에서 가장 풍부한 지식을 갖춘 정보통으로 인정받는 것이어야 한다. 이렇게만 되면, 당신은 해당 분야에서 최고 연봉과 최고의 대우를 받는 사람의 대열에 합류할 것이다. 또 빠른 속도로 꾸준히 승진할 것이다. 모든 명성과 인정, 존중을 두루 갖춘 최고소득층 상위 10퍼센트에 드는 것이다. 더 큰 저택에 살며 더 좋은 차를 몰고 더 많은 통장 잔액을 보유하게 될 것이다. 운이 좋았을 뿐이라고 사람들이 수군대면, 담담하게 "많이 배울수록 더 좋은 운을 잡는 법이지요"라고 말하면 된다.

---

### ✦ 똑똑해지는 비결 ✦

1. 지식이 당신의 일이나 삶의 질과 양을 결정한다.

2. 지식과 능력의 작은 차이는 결과의 엄청난 차이로 이어질 수 있다.

3. 당신이 설정한 목표를 달성하는 데 필요한 것은 무엇이든 배울 수 있다.

4. 재능 혹은 능력을 계발하려면 반드시 먼저 그것을 좋은 목적에 적용할 기회를 잡아야 한다.

5. 꾸준한 독서는 지식을 키우는 최고의 지름길이다.

6. 읽기 훈련을 위해서는 OPIR 공식(개관하기, 미리 보기, 중간 보기, 다시 보기)을 활용하라.

7. 오디오 학습이나 세미나, 강좌는 지식을 보충하는 중요한 방법이다.

---

4

# 숙달:
# 필요한 기술을 연마하라

### Achievement and Mastery

이제 당신은 이전의 모든 성취 수준을 능가하는 능력을 갖추었다. 바로 이 순간, 당신 안에는 앞으로 필요하게 될 재능이 있다. 그것은 지금까지 살아오면서 이루었던 것보다 훨씬 더 많은 것을 가져다줄 수 있다. 당신 스스로 설정한 목표가 무엇이든, 당신은 그 목표를 이루는 데 필요한 기술을 배울 수 있다.

음악의 거장이 고전 음악을 완벽하게 연주할 때, 혹은 3대 테너(파바로티, 도밍고, 카레라스)가 오페라를 멋지게 부를 때, 이들의 재능을 행운 덕으로 돌리는 사람은 아무도 없다. 가구 장인이 우아하고 세련된 가구를 만들 때, 아무도 그의 솜씨를 행운 덕이라며 무시하지 않는다.

어떤 사람이 뛰어난 솜씨로 뭔가를 할 때, 우리는 전문가의 수준을 알아본다. 어떤 일을 하든 탁월한 성과를 보여주기까지 수주나 수개월, 어쩌면 수년씩 땀을 흘려가며 공을 들인 준비 과정이 거기서 드러난다. 미국 최고의 전문 연사 중 한 사람인 내 절친 니도 쿠베인은 단 한 명의 상대와 한 시간짜리 대담을 하기 위해 보통 100시간을 투자해가며 계획을 세우고 사전 준비를 하고 리허설을 한다. 능숙한 영업사원은 신중하게 시장을 분석하고 이상적인 고객을 발굴해 약속을 잡는다. 그가 고도의 공감대를 형성하며 돋보이는 제품 설명회를 마친 다음 주문을 받고 현장을 떠날 때, 그의 성과를 행운 덕으로 돌리는 사람은 없다. 어느 경우든 사람들이 인정하는 것은 그의 능숙한 실력이다.

오늘날 목표를 달성한 사람들에게는 엄청난 반감이 뒤따른다. 고도의 경쟁 사회에서 자신의 임무를 잘 마무리하고 뛰어난 성과에 따르는 보상을 받기까지는 오랜 시간이 걸린다. 이렇게 노력하며 땀 흘리는 것이 마뜩지 않은 사람들은 목표에 매달린 결과로 얻는 보상을 원망한다. 그들은 당신이 단지 운이 좋았고 자신은 운이 나빴을 뿐이라고 말한다.

하지만 우리는 진실을 안다. 우리는 혼돈이 아니라 법칙이 지배하는 우주에 살고 있다는 것을. 만사는 이유가 있기 마련이다. 큰

시장은 특별한 성과를 낼
때만 특별한 보상을 준다.

성공은 주로 더 높은 기준을 세우고 더 높은 성과를 올린 데 기인한다. 그런 이치는 인류사에서 통해왔고 오늘날에는 훨씬 더 들어맞는 사실이다.

시장은 특별한 성과를 낼 때만 특별한 보상을 준다. 평범한 성과에는 평범한 보상을 해주며 평균 이하의 성과에는 평균 이하의 보상과 실직, 불안정이 따를 뿐이다.

## 공짜 성공은 없다

오늘날 두 가지 정신질환이 만연하다. 하나는 '거저 얻기', 다른 하나는 '손쉬운 길'이다. 두 가지 모두 성공에 치명적이지만 두 가지가 결합할 때는 정말로 재앙을 부를 수 있다. '거저 얻기'라는 병은 자신이 쏟은 것보다 많은 것을 얻을 수 있다고 생각하는 사람들이 퍼뜨린다. 1달러를 넣고 2달러를 빼낼 수 있다고 생각하는 식이다. 그들은 제값을 내지 않고 부자가 되는 기회를 끊임없이 노린다. 이 병에 걸린 사람은 뿌리기와 거두기, 작용과 반작용, 원인과 결과 같은 우주의 기본 법칙을 위반하려고 한다. 성공의 대원칙 중하나는, 절대적인 우주의 법칙을 위반해가며 성공을 기대하면 안 된다는 것이다. 우주의 법칙을 위반하는 것은 중력의 법칙을 위반하는 것과 마찬가지다.

30층에서 떨어지는 사람에 관한 이야기를 들어보았을 것이다. 그가 15층을 지날 때, 누군가 창밖으로 몸을 내밀며 외친다. "어때요?" 땅바닥을 향해 급속 낙하하는 사람은 "아직 괜찮아요!"라고 소리친다.

들인 것보다 많은 것을 건지려고 하는 사람은 누구나 마찬가지 상황에 처한다. 단기간에는 잘 나가는 것 같아 보여도 그들은 참담한 깨달음을 향해 고속으로 떨어지는 중이다. 당신에게 이런 상황이 벌어지면 안 된다.

두 번째 병인 '손쉬운 길'은 실제로 수개월 혹은 수년씩 노력해야 익힐 수 있는 핵심 기술을 빠르고 쉽게 얻으려는 사람들에게 나타난다. 이들은 평생 땀을 흘려야 해결할 수 있는 문제에 부닥쳐도 빠르고 쉬운 방법을 찾는다. 그리고 최근에 접한 벼락부자가 되는 계획에 빠진다. 이런 사람들은 복권을 사고 다단계 사업에 등록한다. 그들은 페니 주식을 사고 아무것도 모르는데도 빠른 수익을 보장하는 것에 투자한다. 또 수년간 고생해서 저축한 돈을 낭비하면서 빠르고 손쉬운 성공이라는 도깨비불을 찾는다.

**이바지의 법칙**에 따르면, 우리가 받는 보상은 언제나 우리가 남들에게 이바지한 가치와 같다. 우주는 언제나 균형을 취한다. 항상

✦ ─────────────
우리가 받는 보상은 언제
나 우리가 남들에게 이바
지한 가치와 같다.
 ─────────── ✦

뿌린 대로 거두는 법이다. 당신이 받는 보상의 질을 높이고 양을 늘리고 싶다면, 남에게 기여하는 가치의 질을 높이고 양을 늘리는 데 집중해야 한다.

아침마다 자신에게 할 가장 멋진 질문이 있다면, "오늘 어떻게 하면 고객들에게 제공하는 내 서비스의 질을 높일 수 있을까?"도 그중 하나일 것이다. 당신의 고객들은 당신이 하는 일에 의존하는 사람들이다. 그들 자신의 만족을 기준으로 당신의 보상과 성공, 인정, 경제적 발전을 결정하는 사람들이란 말이다.

당신의 고객은 어떤 사람들인가? 만약 직장에서 근무 중이라면, 당신의 상사가 1차 고객이다. 당신이 매달려야 할 가장 중요한 과제는 언제든 그가 당신의 가장 중요한 임무라고 생각하는 일을 함으로써 상사를 기쁘게 하는 것이다. 당신이 경영자라면 부하직원이 당신의 고객에 포함된다. 당신이 할 일은 그들이 뛰어난 서비스를 제공해 고객 만족도를 높이도록 직원들을 격려하고 지원해주는 것이다. 당신이 판매를 하거나 사업을 한다면, 당신의 제품이나 서비스를 이용하는 사람들이 아마 당신에게는 가장 중요한 고객일 것이다. 엄청난 행운은 모두 사람들이 원하는 것을 제공하고 그들이 다른 누구보다 더 많은 대가를 지불하려고 할 때 찾아온다.

마땅히 받아야 할 것을 받는 것이지 원한다고 받는 것이 아니다. 이것이 세상의 이치다.

마땅히 받아야 할 것을 받는 것이지 원한다고 받는 것이 아니다.

우리가 먼저 힘써야 할 인생의 1차 임무는 무엇이든 우리가 바라는 보상을 마땅히 받을 자격이 있음을 보증하는 데 필요한 일을 하는 것이다. 정당하게 받을 자격이 없는데도 얻으려고 하는 시도는 무엇이든 실패하거나 좌절하게 되어 있다. 부패나 범죄와 관련된 모든 행위는 마땅한 자격 없이 보상받는 것을 목표로 한다. 마땅한 자격을 뜻하는 단어 deserve는 (from을 뜻하는) de와 (service의 serve를 의미하는) servire, 두 개의 라틴어 어원으로 이루어진 말이다.

성공하거나 번창할 만한 자격이 없어서 불안해하는 사람이 많다. 그런 사람은 성공에 대한 두려움을 가지고 있다. 사실 당신은 남에게 봉사해 정직하게 버는 한, 삶이 제공하는 좋은 것을 무엇이든 마땅히 받을 자격이 있다. 당신이 할 일은 원인을 투입하는 것이다. 그러면 결과는 저절로 굴러오기 마련이다. 당신이 할 일은 주어진 일을 훌륭하게 해내는 것이다. 그러면 당신이 받을 보상은 우연이 아니라 법칙의 결과로 당신에게 흘러올 것이다.

위대한 경영전문가인 피터 드러커는 하다못해 주방 식탁에서 사업을 시작한다고 해도 목표는 해당 업계의 지도자가 되는 것이어야 한다며 그게 아니면 아예 시작도 하지 말아야 한다고 말한 적이 있다. 단순히 벼락부자가 되는 것이 목표라면 절대 성공하지 못한다. 아마 파산할 것이다. 하지만 경쟁적인 시장에서 그 누구보다 우수한 제품과 서비스를 제공하는 데 사업 목표를 두고, 투철한 목적의식으로 집중하고 노력하면 당신은 전례 없는 성공을 거둘 것이다. 차고에서 최초의 애플 컴퓨터를 설계한 스티브 잡스나 스티브 워즈니악처럼 당신은 결국 세계적인 기업을 세울 것이다.

설사 거대한 회사를 세우지 않는다고 해도 탁월한 방법으로 당신의 일을 하겠다는 다짐은 그것만으로도 당신의 성공을 보증하는 징표가 된다. 개인으로서 당신의 목표는 해당 분야의 상위 10퍼센트에 속하는 사람들과 함께하는 것이어야 한다. 최고가 되는 것보다 못한 목표는 당신에게 가치가 없다. 어떤 장애물도 기꺼이 극복해야 하고 무슨 문제든 적극적으로 해결해야 하며 해당 분야의 상층부에 오르기 위해 대가를 치러야 한다.

간단한 테스트를 해보라. 우수한 사람들, 특히 정상에 오른 사람들에 대한 당신의 태도를 보면 당신이 올바른 분야에 있는지 알 수 있다. 진정한 성공을 거둔 사람은 모두 해당 업계에서 최고의 성과를 올린 다른 사람들을 존경하고 찬사를 보낸다. 사람은 언제나 가장 감탄하는 방향으로 움직이기 마련이고, 분야의 최고 위치에 있는 사람들에게 찬사를 보내는 사람들이 정상에 오른다.

오늘날 최고의 지위를 차지하는 것에 별 관심을 두지 않는 사람이 많다. 이런 사람은 마라톤 경기의 평균 주자들처럼 한참 뒤처져 있는 것에 만족하며 목표 달성보다 안전에 더 많은 관심을 쏟는다. 이들은 한 발 더 나가는 것을 최악으로 여기며 성공한 사람들을 깎아내린다. 이들은 자기보다 뒤처진 사람들에게 불평을 쏟아내며 그들의 흠과 단점을 지적한다. 이런 태도는 언제나 성공에 치명적인 영향을 준다. 자신의 분야에서 높은 성과를 올린 상대를 비판하는 사람 중에 그 정도의 성과를 올리는 사람은 없다.

## 당신은 얼마나 간절한가

**실천의 법칙**은 무엇이든 꾸준히 실천하다 보면 결국 그것이 새로운 습관이 되고 기술이 된다는 말이다. 앨라배마대학교의 위대한 풋볼 감독인 베어 브라이언트는, 성공은 승리를 하려는 의지will to win의 결과가 아니라는 말을 한 적이 있다. 그런 의지는 누구에게나 있다. 큰 성공은 자발적으로 승리를 **준비하려는** 의지willingness to prepare to win의 결과라는 것이다.

당신이 얼마나 높이 날 수 있는지를 가늠하는 유일한 기준은 '당신이 그것을 얼마나 간절히 원하는가'라는 물음 속에 들어 있다. 당신이 아주 간절하게 일정한 수준의 기술을 얻기를 바란다면, 그리고 노력과 희생이라는 대가까지 기꺼이 치르려고 한다면, 마침내 그 목표를 달성할 것이다. 특별한 성취는 무엇이든 아무도 주목하거나 평가하지 않는 수많은 평범한 성취의 결과물이다. 모든 위대한 업적은 어쩌면 남들은 알지 못할 수천, 수만 시간의 뼈를 깎는 노력과 준비, 연구, 실습의 결과로 나온 것이다. 당신이 그런 노력을 들일 때, 언젠가 보상을 받을 것이다. 당신이 이런 이치를 굳게 믿는다면, 그것은 당신에게도 효과를 낼 것이다. 기다리는 시간이 길수록 그에 따르는 보상은 더 클 것이다. 시인 헨리 워즈워스 롱펠로는 다음과 같은 명언을 남겼다.

**위대한 사람들이 오르고 지켜낸 지위는
단번의 도약으로 얻은 것이 아니다.
동료들이 자는 밤에도 그들은
꾸준히 그 목표를 향해 올라갔다.**

지금 성공한 사람들은 동료들이 텔레비전을 보는 밤에도 목표에 이르기 위해 땀을 흘린 사람들이다.

당신이 지금까지 얼마나 많은 준비를 했는지 어떻게 알 수 있나? 간단하다. 주위를 둘러보라. 파종과 수확, 원인과 결과, 정신적 등가교환 등 모든 법칙은 당신의 외부세계가 당신의 내면세계를 반영한다는 것을 말해준다. 외부세계의 목표 달성은 내면세계의 목적의식과 정확히 대응된다. 만일 당신이 결과와 보상이라는 외부 사건에 만족하지 못한다면, 당신은 자신의 내면으로 돌아가 당신이 외부세계에서 즐기고 싶은 것과 더 일치하도록 마음가짐을 바꿔야 한다.

> 성공한 사람들은 동료들이 텔레비전을 보는 밤에도 목표에 이르기 위해 땀을 흘린 사람들이다.

## 기술 목록을 작성하라

앞에서 나는 앞으로 12개월 동안 당신이 달성하고 싶은 목표 10가지를 적고, 그것이 이루어졌을 때 나머지 목표 전체에 가장 긍정적인 영향을 줄 목표 하나를 골라보라고 했다. 이것이 당신의 핵심 목표다.

이제 이 훈련으로 한 걸음 더 들어가 보자. 일단 자신에게 가장 중요한 목표를 정했다면 스스로 물어보라. "이 목표를 달성하기 위해 나는 무엇에 특별히 뛰어난 재능이 있어야 하는가?" 어떤 목표를 달성하려면 그에 대한 준비를 철저하게 해야 한다. 이 가장 중요한 목표를 이루기 위한 마땅한 자격을 갖추려면 당신은 어떤 기술과 능력, 재능을 준비해야 하는가?

목표 목록이 필요한 것과 똑같이 기술 목록도 있어야 한다. 당신이 바라는 삶을 누리는 데 필요한 모든 기술 목록을 작성해보라. 보상이 실현되기를 바라는 것보다 기술 개발이 먼저다.

## 자신의 취약점을 알라

하버드대학교에서 개발한 중요한 개념으로 핵심 성공 요인critical success factors이란 것이 있다. 이것은 성공을 거두기 위해 숙달해야 하는 기술들이다. 어느 분야든 구분할 수 있는 핵심 성공 요인이 다섯 가지, 많아야 일곱 가지를 넘는 경우는 거의 없다. 이것은 영업이나 경영, 기업가 정신, 심지어 육아에도 적용된다. 경우에 따라서는 사업의 성패를 결정하는 요인이 한두 개밖에 안 될 수도 있다.

가장 막강한 능력은 생각하는 능력이다. 에디슨은 더 편리한 길을 찾을 수 있는데도 생각하는 것이 귀찮다는 이유로 지름길을 마다할 사람은 없다고 말했다. 자신이 하는 일에 뛰어난 솜씨를 보이려면 머리를 써야 한다. 최고 지위에 오르기 위해서는 익혀야 할 개별적인 구성 요소를 구분해야 한다.

여기서 발견할 수 있는 중요한 사실은, 핵심 성공 요인에서 당신이 가장 취약한 부분이 다른 모든 기술을 활용하는 수준을 결정한다는 것이다. 간단한 예를 하나 들면, 당신이 영업의 다른 모든 분야에서 뛰어난데 고객 발굴 면에서는 그렇지 못하다면, 이 약점이 당신의 성공과 소득을 제한할 것이다. 마찬가지로 당신이 모든 부문에 뛰어난데 영업 마감을 제대로 못 한다면, 이 약점이 당신의 매출 실적과 소득 수준을 결정할 것이다. 만일 당신이 관리자로서 부서를 대표하거나 부서장을 대리하는 역할만 제외하고 다른 모든 직무에 뛰어나다면, 당신은 절대 성공하지 못할 것이다. 그 약점 하나가 당신의 발목을 잡고 가는 길마다 당신을 넘어뜨릴 것이다.

정말 힘든 것은 자신이 특정 분야에 약하다는 사실을 인정하는 것이다. 이런 분야는 당신이 싫어하는 것들이다. 당신은 그런 것들을 싫어하기 때문에(예를 들어 고객 발굴은 대부분의 영업사원이 싫어한다), 가능하면 그것을 피하려고 한다. 그 결과 당신의 수행력은 계속 약해진다. 당신은 곧 그 분야의 약점을 합리화하고 정당화하려 들 것이다. 그러면 시장을 비난하고 제품과 서비스, 경영, 광고, 나아가 경쟁 상황에 화살을 돌릴 것이다. 정신 차리지 않으면, 당신은 결국 당신 자신과 당신의 부족한 기술을 제외한 주변의 다른 모든 요인을 비난할 것이다.

만일 당신이 꾸준히 탁월한 방법으로 연마했다고 할 때, 어떤 기술이 당신의 경력에 가장 큰 영향을 줄까? 아마 당신은 이 질문을 듣는 순간 답을 알 것이다. 확실히 알지 못한다면, 주변 사람에게 물어보라. 피드백은 챔피언의 아침 식사다. 외부에서 당신의 수행 과정을 보고 자신이 본 것을 말해줄 수 있는 사람들로부터 솔직한 피드백을 받지 않고서 상황을 개선하는 것은 사실상 불가능하다. 당신이 영업 활동을 한다면 영업부장에게 물어보라. 영업 상담을 할 때 주변 사람들이 동행해 당신의 활동을 지켜보게 하라.

남들이 보는 것만큼 자신을 투명하게 볼 수 있는 사람은 없다. 성장하고 싶은 사람은 건전한 비판을 향해 자신을 활짝 열어야 한다. 사람은 대부분 맹점을 가지고 있으며 자신의 약점을 잘 보지 못한다. 때때로 누군가 우리의 약점을 지적하면, 우리는 화를 내며 그 사람과 싸우려 든다. 이런 말이 나오면 사람들은 자신은 그렇지 않다고 주장한다. 그 문제에서 자신은 이미 개방적이며 적어도 다른 사람보다는 약점을 인정한다고 주장할 것이다.

그러나 당신은 착각에 빠져서는 안 된다. 당신의 목표는 스스로 끊임없이 상황을 개선하도록 건설적인 피드백을 받아들이는 것이어야 한다. 당신의 목표는 어떤 대가를 치르더라도(무엇보다 그 대가에 당신의 자존심이나 자부심이 포함된다 해도) 최고가 되는 것이어야 한다. 허영심이나 덧없는 자존심 때문에 앞으로 나가는 데 필요한 배움의 길을 망치지 마라.

## 결과의 핵심 영역이 나머지를 결정한다

중요한 성공 요인을 확장하면 결과의 핵심 영역이 나온다. 어느 분야에서든, 결과의 핵심 영역은 목표를 이루기 위해 당신이 매달린 특수한 성과나 결과들이다. 결과의 핵심 영역에 나타난 실적이 당신의 소득과 승진, 명성을 결정한다. 결과의 핵심 영역을 구분하고 우선순위에 따라 그것을 구성하는 능력은 숙련된 기술을 얻는 데 필수적이다. 정말로 운이 좋은 사람은 모두, 자신이 하는 일을 차별화하는 한두 가지 일을 아주 잘하기 마련이다.

결과의 핵심 영역은 당신이 전적으로 책임지는 특수한 업무 영역과 겹친다. 해당 업무들은 성과를 측정 가능하며 당신의 통제 아래 있다. 당신이 하지 않는 한, 그 일은 마무리되지 않는다. 결과의 핵심 영역은 당신이 한 일의 출력 과정이자 다른 사람이 하는 일의 입력 과정이기도 하다. 그것은 조직 기능의 필수적인 부분이다.

예를 들어 영업 활동을 한다고 할 때, 결과의 핵심 영역은 영업 마감과 정산이다. 이 과정을 마친다면, 주문서 작성이 회계와 제조, 유통, 배송 부서를 위한 입력 과정이 된다. 만일 당신이 할 일을 하지 않으면, 다음 단계는 진행되지 않는다. 대신 당신의 일을 말끔히 완수한다면, 그것은 다른 모든 사람의 행위와 임무 수행에 영향을 준다.

모든 결과의 핵심 영역에는 임무 수행의 기준이 있다. 그 기준은 모호할 수도 있고 명확할 수도 있다. 당신이 할 일은 각 결과의 핵심 영역에 우수한 기준을 세우는 것이라야 한다. 그러므로 당신의 조직에 이바지할 것으로 기대되는 가장 중요한 결과에 대해서는 완전히 투명하게 밝힐 필요가 있다. 그런 다음 해당 영역에서 최선을 다하기 위해 우수한 기술이 필요한 영역을 정한다.

결과의 핵심 영역을 정의하는 또 다른 방법은 나에게 최고의 보수와 보상을 가져다주는 특별한 결과는 무엇인지 묻는 것이다. 조직에 가장 중요한 일을 하려면 내가 무엇을 해야 하는가? 내가 이런 급여를 받는 정확한 이유는 무엇인가? 이런 물음에 대한 답으로 결과의 핵심 영역을 규정하고 중요도가 가장 큰 것에서 가장 작은 것까지 우선순위를 매기면 당신에게는 달려야 할 트랙이 생긴 것이다. 이제 당신이 할 일은, 가장 높은 평가를 받기 위해 한두 가지 일을 최고의 솜씨로 마무리하도록 스스로 단련하는 것이다.

경력상의 성공은 당신의 상사와 회사에 가장 중요한 결과의 핵심 영역 중에서 당신이 올리는 탁월한 실적으로부터 올 것이다. 이들 영역 중 한두 부문에서 실적이 불충분할 때 문제가 불거질 것이다.

여기 당신이 반복해야 할 훈련이 있다. 목표를 달성하기 위해 매달렸다고 생각하는 것을 모두 적어보라. 이 목록을 상사에게 보여주고 그 우선순위를 정해달라고 해보라. 또 그가 가장 중요하게 보는 것이 무엇인지 물어보라. 그다음 두 번째로 중요한 것, 세 번째로 중요한 것은 무엇인지 물어보라.

이 순간부터 이 목록을 이용해 운영 계획을 짜고 끊임없이 상사와 논의하여 그것을 업데이트하라. 매일 매 순간, 당신의 상사와 회사가 가장 소중한 기여라고 생각하는 일에 당신이 매달리고 있다는 사실을 잊지 마라. 그런 다음 해당 임무를 아주 잘할 것이며 갈수록 더 잘하겠노라고 굳게 다짐하라.

## 그들도 한때 밑바닥에 있었다

**점진적 개선의 법칙**은 성공하는 모든 사람이 얻는 행운의 핵심 요인이다. 사람은 조금씩 나아지는 것이라고 이 법칙은 말한다. 뛰어난 경지는 길고 점진적인 진척 과정 끝에 이를 수 있다. 알아차릴 수 없을 만큼 미세하지만 발전이 조금씩 쌓이면 해당 분야의 정상에 오를 수 있다.

나는 성장기에 자존감이 낮았고 열등감은 컸다. 내가 뭔가 잘할 수 있으리라는 것은 생각조차 못 했다. 자기 분야의 정상에 오른 사람들을 보면 존경심이 들면서 동시에 나 자신은 움츠러들고 열등감을 맛보았다. 나는 어쩐지 그들이 나보다 높은 계급 출신 같았다. 아무튼 그들이 나에게는 없는 지능과 기술, 능력을 타고났다는 결론을 내렸다. 나는 오랫동안 나 자신을 과소평가했고 평범한 실적에 만족했다.

그러다가 뜻밖의 사실을 알게 되었다. 모든 개인은 뭔가 잘할 수 있는 우수한 자질이 있다는 것, 그리고 그 우수성은 여정의 끝이 아닌 길 위에서 발휘된다는 생각이 갑자기 든 것이다. 하룻밤 새에 평범한 수준에서 뛰어난 수준으로 도약하는 사람은 없었다. 누구나 내디딜 수 있는 길고 느린 걸음이 모여 마침내 목적지에 도착한 것이었다.

바로 여기에 핵심이 있다. 당신의 분야에서 정상에 있는 사람은 모두 한때 밑바닥에 있었다. 현재 맨 앞줄에 있는 사람은 모두 한때 뒷줄에 있었다. 성공의 사다리 맨 꼭대기

✦─────
뛰어난 경지는 길고 점진적인 진척 끝에 이를 수 있다.
─────✦

에 있는 사람은 누구나 한때 바닥에서 한 번에 한 칸씩 오르던 사람들이다. 잊지 말아야 할 것은, 당신이 어디에서 왔는지는 중요하지 않으며 당신이 어디로 가는가가 중요하다는 것이다. 그리고 어떤 목표든 당신 스스로 설정한 것을 달성하는 데 필요한 것은 무엇이든 배울 수 있다.

1950년대와 1960년대에, 일본인들은 '카이젠 전략'으로 전쟁으로 파괴된 경제에 대변혁을 몰고 왔다. 일본어로 카이젠改善은 지속적인 개선을 의미한다. 프랑스의 심리학자 에밀 쿠에는 "나는 매일 여러 가지로 계속 나아지고 있다"라는 말로 놀라운 치료 효과를 선보였다. 일본인들은 이와 똑같은 발상을 기업 전략에 적용했다. 모든 일본 회사의 모든 직원은 각자의 관점에서 어떤 방식으로든 진행 과정을 개선할 수 있는 아이디어를 찾아내라는 말을 들었다. 당신의 시선으로 현재의 위치에서 당신도 어쩌면 더 빠르고 능률적으로 일을 해내는 온갖 방법을 발견할 수 있을지 모른다. 당신이 할 일은 업무 수행 방식, 특히 고객에게 서비스를 제공하는 방식을 개선할 참신한 아이디어를 찾아내고 실천하는 것이라야 한다.

사람들이 고액의 보수를 받는 것은 그들이 원래 부자라서가 아니다. 그들이 많은 급여를 받는 것은 그들의 생산성이 높기 때문이다. 당신은 보상과 부를 마땅히 누릴 만한 사람이 됨으로써 보상과 부를 끌어들인다. 언젠가 당신이 하는 일에 대하여 많은 돈을 받는다면 그것은 목표 설정의 직접적인 결과일 것이다. 우연이 아니다. 행운은 그런 결과와 아무 관계가 없다.

급여 인상을 원하는가? 간단하다. 당신이 하는 일을 아주 잘 해내면 된다. 당신이 업무를 더 잘할수록 직장에서는 급여 수준을 높여 당신을 잡아둘 가능성이 더 크다. 또 지금 다니는 회사가 그렇게 하지 않으면, 다른 회사가 접근해 더 많은 급여를 제안할 것이다. 급여를 올리는 최고의 방법 중 하나는 업무 처리가 뛰어나다는 평판을 받아 다른 회사에 고용되는 것이다. 그리고 믿어도 좋은데, 회사마다 최고의 성과를 올리는 사람이 누구인지는 모두가 다 안다.

나는 임원채용 전문가나 인사 컨설턴트와 오랫동안 일한 적이 있다. 이들은 일 잘하는 사람을 구하는 여러 회사로부터 끊임없는 요청을 받는다. 이들은 각 분야의 최고 인재를 조사한 파일을 보관하고 있으며 연락처를 꾸준히 업데이트한다. 누군가 최고경영자나 임원, 영업사원을 찾고 있다고 의뢰하면, 이들은 보유한 리스트를 점검하며 현재 시장에서 최고의 인재가 누구인지 거래처에 문의한다. 그런 다음 이들은 추천받은 사람들에게 더 좋은 급여 조건을 제안하며 고객에

급여 인상을 원하는가?
간단하다. 당신이 하는 일
을 아주 잘 해내면 된다.

게 소개하려고 시도한다.

나는 때로 청중을 향해 최근 30일 동안 일자리 제안을 받은 사람이 얼마나 되는지, 심술궂은 질문을 한다. 아마 그들 중에 손을 드는 사람이 10~15퍼센트는 될 것이다. 그러면 나는 어느 분야든 최고의 인재는 끊임없이 스카우트 제안을 받는다는 사실을 말해준다. 이런 인재는 마치 그들의 삶 속으로 더 나은 커리어를 끌어들이는 강력한 자기장을 설치해놓은 것만 같다. 임원채용 전문가나 인사 컨설턴트는 물론이고 고용주들조차 이들의 직장으로 전화한다. 저녁이나 주말도 마찬가지다. 더 많은 급여와 기회를 제공하는 조건으로 끊임없이 인재들에게 접근한다.

당신의 잠재력을 최대한 발휘할 생각이라면, 이것이 경쟁이 치열한 경제 체제에서 당신이 가야 할 길이다. 1년에 25,000달러 버는 사람과 1년에 25만 달러 버는 사람이 기술이나 능력, 지능, 근무 시간에서 열 배의 차이를 보이는 것은 아니다. 성과의 영역에서 성공 요인의 차이는 아주 작을 때가 많다. 이 작은 차이가 소득과 보상에 엄청난 차이를 부른다.

여기서 질문 한 가지. 당신은 최고 실적을 올리며 고액 연봉을 받고 싶은가, 아니면 낮은 실적을 내며 낮은 연봉을 받고 싶은가? 뻔한 물음 같지만 사실 그렇지 않다. 내가 이 질문을 하면, 당황한 표정을 짓는 청중이 심심찮게 있기 때문이다. 어떤 대답을 할지 확실치 않은 것이다. 내가 더 큰 소리로 다시 물으면, 모두가 정신을 차린 얼굴로 최저 임금을 받는 사람보다 최고의 보수를 받는 사람이 되고 싶다고 말한다.


## 인생은 관심을 연구하는 과정

커다란 행운의 한 가지 요인은 결정력 속에 들어 있다. 성공하는 사람들은 분명하고 단호하고 결사적인 태도로 결정한다. 성공하지 못하는 사람들은 그런 결정을 내리지 않는다.

자신이 선택한 분야에서 목표를 달성하려면, 자기 자신이나 자신의 미래에 대하여 진지해져야 한다. 사람들 대다수는 어슬렁거리며 살아간다. 그들은 형편이 더 나아지기를 바라고 상황이 개선되기를 기대하지만, 분명하고 단호한 결정을 내리는 법은 절대 없다.

나는 오래전부터 성공한 사람들과 이야기를 나누어봤는데 그 수가 수천 명은 된다. 이들이 해당 분야의 최고가 된 분기점은 한결같이 서면으로 명백한 결정을 내렸을 때 찾아왔다. 당신이 자신의 뜻을 글로 정리해본다면, 즉시 **결정의 법칙**을 비롯한 모든 마음의 법칙이 반응을 보이면서 당신을 위해 가동되기 시작할 것이다.

당신은 개인적으로나 직업적으로 상황을 개선하기 위한 아이디어와 기회를 끌어들이게 된다. 또 조언과 소개를 해줄 수 있는 사람을 끌어들인다. 당신의 책상이나 편지함에는 상황을 개선하는 데 도움이 되는 책이나 테이프, 기사가 쌓인다. 세미나나 강좌를 소개하는 책자를 우편으로 받는다. 상황이 좋아질수록 당신의 기술과 능력을 계발할 기회가 더 늘어날 것이다.

커다란 성공 요인 중에는 사랑이 있다. **사랑의 법칙**은 사람이 살아가면서 하는 모든 일의 목적이 사랑을 얻거나 결핍된 사랑을 보상받는 것이라고 말한다. 여기서 나오는 결론은, 당신이 가장 하고 싶은 일에 온 마음을 다해 매달릴 때만 진정한 성공과 행복이 찾아온다는 것이다. 자신이 선택한 분야를 사랑하지 않고서는, 우수한 능력을 향해 가는 여정을 시작할 열정도 유지할 끈기도 얻기 어렵다.

만일 당신이 100만 달러를 벌어서 원하는 것은 무엇이든 할 수 있다면, 무엇을 하고 싶은가? 다른 말로 표현하면, 당신에게 필요한 시간과 돈이 얼마든지 있고 아무 직업이나 마음대로 고를 수 있다면, 당신이 가장 하고 싶은 일은 무엇인가? 모든 위대한 성공은 남녀를 막론하고 자신이 진심으로 관심을 갖는 일이나 세상을 변화시킨다고 믿는 일을 위해 전심전력으로 실력을 갈고닦는 사람들에게서 나온다.

진정한 성공과 행복은 가
장 하고 싶은 일에 온 마
음을 다해 매달릴 때만
찾아온다.

당신의 목표가 잘 설정되었다면, 당신은 뭔가 다른 사람들에게 이익이 되는 일을 하고 있다는 느낌을 받을 때마다 행복감과 성취감을 맛볼 것이다. 이렇게 다른 사람을 위해 변화를 꾀하는 일에 집중하는 태도는 우리 사회에서 성취도가 높고 고액의 보수를 받는 사람들의 공통된 특징이다.

당신은 어떤 차별화를 꾀하고 싶은가? 누구에게 이익과 부를 안겨주고 싶은가? 그 목표를 위해 어떤 방법을 원하는가? 당신에게 최고의 자존감과 자부심을 주는 활동은 어떤 것인가?

과거에 이룬 실적 중에 어떤 일이 최대의 보람을 주었는가? 다른 것에 비해 더 즐겁게 집중할 수 있는 일은 무엇인가?

인생은 관심을 연구하는 과정이라는 말이 있다. 당신의 삶은 아주 기꺼이 당신의 관심을 끌어들이는 것을 향해 나가기 마련이다. 앞으로 무슨 일을 해야 옳은지 알려면 과거를 보면 된다. 어떤 기술이나 능력이 지금까지 당신의 성공에 가장 결정적인 역할을 했나? 다른 사람들은 힘들다고 여길 때가 많은데 당신은 언제나 쉽다고 생각한 일은 무엇인가? 학교 다닐 때는 어떤 과목이 가장 좋았는가? 어떤 활동이 가장 큰 즐거움을 주는가? 현재 하는 일 중에 어느 부분이 가장 큰 만족을 주는가? 가장 잘하는 활동은 무엇인가? 어느 부분에 가장 크게 기여하는가? 만일 아침부터 밤까지 온종일 한 가지 일만 하라면, 어떤 일을 고르겠는가?

오늘날 세계는 빠르게 변하고 있기 때문에 당신은 사회 생활을 하는 동안 다양한 직종에서 다양한 경력을 쌓을 가능성이 있다. 어쩌면 2년마다 조직 내에서든, 한 회사에서 다른 회사로든, 한 산업 분야에서 다른 분야로든 대격변을 겪을 수 있다. 현재 당신이 갖추고 있는 지식과 기술은 쓸모없어질 것이다. 그러면 당신은 현재 상태를 유지하기 위하여 새로운 지식과 새로운 기술을 계발해야 할 것이다.

사실 당신이 던져야 할 중요한 물음은 "내 다음 직업은 무엇이 될까?"다. 그런 다음 당신은 "내 다음 경력은 무엇이 될까?"라고 물을 수 있다. 뭐니 뭐니 해도 가장 중요한 질문은 "삶의 질을 높이기 위하여 앞으로 어떤 일에 뛰어난 실력을 갖추어야 할까?"다.

미래를 위한 계획을 세우지 않는 사람은 삶의 질을 높이지 못한다. 미래를 예측하는 최고의 방법은 스스로 미래를 창조하는 것이다. 앞으로 어떤 형태로든 당신의 직업은 바뀔 것이며 지금 당장 당신의 이상적인 직업을 정의할 수 있다. 당신이 진정으로 하고 싶은 일이 무엇인지 충분히 생각하고 결정하라. 그런 다음 그 분야에서 진정으로 탁월한 실력을 갖추기 위한 계획을 세우면, 당신은 최고 수준의 직업과 보상을 얻을 것이다. 이 일을 당신 스스로 하지 않는다면, 대신해줄 사람은 아무도 없다.

사람들은 때때로 중요한 성공 요인의 영역에서 뛰어난 실력을 갖추는 데 수개월이나 수년이 걸릴 것이라고 생각한다. 그 결과 자신감을 잃고 시작하기도 전에 낙심한다. 하지만 해당 영역에서 몇 주나 몇 달 만에 기술을 습득하는 일도 흔하다. 그 이후에는 당신이 습득한 기술이 당신의 다른 기술과 결합하여 꽤 높은 수준을 유지할 것이다. 시간이 지나면 당신은 그 수준에 오르기 위해 투입한 별도의 노력과 희생을 잊을 것이다. 대신 소속 업계에서 최고의 반열에 오른 덕분에 나오는 이익을 계속 누릴 것이다.

## 맡은 일을 잘할 때 삶도 나아진다

**개선의 법칙**은 맡은 일을 더 잘할 때 삶도 더 나아진다고 말한다. 당신의 판매 실적이 더 나아지기를 바란다면, 당신은 더 유능한 판매원이 되어야 한다. 부하직원이 더 잘하기를 바란다면 당신이 더 나은 관리자가 되어야 한다. 자녀가 더 나아지기를 바란다면 당신이 더 좋은 부모가 되어야 한다. 당신이 해당 분야에서 기술이나 능력, 태도를 개선한다면 외부세계의 어떤 부분이든 개선할 수 있다.

일단 당신이 발전하는 데 필요한 한두 가지 중요한 기술을 확인했다면, 그것을 적어보라. 목표를 달성하기 위한 계획을 짜고 일정을 세우고 일을 시작하라. 그런 다음 아무리 오랜 시간이 걸리더라도 그 일에 계속 매달려라. 인내심을 가져라. 로마는 하루아침에 이루어지지 않았다. 중요한 기술을 개발하려면 오랜 시간이 걸리기 마련이다. 그러나 차근차근 이루어 나간다면 결국 당신의 분야에서 최고의 반열에 오를 것이다. 당신은 주변 사람들로부터 보상과 인정, 찬사를 받을 것이다. 사람들은 당신이 운 좋게 그 분야를 선택하고 전념했다고 말할 것이다. 그러나 당신은 이런 결과와 행운은 아무 상관이 없다는 것을 안다.

---

### ✦ 유능해지는 비결 ✦

1. 성공은 더 높은 목표와 기준으로 일에 매달린 결과다.

2. 매일 자신을 향해 "나는 오늘 어떻게 내 고객에게 제공하는 서비스의 질을 높일 수 있을까?"라고 묻는다.

3. 무슨 일이든 끊임없이 반복 훈련을 하다 보면, 언젠가는 새로운 습관과 기술이 된다.

4. 외부세계에서 이룬 실적은 내면세계의 준비 과정을 반영한다.

5. 당신의 경력에 가장 크게 영향을 미칠 기술 한 가지를 정하라.

6. 성공의 전환점은 자신의 분야에서 최고를 꿈꾸며 명확한 결정을 글로 표현할 때 온다.

# 개성:
## 매력 자본을 쌓아라
### The Power of Personality

모든 행운의 요인(일생에 걸쳐 당신을 빛나게 만들기도 하고 당신을 무너뜨리기도 하는 것) 중에서 가장 강력한 것은, 어쩌면 인격인지도 모른다. 당신이 주변 세계와 인간관계에 보여주는 태도 말이다.

**호감의 법칙**에 따르면 더 많은 사람이 당신을 좋아할수록, 그들은 당신의 영향을 더 많이 받고 당신이 목표를 달성하도록 당신에게 더 많은 도움을 준다. 최고의 인기를 누리는 사람이 최고의 성공을 거두는 경향이 있다. 긍정적인 마인드와 태도는 당신이 다른 사람을 끌어들여야 하는 거의 모든 일의 성공과 밀접하게 관련 있다. 당신이 진정으로 긍정적이고 낙관적인 사람이 된다면, 사람들은 다른 사람에게는 닫았을 기회의 문을 당신을 위해 열어줄 것이다. 인간은 유난히 감정적인 존재다. 우리는 감정적으로 결정하고 나서 논리적으로 정당화한다. 우리는 다른 사람의 감정에, 특히 다른 사람과 교감할 때, 거의 완벽하게 통제받는다.

최고의 인기를 누리는 사람이 최고의 성공을 거두는 경향이 있다.

"당신의 높이를 결정하는 것은 당신의 재능이 아니라 당신의 태도"라는 말을 들어보았을 것이다. 끝없는 행운과 행복의 흐름에 푹 잠기고 싶다면, 훈훈한 온기와 신뢰의 분위기를 풍기고 사람들을 당신 쪽으로 끌어당기는 태도를 보여야 한다.

## 태도가 먼저다

얼 나이팅게일은 **태도**attitude를 영어에서 가장 중요한 단어라고 했다. 태도는 어떤 사람이나 상황에 대한 감정적인 접근 방식이다. 그것은 당신을 보고 첫눈에 알아채는 특징 같은 것이다. 태도는 당신과 당신의 표정, 당신의 음성, 당신의 몸짓으로부터 발산된다. 당신 주변의 사람들은 즉시 당신의 태도에 영향을 받고 거의 동시에 반응을 보인다. 당신이 긍정적이고 명랑하고 호감이 가는 사람이라면, 사람들도 긍정적이고 명랑하고 호감이 가는 태도로 반응한다. 두 명의 영업사원이 짧은 간격을 두고 같은 일로 찾아온다고 가정해보자. 한 사람은 명랑하고 다정하며 쾌활하다. 다른 한 사람은 웃지도 않고 언짢고 불안한 표정이다. 두 사람 중에 누가 정문을 통과해 잠재 고객을 만날 것 같은가?

만약 당신이 기질이 다른 두 사업 파트너 중 한 명을 선택한다고 할 때, 당신은 긍정적인 사람과 부정적인 사람 중에 누구를 고르겠는가? 다른 사람들과 잘 어울리고 협력하고 훌륭한 팀원이 되는 능력은 직장에서 가장 소중한 자질 중의 하나다. 거듭된 연구를 통해 사람들이 해고되는 이유는 다른 무엇보다 다른 사람들과 잘 어울리지 못하기 때문이라는 것이 밝혀졌다. 불황기에는 부정적인 사람들이 먼저 해고된다. 긍정적이고 모든 사람과 잘 어울리는 사람은 잘린다고 해도 언제나 맨 나중이다. 그 어떤 이유로 해고되는 경우에도, 전 고용주에 의해서든 다른 누구에 의해서든 언제나 가장 먼저 고용된다.

멋진 인생을 보장하는 한 가지 방법은, 함께 일하는 사람들에게 호감을 사고 인정받는 것이다. 당신은 더 많은 기회를 잡고 더 앞서나갈 것이며 꾸준히 승진할 것이다. 긍정적인 생각과 태도를 보임으로써, 당신은 더 많은 급여를 받고 더 큰 책임을 맡을 것이다. 위로든 아래로든 당신 주변에 있는 사람들은 당신이 성공하기를 바랄 것이고 가능한 한 당신에게 도움이 되는 일은 무엇이든 할 것이다. 긍정적인 태도를 지닌 사람은 부정적인 태도를 지닌 사람이 10년이나 20년 걸릴 일을 2~3년이면 해낼 수 있다. 사람은 누구나 물건을 사거나 일을 할 때, 명랑하고 함께 있으면 기분이 좋아지는 사람들을 선호한다. 아마 당신이 할 수 있는 일 중에 가장 중요한 것은, 당신의 생각과 감정을 완전히 통제해서 당신이 되고 싶은 사람의 것과 일치하는지 확인하는 일일 것이다.

**자긍심의 법칙**은 당신이 스스로를 더 좋아하고 존경하고 인정할수록, 다른 사람을 더 좋아하고 존경하고 인정하게 되며, 그들 또한 당신을 더 좋아하고 존경하고 인정하게 된다는 말이다. 이것이 당신의 외부세계는 내면세계를 반영한다고 하는 일치의 법칙에서 나오는 결론이다.

정신 건강은 신체 건강과 아주 많이 닮았다. 헬스클럽에서 규칙적으로 운동함으로써 건강해지듯이, 매일 마음을 수련함으로써 정신이 건강해질 수 있다. 당신 자신을 성공에 맞게 설정함으로써 당신은 자부심과 훌륭한 인격을 가질 수 있다. 매일 신체 건강과 에너지를 높은 수준으로 유지하기 위해 영양가 있는 음식을 먹듯이, 무슨 일이 일어나든 당신 자신을 명랑하고 낙관적이고 즐겁게 만들기 위해 마음의 양식을 내면에 공급하는 것이다.

# 행운의 본질

나는 이미 정신 건강 프로그램에 들어 있는 많은 구성 요소를 언급했다. 그중에 일부를 다시 검토해보자. 우선 분노와 비난, 질투, 원한, 자기 연민같이 부정적인 감정을 없애기 위해 현재 존재하고 앞으로 생길 모든 일에 대하여 완전히 책임지겠다고 결심한다. 어떤 일이든, 변명하거나 다른 사람을 비난하는 태도를 중단한다. 자신의 삶에서 당신 자신을 창조력의 근본으로 보기 때문이다. 당신은 현재의 지위와 신분이 과거에 당신 스스로 내린 선택과 결정 때문이란 것을 깨닫는다. 당신이 그런 선택과 결정을 했으므로 그에 대한 책임도 당신 혼자 진다.

당신은 스스로를 희생자라기보다 변화의 대가 같은, 독창적인 주체agent로 봄으로써 모든 미래에 대한 책임을 진다. 절대 불평이나 변명을 늘어놓지 않는다. 삶의 일정 부분에 만족하지 못할 때, 당신은 바빠지고 그와 관련된 조치를 취하려고 한다. 당신은 당신의 개성을 가로막거나 시야를 흐리게 하는 부정적인 감정을 허용치 않는다. 삶에서 중요한 각각의 영역에 당신은 글로 쓴 명확하고 구체적인 목표를 가지고 있다. 당신의 목표를 달성하기 위한 행동 계획도 작성해놓았다. 당신은 하루하루 주요 목표에 매달린다. 당신에게는 에너지와 열정, 흥분으로 당신을 채워주며 앞으로 이

_끄_는 추진력과 성취감이 있다. 당신은 자신에게 중요한 일에 매달리느라 너무 바쁘기 때문에 삶에서 대수롭지도 않을 일에 신경을 쓸 겨를이 없다. 온전히 책임지는 태도와 삶의 계획을 명확하게 기록하는 방법이 결

✦ ─────
자신을 변화의 대가로 바라봄으로써 미래에 대한 책임을 진다.
───── ✦

합하면, 당신이 원하는 높이로 삶을 건설할 수 있는 기초가 마련된다.

당신은 지식과 기술이 미래로 나가는 열쇠라는 것을 안다. 많이 배울수록 많이 버는 법이다. 당신이 선택한 분야에 관해 많이 알수록, 늘어나는 지식을 사용할 기회는 더 많아진다. 당신은 해당 분야에서 쌓은 전문성이 성공과 목표 달성 등 사람들이 운이라고 부르는 것의 절대적인 본질임을 안다. 당신은 독서와 오디오 프로그램 청취, 세미나 참석 등 지식과 인식, 능력 확장의 기회를 포착할 개인적·직업적 계획을 가지고 있다. 목표를 달성하기 위해 필요한 일에 더 능숙해질수록, 당신은 더 강력하고 긍정적인 느낌을 받을 것이다. 당신은 우연한 성공은 없으며, 행운도 자신이 할 일을 잘 하는 사람들에게 일어나는 좋은 결과를 일컫는 한 가지 표현법일 뿐임을 안다. 당신은 끊임없이 자신이 원하는 것만 생각하고 원치 않는 것은 단념하기로 결심했다.

# 그냥 말하지 말라

긍정적인 태도를 기르기 위해 당신이 하루 종일 사용할 수 있는, 강력하게 입증된 정신 설계 기술들이 있다. 첫 번째는 **긍정 확언의 법칙**에 기초한다. 즉 의식 속에서 계속 반복하는 강렬하고 긍정적인 말은 무엇이든 곧 잠재의식이 명령으로 받아들인다는 것이다. **잠재의식 활동의 법칙**에 따라, 당신은 잠재의식이 받아들이는 것은 무엇이든 당신의 주변 세계에서 구체화되기 시작한다는 것을 안다.

망상활성계는 당신 자신의 잠재력을 활성화하고 당신이 목표를 향해 더 빠르게 나아가도록 돕는 사람이나 아이디어, 기회에 대한 인식과 감정을 키워준다. 감정의 95퍼센트는 자신에게 말하는 방식으로 결정된다. 심리학자인 마틴 셀리그먼은 이것을 그 사람의 **설명 양식**explanatory style이라고 부른다. 당신 자신에 관해 말하고 자신에 관한 일을 설명하는 방식이 주로 당신의 세계와 주변에서 일어나는 일에 관해 느끼는 방식을 결정한다는 것이다.

만일 자신이 원하는 것을 자각해서 의도적으로 생각하고 말하지 않으면, 당신의 마음은 불행하게도 걱정하거나 당황하거나 화나게 하는 일을 생각하는 방향으로 미끄러질 것이다. 삶의 손잡이를 단단히 잡고 당신이 가고 싶은 방향으로 생각을 집중해야 한다.

그러지 않으면 당신은 결국 우울증과 부정적 의식이라는 함정에 빠지고 말 것이다. 핵심은 긍정적인 자기와의 대화나 긍정적인 확언이다. 긍정적인 확언을 하는 사람의 잠재력은 무한하다. 당신은 말 그대로 되고 싶은 부류의 사람이 되도록 스스로를 설득할 수 있다. 그러면 스스로 설정한 목표를 달성할 수 있다.

당신은 "나는 나 자신을 좋아한다. 나는 나 자신을 좋아한다. 나는 나 자신을 좋아한다"라는 말을 끝없이 반복함으로써 자긍심을 높일 수 있다. "나는 나 자신을 좋아한다"라는 말을 처음 할 때는, 속으로 우습다는 느낌이 들 수도 있다. 그것은 예견된 것이다. 심리학자들은 그것을 **인지부조화** cognitive dissonance라고 부른다. 이 현상은 새로운 긍정적 메시지가 이전의 부정적인 메시지와 충돌할 때 발생한다. 이 부정적 메시지는 과거에 더 이전의 경험에서 나온 결과를 당신이 받아들인 것일 수 있다. 하지만 "나는 나 자신을 좋아한다"와 같은 긍정 확언을 반복하면, 당신의 잠재의식은 마침내 당신이 진심으로 스스로를 좋아한다는 사실을 받아들이며 그에 맞추어 당신의 인격을 바꿔준다. 당신이 자신을 좋아할수록 그만큼 당신은 다른 사람을 좋아하게 되고 다른 사람을 좋아할수록, 그들도 당신을 그만큼 더 좋아하며 당신과의 협력을 더 원하게 된다.

그러나 시작은 당신이 하는 것이다. 당신 자신을 향해 "내가 최고다. 내가 최고다. 내가 최고다"를 계속 반복해서 말해보라. 당신

"나는 나 자신을 좋아한
다"라는 말을 끝없이 반
복함으로써 자긍심을 높
여라.

자신과 당신의 일을 생각할 때마다 강하고
긍정적인 표현으로 당신이 최고라고 스스로
말하는 것이다. 물론 처음에는 조금 우스꽝
스럽겠지만, 익숙해지면서 차츰 기분이 좋아
질 것이다. 매일 "나는 행복하다. 나는 건강
하다. 나는 기분이 좋다"라는 말로 하루를 시
작해보라. 사람들이 어떻게 지내느냐고 물으면, 긍정적인 태도로
"아주 좋아요"라든가 "만사가 순조롭습니다"라고 말하라. 당신 자
신과 당신의 삶에 대하여 말할 때는, 그 순간에 휩쓸리기 쉬운 방
향이 아니라 당신이 원하는 방향으로 말하라.

당신의 태도와 개성, 몸짓, 감정을 조절하고 열정이나 흥분, 에
너지의 수준을 통제하는 당신의 잠재의식에게는 스스로 생각하거
나 결정할 능력이 없다는 것을 잊으면 안 된다. 잠재의식은 단순하
게 지시를 받아들일 뿐이다. 의식이 정원사라면 잠재의식은 정원
이다. 당신이 꽃을 심든 잡초를 심든, 심는 대로 자라는 법이다. 그
러니 의도적으로 꽃을 심지 않으면, 정원은 자연스럽게 잡초로 가
득 찰 것이다.

# 부정적인 생각을 없애는 법

가장 강력한 행운의 요인 중 하나는 **대체의 법칙**이다. 많은 사람이 이 간단한 원리를 이해함으로써 그들의 삶이 변했다고 말한다. 의식은 한 번에 한 가지 생각만을 하며 그 생각을 선택할 수 있다. 우리는 언제든 부정적인 생각을 긍정적인 생각으로 대체할 수 있으며 또 아무 때나 우리의 생각과 느낌을 선택할 수 있다. 우리가 행동하거나 반응하는 방식은 의식적이든 무의식적이든 우리가 하겠다고 결심한 선택의 결과다. 행복하든 불행하든, 화가 나든 신이 나든, 열광적이든 침울하든, 이 모든 상태는 우리가 이런 식으로 느끼겠다고 결정했기 때문이다. 그것은 언제나 선택의 문제이며 이 선택은 언제나 우리에게 달려 있다. 긍정적인 주장을 함으로써, 우리는 삶을 격려하고 우리 자신이나 남들에 대한 태도를 개선하는 긍정적 메시지를 마음의 중심에 둘 수 있다.

또 대체의 법칙을 활용해 자신의 목표에 관해 생각함으로써 부정적인 생각을 차단할 수도 있다. 인생은 끝없는 문제의 연속이다. 이런 고비 고비마다 당신의 삶은 크고 작은 온갖 문제로 채워진다. 정신 차리지 않으면, 그런 문제는 파도처럼 밀려와 당신의 마음을 채우고 당신을 사로잡을 것이다. 당신의 문제에 관해 생각하면 할수록, 당신은 더 부정적이고 우울하며 더 화를 내는 상태로 변할 것이다.

이런 경향과 마주치면 당신 자신의 목표로 생각을 전환해 대응할 수 있다. 뭔가 당신을 화나게 한다면, 당신의 목표를 생각함으로써 부정적인 생각을 중립화하라. 자신에게 맞는 긍정 확언을 반복하라. 당신이 원하는 것을 주제로 당신 자신과 대화하는 것이다. 이런 수법을 이용해 당신이 원치 않는 것들은 관심 밖으로 밀어낸다.

대체의 법칙을 효과적으로 활용하는 또 하나의 방식은 과거보다 미래를 생각하는 것이다. 문제가 불거질 때마다 그것을 곰곰이 되씹으며 누구를 비난할 것인가 하는 생각을 멈추도록 스스로 단련하라. 그 대신 해결책을 찾으며 다음에 무엇을 할지를 생각하라. 해결책과 미래라는 생각의 틀을 적용하는 순간, 당신의 마음은 침착하고 맑고 긍정적인 방향으로 바뀐다. 부정적인 생각은 거의 모두가 과거의 사건이나 상황과 관련이 있다. 긍정적인 생각은 당신의 목표를 생각하는 데서, 그리고 그 목표를 향해 빠르게 다가가기 위해 지금 할 수 있는 구체적이고 건설적인 것들을 생각하는 데서 비롯된다.

걱정이나 부정적인 생각을 없애주는 귀중한 해독제로는 자신에게 중요한 일에 정신없이 바쁘게 매달리는 방법도 있다. 자신

과거보다 미래를 생각하라.

130

이 가고 있는 삶의 방향 말고는 다른 것에 신경 쓸 틈이 없게 하는 것이다.

## 생각×감정=현실

정신적 설계의 핵심 요소 중에는 시각화positive visualization가 있다. 자신이 되고 싶은 사람, 살고 싶은 인생과 일치되는 이미지로 마음을 채워 긍정적인 흐름이 계속 이어지도록 하는 것이다. 삶에서 일어나는 모든 개선은 마음의 그림이 개선되는 것에서 비롯된다. 불행한 사람들과 대화하면서 대부분의 시간에 그들이 무얼 하는지 물으면, 그들은 자신의 문제나 청구서, 부정적인 인간관계, 그 밖에 살면서 맞닥뜨리는 온갖 좌절이나 장애물에 관한 생각을 늘어놓는데 놀랄 것도 없다. 반면에 성공하거나 행복한 사람들과 얘기를 나누면, 그들은 자신이 되고 싶거나 갖고 싶은 것, 하고 싶은 것에 관한 생각으로 대부분의 시간을 보낸다는 것을 알 수 있다. 시각화는 확언과 비슷하다. 잠재의식은 마음의 그림을 명령으로 받아들이며 그것은 우리의 현실에서 실현된다.

어떤 사람들은 종종 아침에 자신이 얼마나 많은 돈을 벌고 싶은지 생각한다. 오후에는 자신의 재정적인 문제점을 생각한다. 저녁에는 집에 가서 각종 청구서 걱정을 한다. 그러므로 이들은 연속적인 갈등과 서로 모순되는 메시지에 그들의 마음을 맡기는 셈이다. 이는 마치 택시 운전사에게 모퉁이를 돌 때마다 다른 방향을 지시하는 것과 같다. 그러니 어디에도 갈 수가 없다. 행운은 끌어당김의 법칙을 완전히 활성화해서 모든 방향으로부터 당신이 앞으로 나아가는 데 도움이 되는 사람과 상황을 당신의 삶으로 끌어당겨라. 당신이 원하는 것을 생각하고 원치 않는 것은 지워냄으로써 당신은 갈수록 시도하는 일마다 운이 트일 것이다.

나는 시간이 가면서 내가 원하는 그림으로 가득한 잡지를 구매하는 것이 큰 도움이 된다는 것을 알았다. 살고 싶은 집에 관해 아내와 내가 얘기를 나눌 때면, 멋진 집을 소개하는 잡지를 가리지 않고 구매했다. 주말이면 외출해서 고급 주택가에 있는 아름다운 저택들을 둘러보았다. 우리가 좋아하는 구조를 생각하면서 오픈하우스 한쪽 끝에서 다른 쪽 끝까지 걸어 다녔다. 아내와 나는 우리의 이상적인 집이 어떤 모습일지를 두고 끊임없이 논의했다. 신중하게 목록을 작성했고 현재와 미래에 필요한 것을 두루 고려했다. 그리고 오래지 않아 모든 면에서 우리에게 완벽한 집을 하나 발견했다. 운이 좋아서가 아니었다.

긍정 확언과 시각화를 실천하는 과정에 추가할 가장 중요한 요소가 있다면 그것은 자신의 말과 마음의 그림을 끊임없이 감정으

로 전환하는 것이다. 행운의 공식은 "생각×
감정=현실"이다. 목표와 확언 혹은 마음의
그림을 감정으로 전환할수록, 더 많은 에너

$$생각 × 감정 = 현실$$

지가 실리며 잠재의식에 의해 그것은 더 빠
르게 실현된다. 만일 당신에게 뭔가를 성취하고 싶은 강렬하게 불
타는 욕망이 있다면, 당신은 흥분과 열정을 만들어내면서 어떤 장
애물도 극복하고 앞으로 나아갈 것이다. 당신이 뭔가를 진심으로
원할수록, 그리고 그 바람을 의식에서 무의식으로 보내며 단호한
말과 선명한 그림으로 전환할수록, 당신은 더 많은 에너지와 힘을
갖게 된다. 그러면 다른 사람들이 행운 덕으로 돌리는 좋은 일들이
당신에게 일어날 것이다.


## 그렇게 될 때까지 자신을 속여라

**가역성** reversibility**의 법칙**은 수천 년 동안 인류와 함께해왔으며 인
류 역사에서 다수의 위대한 스승들이 가르쳐왔다. 1905년에 이것
을 재발견한 사람은 하버드대학교의 윌리엄 제임스였다. 이 법칙
에 따라 감정이 그와 일치하는 행동을 만들어내듯이, 행동도 그와
일치하는 감정을 만들어낸다. 이것은 당신이 느끼고 싶은 방식으

로 감정을 유도할 수 있다는 뜻이다. 당신은 가장 바라는 개성과 성격을 이미 갖추고 있는 체함으로써 당신의 잠재의식을 그에 맞춰 설정할 수 있다.

예를 들면, 당신은 아침에 잠에서 깼을 때 그날 하루에 대해 긍정적이거나 열정적인 느낌이 없을 수 있다. 어쩌면 새 고객에게 전화하거나 담당 은행원을 방문하는 일이 내키지 않을지도 모른다. 하지만 모든 방면에서 마치 긍정적이고 자신감이 있는 것처럼 의도적으로 꾸미면, 얼마 지나지 않아 당신은 그런 식으로 느끼기 시작할 것이다. 또 자신이 행복하고 통제력이 있으며 낙천적이고 사교적이라고 느껴질 것이다. 당신의 행동은 그 느낌과 일치하는 감정이나 정서를 만들어낼 것이다.

2쿼터에서 뒤처진 풋볼팀은 라커룸에 있는 감독으로부터 몇 번이나 격려의 말을 들을까? 그런 말을 들은 뒤에 선수들은 마치 세상을 정복할 기세로 경기장으로 돌진한다. 이때 발생한 새로운 열정으로 팀이 전세를 뒤집고 승리를 낚아채는 경우를 흔히 볼 수 있다.

당신은 스스로에게 긍정적으로 말한 다음 되고 싶은 사람이 이미 되기라도 한 것처럼 행동함으로써 당신 자신의 치어리더가 될 수 있다. 그렇게 될 때까지 자신을 속여라. 마치 뛰어나고 긍정적이며 따뜻하고 명랑하고 행복하고 호감이 가는 사람의 역할을 맡은 배우처럼 연기하라. 이미 자신이 그런 사람이 된 것처럼 걷고 말하라. 마치 소속 업계에서 최고의 실적을 올려 방금 상을 탄 사람처럼 행동하는 것이다. 이런 역할을 더 많이 연기할수록, 당신은 이런 행위와 태도를 점점 더 잠재의식 속에 입력하고 영구적으로 가두게 될 것이다.

## 공감과 감정의 상호작용

대단한 행운의 요인으로는 공감이 있다. 《성공하는 사람들의 7가지 습관》을 쓴 스티븐 코비는 "먼저 이해하려고 노력한 다음 이해받으려고 하라"라고 말했다. 사람들 사이에서 수줍음과 불안감을 빠르게 극복하는 방법의 하나는 더 적극적으로 그들과 어울리는 것이다. 질문하고 대답에 귀를 기울여라. 사람들은 대개 그들 자신의 일에 너무 정신을 판 나머지 다른 사람에게는 별로 관심을 두지 않는다. 그러나 사람들이 말할 때 당신이 질문하고 그 대답에 귀를 기울이는 행동으로 감정을 이입하면, 그들은 당신을 좋아할 것이고 당신에게 협력할 것이며 당신 자신의 수줍음도 사라질 것이다.

> 먼저 이해하려고 노력한 다음 이해받으려고 하라.

공감의 원칙은 **감정적 호혜성의 법칙**으로 이어진다. 당신이 다른 사람을 기분 좋게 하는 말과 행동을 할 때, 그들은 무의식적으로 당신에게 보상하고 싶고 당신을 똑같이 기분 좋게 해주고 싶어지는 법이다. 전문 연사로 활약하다 고인이 된 내 친구 카벳 로버트는 자신의 습관에 대해 말하곤 했다. 젊은 시절에는 연단으로 뛰어 올라가 속으로 "내가 왔습니다"라고 말했다. 그러다가 나이가 들면서 청중에 대한 태도를 완전히 바꿨다. 연단으로 걸어 올라가 속으로 "여러분이 와주셨군요"라고 말했다고 한다.

감정의 상호작용이나 공감이라는 측면에서 볼 때, 사람들이 진정 원하는 것은 무엇인가? 당신도 사람이기 때문에 상호작용을 통해 큰 성공을 거두는 것과 관련해 막연히 알고 있는 뭔가가 있을 것이다. 당신이 바라는 것은(그리고 다른 사람들이 바라는 것은) 남들에게 가치를 인정받고 존중받는 느낌이다. 당신은 사람들이 당신을 좋아하고 존경하고 친절하게 대우해주기를 바란다. 또 사람들이 당신의 자존심을 세워주고 그에 따라 당신도 당신 자신을 더 좋아하고 더 존중하게 되기를 바란다. 당신이 가장 좋아하는 사람은, 당신 자신을 최고라고 느끼게 만들어주는 사람이다. 이것이 훌륭한 인간관계로 들어가는 열쇠다. 누구를 만나든, 상대가 그 자신에 대해 더 기분 좋은 느낌을 갖게 해주는 말을 찾아보라. 적어도 비난이나 불평, 비판은 절대 하면 안 된다. 좋은 말을 할 수 없다면 차라리 아무 말도 하지 마라. 설사 당신에게 걱정거리나 비판 거리가 있다고 해도 도움을 요청하는 말로 말문을 열거나 대화에서 저자세를 취하는 편이 더 낫다.

만일 당신이 존중과 감탄, 배려를 바라는 남들의 무의식적 욕구를 만족시켜주는 길을 찾는다면, 그들 또한 당신의 그런 목표가 이루어지도록 무의식적으로 도우고 싶어질 것이다. 당신 자신만의 길에서 벗어나라. 당신 자신만을 위한 생각을 멈추고 대신 어떻게하면 남들이 그들 자신에 대해 더 좋은 느낌을 갖도록 해줄 수 있는지 생각하라.

## 걸모습도 중요하다

사람들이 대부분 못 보는, 행운과 성공의 핵심 요소가 또 있다. 바로 이미지다. 일상적인 상호작용에서 당신은 남들에게 어떻게 비치는가? 당신의 이미지는 중요한 인간관계에서 성패를 좌우한다. 사람은 보이는 것에 민감하다. "좋은 첫인상을 남길 기회는 두 번 주어지지 않는다"라는 말을 들어보았을 것이다. 수없이 다양한 상황에서 수없이 많은 사람을 만나면서 우리는 끊임없이 판단과 분류를 하게 된다. 이 과정은 우리가 자각하지 못하는 무의식중에 일어난다. 우리는 한 사람에 대한 판단을 보는 즉시 내리는데, 이런 성급한 판단이 그 사람을 알고 지내는 내내 고정관념으로 작용할 때가 많다.

연구에 따르면, 첫인상은 4초 만에 결정된다고 한다. 모든 사람의 마음은 콘크리트 같아서 처음 4초 안에 빠르게 굳는다. 시멘트는 30초면 굳는다. 그 후에는 처음에 받은 인상을 정당화해주는 것들을 찾아내려고 한다. 마음을 구성하는 방식 때문에 인간은 선택적 지각의 오차selective perception를 피할 수 없다. 이미 믿기로 결정한 것과 일치하지 않는 것들은 무시하거나 거부하려 든다.

각계각층에서 가장 성공을 거두는 사람들은 겉모습이 가장 멋져 보이는 사람들이다. 그들은 첫인상 혹은 두 번째 인상을 우연에 맡기지 않는다. 자신의 외모에 대해 많은 고민을 하며 성공한 사람들을 주의 깊게 연구하고 옷차림도 그에 맞춘다. 그리고 자신의 분야에서 정상에 오른 사람들을 끊임없이 관찰하고 그들처럼 보이려고 애쓴다.

옳건 그르건, 당신은 다른 사람들에 대한 인식을 바탕으로 그들을 대한다. 당신의 초기 인식은 상대를 처음 만난 순간에 형성된다. 첫인상이 가장 큰 영향을 준다. 상대에 대한 당신의 평가가 시간이 가면서 안 바뀌는 것은 아니지만, 바뀌는

첫인상은 4초 만에 결정된다.

138

경우는 드물다. 일단 인상이 형성되면, 그것은 개인에 대한 당신의 현실감이 된다.

유유상종 혹은 끼리끼리 모인다는 말을 들어보았을 것이다. 한 계단 한 계단 지위가 높아지면서, 당신은 지위가 높은 사람이 낮은 지위에 있는 사람보다 잘 입고 다닌다는 것을 알게 될 것이다. 성공한 사람은 혼잡한 방에서 다른 성공한 사람을 알아본다. 새들이 같은 종끼리 알아보는 깃털을 갖고 있듯이, 사람도 옷이나 치장, 액세서리의 형태로 된 깃털을 가지고 있다. 끌어당김의 법칙에 따라, 비슷해 보이는 사람끼리는 사회적·사업적 상황에서 서로 끌어당긴다.

자신과 많이 닮은 상대와 어울리는 것이 가장 편하다. 누구나 마찬가지다. 만일 힘 있고 중요한 사람들이 당신에게 편하게 대하기를 바란다면, 당신도 그들이 입고 다니는 방식대로 옷을 입고 행동도 따라 해야 한다. 사업상으로 남성에게 이상적인 색은 진한 남색이나 회색이다. 이 두 가지는 여성들에게도 이상적인 색이다(덧붙이자면 여성은 연두색도 좋다). 남성은 정장과 잘 어울리는 흰 셔츠에 실크 타이를 세심하게 골라야 한다. 여성은 옷의 디자인을 보완해주는 액세서리를 착용해야 한다. 그리고 남녀 모두 적당히 윤이 나는 고급 구두를 신어야 한다.

사회의 계층별로 남녀 모두에게 허용되는 치장 수준이 있다. 화물차를 운전할 사람이라면, 어깨 너머로 드리운 머리에 턱수염을 길러도 된다. 사업으로 성공하고 싶은 사람은 보수적인 헤어 스타일에 깔끔하게 면도를 하고 다녀야 한다. 나는 영업부에서 일하던 한 젊은이를 기억하는데, 일을 아주 못했다. 그는 학교도 제대로 다녔고 옷차림도 나무랄 데 없었으며 성격도 원만했고 활기도 넘쳤다. 다만 영업 활동에는 운이 따르지 않았다. 그 젊은이뿐 아니라 두 상사는 크게 낙심했고 그를 내보낼 생각을 하고 있었다.

이 젊은이는 턱수염과 콧수염이 무성했다. 이런 모습이 더 낫고 돋보인다고 생각했기 때문이다. 하지만 고객과의 상담에서는 얼굴에 난 수염, 특히 턱수염이 괴팍하거나 믿을 수 없는 사람 같은 인상을 풍긴다는 사실이 드러났다. 이런 사실을 깨달은 그는 집으로 돌아가 턱수염과 콧수염을 말끔히 밀어냈다. 그의 판매 실적은 하룻밤 새에 변했다. 두 달도 안 되어 그는 회사의 판매왕이 되었다. 그와 얘기하기를 꺼렸던 바로 그 사람들이 갑자기 그의 최우수 고객이 되었고 그를 다른 사람들에게 소개하기까지 했다. 이 젊은이는 나에게 부적절한 치장, 특히 남자의 턱수염이 얼마나 부정적인 인상을 주는지 깨닫지 못했다면, 영업 활동에 여전히 고전했을 것이라고 말했다.

행운의 중요한 원리 중 하나는, 모든 것에 의미가 있다는 것이다. 당신이 하거나 하지 않는 모든 사소한 것들은 어떤 방식으로든 의미가 있다. 모든 것은 도움이 되거나 방해가 된다. 모든 것은 더해주거나 빼간다. 모든 것은 당신을 목표 쪽으로 데려가거나 목표로부터 멀어지게 만든다. "악마는 디테일에 있다"라는 말이 있다. 삶의 다른 부분과 마찬가지로 당신의 이미지에도 해당하는 진리다.

성공을 위해 옷 입는 방법에 관한 책을 적어도 한 권은 읽어볼 것을 권한다. 절대 우연에 맡기면 안 된다. 당신 주변에서 최고의 지위에 오른 사람들을 연구해야 한다. 당신이 봉급 생활자라면 당신보다 두 단계 윗사람들이 입는 방식대로 입어라. 옷값을 두 배로 늘리되 가짓수는 반으로 줄여라. 당신이 하급 사무원이라면 회사에 출근할 때, 하급 임원의 차림을 해보라. 당신은 즉시 도움을 줄 수 있는 사람들의 관심을 끌 것이다. 끊임없는 성장, 지식과 기술에 몰두하는 태도, 프로다운 이미지를 결합하라. 당신은 고속 승진의 흐름을 탈 것이고 사람들은 대부분 당신을 위해 기꺼이 문을 열어주는 조력자가 될 것이다.

이미지가 그토록 중요한 까닭은, 당신이 뛰어나 보일 때 당신 스스로도 뛰어나다고 느끼기 때문이다. 주위를 둘러보고 당신이 가장 옷을 잘 입은 축에 속한다는 것을 알면, 엄청난 자부심과 자신감, 긍지를 느낄 것이다. 이전보다 훨씬 당신 자신을 좋아하고 존경하게 될 것이다. 그 결과 당신도 다른 사람들을 똑같이 좋아하고 존경하게 되며, 그들과의 관계에서 더 섬세하고 예의 바르고 공손해진다. 승자처럼 옷을 입을 때, 승자처럼 생각하고 느끼기 마련이다.

가역성의 법칙으로 볼 때, 당신이 뛰어난 인물처럼 걷고 말하고 행동하고 치장하고 처신하는 외적 행동은 역류 효과 backflow effect를 부른다. 그러한 행동, 치장, 처신이 당신 스스로 뛰어난 인물처럼 느끼게 만들 것이다. 모든 것에 의미가 있다는 것을 기억하라.

당신의 개성과 태도는 아마 모든 행운의 요인 중에 가장 강력할 것이다. 개성과 태도가 더 뛰어난 경지를 추구하는 헌신적 노력과 결합한다면, 주변 사람들은 당신이 앞으로 나가도록 돕고 싶어 할 것이다. 다른 사람에게 친절할수록 그들도 당신에게 친절해질 것이다. 긍정적인 태도를 보일수록, 사람들은 당신과 더 잘 어울리면서 함께 일하고 싶어 할 것이다.

리더십, 특히 개인의 리더십은 당신이 리더가 되는 것을 사람들이 바랄 때만 나타난다. 다른 사람들과 더 잘 협력하고 더 좋은 상호작용을 할수록 그들은 당신의 성공을 더 바랄 것이다. 그들은 당신의 목표 달성을 돕는 길을 찾으려고 할 것이다. 그리고 이것은 행운과 아무 상관이 없다.

## ✦ 매력을 발산하는 비결 ✦

1. 당신 자신을 좋아할수록 당신은 다른 사람들을 좋아하게 되고 그들 또한 당신을 좋아하게 된다.

2. 강력하고 긍정적인 문장을 반복해서 말하다 보면, 당신의 잠재의식은 곧 그것을 명령으로 받아들인다.

3. 무엇이든 잠재의식이 받아들인 것은 당신의 주변 세계에서 실현되기 시작한다.

4. 마음먹기에 따라 부정적인 생각을 긍정적인 생각으로 대체할 수 있다.

5. 의식적으로 긍정적인 마음의 그림을 창조하고 그에 대한 불타는 열망을 만들어 냄으로써 삶을 개선할 수 있다.

6. 공감은 다른 사람들이 당신을 좋아하게 만드는 가장 확실한 수단이다.

7. 가장 성공하는 사람들은 겉모습이 가장 멋져 보이는 사람들이다.

# 관계:
## 행운아 곁으로 가라
### Expanding Your Network

앞 장에서는 좀 더 긍정적이고 낙관적이며 호감이 가는 사람이 되는 방법을 몇 가지 소개했다. 이번 장에서 당신은 적절한 시간에 적절한 정보 또는 기회를 가진 적절한 상대와 만날 가능성을 높이기 위해 네트워크를 확장하는 법을 배우게 될 것이다.

**관계의 법칙**은 당신을 긍정적으로 생각하는 사람이 많을수록 더 많은 기회를 잡고 더 크게 성공할 것이라는 말이다. 삶에서 일어나는 모든 변화는 다른 사람들을 끌어들이기 마련이다. 큰 목표를 이루고 싶다면, 다양한 사람들과 적극적으로 관계를 맺고 협력할 필요가 있다. 오랜 시간을 거치면서 당신의 인생은 특정 인물이 특정 시간에 전달한 간단한 의견이나 조언 혹은 행동에 영향을 받아왔고 삶의 방향도 변해왔다.

　내 친구 한 사람은 경쟁이 치열한 시장에서 사업을 키우고 있었다. 그는 사업을 확대하기 위해 돈이 필요했다. 그래서 사업 계획서를 들고 지역 은행들을 찾아다니기 시작했다. 은행들은 줄줄이 그의 요청을 거절하며 그의 사업이 절대 성공하지 못할 것이라고 했다. 하지만 기질이 낙관적이었던 이 친구는 사업장 주변의 지도에 더 큰 원을 그리고 더 멀리 떨어진 은행들을 찾아다녔다. 마침내 그는 150킬로미터 떨어진 곳에서 그의 계획을 지지하고 필요한 자금을 대출해주겠다는 은행원을 만났다. 현재 이 친구는 미국에서 가장 부유하고 가장 존경받는 기업인 중 한 명이다.

　나는 그에게 자금을 구하려고 애를 쓸 때 포기할 생각을 했었는지 물었다. 그는 이렇게 대답했다. "그럴 리가 있나? 충분한 대화를 나누면 결국 돈을 구할 것이라고 생각했으니까. 올바른 생각과 태도를 갖춘 은행원을 만나기 위해서라면, 800킬로미터 떨어진 은행도 찾아갈 각오가 되어 있었다네." 바로 이런 태도가 핵심적인 행운의 요인이자 성공의 중요한 부분이다. 확률의 법칙에 의해 더 다양한 시도를 할수록, 적절한 시간에 적절한 기회를 잡을 가능성이 커진다.

　당신이 더 많은 사람을 알고 더 일관된 자세로 접촉 범위를 넓힐수록, 적절한 때에 적절한 정보를 가지고 당신을 도울 사람을 만 더 다양한 시도를 할수록, 적절한 시간에 적절한 기회를 잡을 가능성이 커진다.

날 가능성은 더 커진다. 이것은 기적이 아니며 우연한 행운과는 아무 상관이 없는 일이다. 가장 성공한 사람은, 성공한 사람을 가장 많이 알고 또 이들에게 알려진 사람이다.

사람들은 성공한 다음에 성공한 사람들을 만나는가? 아니면 성공한 사람들을 만난 다음에 그들 자신도 성공하는가? 두 가지 다 있을 수 있다. 성공한 사람들을 찾아봄으로써 그들의 지식이나 조언, 자원에 편승할 수 있으리라 생각하는 실수를 저지르는 사람이 많다. 하지만 이때 발생하는 효과는 오래가지 못한다. 장기적으로 볼 때, 자발적인 노력의 대가로 마땅한 자격을 갖춘 경우가 아니라면 어떤 것도 절대 얻지 못하고 오래 간직하지도 못한다.

끌어당김의 법칙은 모든 행운의 요인 중에 가장 활력이 넘친다. 사람은 자신이 주로 하는 생각과 조화를 이루는 사람이나 환경을 자신의 삶으로 끌어들일 수밖에 없다. 끌어당김의 법칙 반대편에는 **밀어냄의 법칙**이 있다. 자신이 주로 하는 생각과 조화를 이루지 못하는 사람이나 환경은 자동으로 밀려난다. 당신이 완전히 긍정적인 사고를 하는 사람이라면, 긍정적인 사람과 상황을 끌어들이는 에너지의 장이 형성된다. 반대로 부정적인 사고를 한다면, 이런 힘을 몰아내는 부정적인 에너지의 장이 형성된다.

단순하게 자신의 마음을 완전히 통제함으로써 또 자신이 원하는 목적이나 방향에 대해서만 생각하고 말하도록 스스로 단련함으로써 단 하루 만에 인생을 변화시킨 사람들이 많다. 다시 말하지만, 명확하고 구체적인 목표를 글로 쓰고 목표를 이룰 계획을 세우며 하루도 빠짐없이 실천하면, 저절로 생각도 바뀐다. 생각의 변화는 주변에 자리 잡은 에너지장에 순식간에 변화를 일으킬 것이다.

## 더 좋은 관계를 맺고 싶다면

유유상종이란 말처럼, 비슷한 수준의 성공을 거두는 사람들은 서로에게 끌리는 경향이 있다. 그리고 누군가를 오랫동안 속일 수는 없다. 여기서 또 하나의 중요한 행운의 요인이 나온다. 바로 **간접 노력의 법칙**이다. 이 법칙은 우리가 다른 사람에게 원하는 것을 얻을 때는 직접적이기보다 간접적일 때가 많다고 말한다. 실제로 남들이 당신을 돕거나 당신과 협력하게 만들려는 시도를 직접 할 때 당신이 바보처럼 보이거나 오히려 그 사람들을 내모는 경우가 종종 있다. 하지만 간접 노력의 법칙을 활용하면, 성공률이 얼마나 높은지 직접 경험하고 놀랄 것이다.

예를 들어 당신이 더 많은 친구를 갖고 싶을 때, 어떻게 간접 노력의 법칙을 이용하는가? 간단하다. 다른 사람들에게 좋은 친구가 되는 데 집중하면 된다. 다른 사람들에게 관심을 쏟는 것이다. 그들에게 질문하고 대답에 귀를 기울여라. 공감 훈련을 하라. 그들의 문제와 상황에 관심을 갖는 것이다. 단순히 곁에서 따라 울리는 공명판 역할에 불과해도 좋다. 남들을 도울 방법을 찾아보라. 좋은 친구가 되는 일에 집중할수록, 당신은 더 많은 친구를 얻을 것이다. 벌이 꿀을 모으듯, 당신의 삶으로 사람들을 끌어들일 것이다.

남들에게 좋은 인상을 주고 싶은가? 그들을 감동케 하려는 직접적인 방법은 최악이다. 최선의 방법은 간접적인 것으로서, 남들에게 감동받는 것이다. 다른 사람들과 그들이 이룬 것에 당신이 깊은 인상을 받으면 받을수록, 그들은 당신에게 더 깊은 인상을 받을 것이다. 새 사람을 만날 때는, 모든 사람이 뭔가 주목할 만한 일, 인상적인 일을 했다는 것을 명심하라. 당신이 할 일은 그런 것을 찾아내는 것이다. 사람을 만나면 무슨 일을 하는지, 어떻게 그런 분야에 몸담게 되었는지, 상황이 어떻게 돌아가고 있는지 물어보라. 당신이 귀를 기울여 듣는다면, 그들은 성공담이든 당면한 문제든 가리지 않고 말해줄 것이다. 누군가 막 대단한 일을 해냈다고 말하면, 고개를 끄떡이고 미소를 지으며 그들의 성공을 축하하라. 칭찬을 싫어하는 사람은 없다.

내가 아는 성공한 사업가 한 사람은 자신이 만난 사람들에게 매주 열 통씩 메시지를 보내는 습관이 있었다. 내용은 "축하합니다"라는 단 한 마디였다. 시간이 가면서 그는 그를 좋아하고 존경하는 인적 네트워크를 구축했다. 남녀노소를 불문하고 그들 자신이 뭔가 대단한 일을 해냈다는 것을 그가 알고 있다는 사실에 놀란 것이다. 나중에 그 사람들이 해낸 일을 어떻게 알았는지 질문을 받고 그는 그들이 무엇을 했는지 몰랐다고 대답했다. 그가 아는 것은 단순히 누구나 매일, 매주 뭔가를 해낸다는 것뿐이었다. 만일 당신도 아무에게나 축하 메시지를 보낸다면, 그들은 갓 이룬 성공을 축하받았다고 생각할 것이다.

간접 노력의 법칙을 활용해서 끊임없이 사람들을 칭찬하고 축하 인사를 보내는 방법을 찾아라. 그들이 하는 일이나 이룬 성과에 대하여, 그들의 옷차림에 대하여 그들이 내린 최근의 결정에 대하여, 하다못해 몇 킬로그램이라도 살을 뺀 것에 대하여 칭찬하고 축하할 수 있다.

요즘 사회에서 당신이 누군가에게 해줄 수 있는 최고의 칭찬 중 하나는 "살이 좀 빠진 것 같네요"라는 인사다. 사람들은 자신이 살이 빠졌다는 것을 누군가 알아차렸다는 것을 (사실이든 아니든) 언제나 좋아한다. 왜 그럴까? 누구나 매력적인 몸매를 갖고 싶어 하기 때문이다. 그리고 신체적인 매력은 날씬하고 균형 잡힌 몸이나 건강과 밀접한 관련이 있다. 누군가에게 멋져 보인다는 칭찬을 해서 잘못될 일은 절대 없다.

사람들이 당신을 존중하기를 바라는가? 이것은 모든 사람이 마음속 깊이 간직한 욕구다. 아기는 존중받기 위해 울고 성인은 존중받기 위해 죽는다는 말이 있다. 당신이 하는 거의 모든 일은 당신이 존중하는 사람들로부터 존중을 받는 것(적어도 홀대받지 않는 것)과 관련이 있다. 사람들이 당신을 존중하길 바라면, 먼저 그들을 존중하라.

사람들을 칭찬하고 축하를 건네는 방법을 꾸준히 찾아라.

우리는 더 얻기 위해 애쓰는go-getter 시대를 벗어나 이제는 더 베풀기 위해 노력하는go-giver 시대로 들어섰다. 평균 이하의 성과를 내는 사람들은 대부분 뭔가를 집어넣기 전에 뭔가를 얻어내려고 애쓰는 사람들이다. 이것은 옳은 방법이 아니다. 당신은 파종과 수확의 법칙을 안다. 뭔가를 넣어야 거기서 뭔가가 나온다는 것, 뿌리지 않고서는 거둘 수 없다는 것을 안다. 그러니 당신의 인간관계 속에 올바른 가치관과 참신한 아이디어, 다정한 느낌을 뿌리는 데 집중하라. 그러면 보편 법칙이 그렇듯이, 아주 놀라운 방식으로 당신에게 돌아올 것이다.

# 나눔과 선행은 돌고 돈다

**베풂의 법칙**은 아무 대가 없이 당신 자신(시간이나 돈, 혹은 감정)을 내어줄수록, 전혀 생각지 못했던 곳에서 더 많은 것이 당신에게 돌아온다고 말한다. 많은 사람이 저지르는 실수는, 그들의 선행으로 도움을 받은 사람들이 은혜를 갚아야 한다고 생각하는 것이다. 그런데 그런 일은 거의 일어나지 않는다. 만일 당신이 누군가에게 거리낌 없이 또 숨김없이 당신 자신을 내어줄 때, 상대가 같은 형태로 보상해주는 경우는 드물다. 그 대신 당신은 우주의 가장 위대한 법칙, 즉 끌어당김의 법칙을 활성화하게 된다. 이때 발생한 힘은 보통 아주 엉뚱한 형태이기는 하지만 당신에게 딱 들어맞는 시간과 공간에 당신이 바라고 필요로 하는 좋은 결과를 가져다줄 것이다.

이런 일은 왜 일어나는가? 그것은 쉽게 이해가 된다. 당신이 다른 사람을 위해 어떤 친절을 베풀 때, 이 행위는 당신의 자존감을 높여주고 당신 자신에 관해 흐뭇한 감정을 느끼게 해준다. 남들에게 당신 자신을 내어주는 행위에는 당신을 빛나게 해주는 효과가 있다. 인간은 자신이 다른 사람의 삶에 긍정적인 변화를 일으키고 있다는 것을 알 때 행복을 느끼도록 설계되어 있다. 사실 친절을 베풀면, 당신은 그것을 받은 사람만큼 혹은 그 사람보다 훨씬 많은 이익을 본다. 당신은 주변에 깔린 에너지의 장에 변화를 주는 것이다. 남들을 도와줌으로써, 당신은 강력한 흡인력을 만들어내고 상상할 수도 없고 예측할 수도 없는 근원으로부터 당신의 인생에 행복한 사람들과 상황을 끌어들이게 된다.

예를 들어 당신이 잠재 고객을 만나기 위해 한 지점에서 다른 지점으로 운전 중이라고 해보자. 바쁘게 차를 몰고 가는데, 길가에 웬 노인이 타이어에 펑크가 나서 서 있다. 비록 시간이 빠듯하지만 당신은 조급한 마음을 억누르고 차를 멈춘 다음 내려서 그 사람이 타이어를 교체하는 것을 돕는다. 그 사람은 당신에게 돈으로 보상하려고 한다. 당신은 그것을 거절하고 행운을 빈 다음 서둘러 가던 길을 간다. 이 모든 일은 10분밖에 안 걸린다. 이때 자신도 모르게 당신은 당신을 위해 우주의 힘을 막 활성화한 것이다.

약속에는 조금 늦었지만, 당신이 만나려는 사람이 당신보다 더 늦는다는 것을 알게 된다. 잃은 것은 하나도 없다. 그뿐만 아니라, 뭔가 좋은 일이 발생했다. 만나기로 한 사람은 당신이 팔려고 하는 물건이 별로 필요 없지만 주저 없이 구매를 결정한다. 당신은 이제까지 쌓은 실적 중에 최고의 주문을 가장 쉽게 따낸다. 당신은 우연히 일이 잘 풀렸다고 생각할지 모른다. 하지만 그것은 행운이 아니다. 그것은 법칙이다.

관용은 어떤 것이든, 당신의 인생에 뜻밖의 행복한 사건을 불러일으킨다. 어느 시대든 인간은 남녀를 가리지 않고 자신이 가는 길

에 커다란 성공을 부르기 위해 십일조를 바 
쳤다. 가치 있는 일을 위해 규칙적으로 소득 
의 10퍼센트나 그 이상을 베푼 것이다. 이런 
기부의 태도와 행동은 그들이 베푸는 것보

관용은 당신의 삶에 행운
의 사건을 부른다.

다 훨씬 더 큰 부의 기회를 가져다주는 에너지장을 형성한다.

아낌없이 당신 자신을 내어줄 때 당신의 마음과 정신, 내면이 
성숙해진다. 당신이 바라는 만족과 기쁨, 성공과 더욱 일치하는 새 
로운 정신적 자산이 풍부해진다. 그야말로 진정한 행운아가 되는 
것이다.

인간관계는 너무도 소중하기 때문에 그것을 우연에 맡겨두면 
안 된다. 사람은 대부분 인생의 당구대에서 부딪치는 당구공 같은 
존재다. 박람회에 놀러 온 범퍼카 운전자처럼 자신을 향해 누가 달 
려드는지, 자신이 누구에게 달려드는지 통제하지 못한 채 무질서 
하게 부딪치는 꼴이다. 그들은 우연의 법칙에 따라 산다.

당신이 이런 모습이어서는 안 된다. 당신이 원하는 인간관계를 
위해 구체적인 계획을 세워라. 인생 설계를 통해 우연의 법칙에서 
자신을 해방해야 한다는 것을 명심하라. 매사에 우연히 닥치는 대로 
일이 벌어지게 하지 말고 당신이 원하는 방향으로 의도적으로 계획 
하라. 자신이 원하는 것을 명확하게 알수록, 당신은 그것을 더 빠르 
게 삶 속으로 끌어들이고 그것이 왔을 때 더 빠르게 알아볼 것이다.

# 이상적인 짝을 찾는 법

간단한 예를 들어보자. 결혼할 배우자를 고르거나 중요한 인간관계를 선택하는 것은 아마 다른 어떤 요인보다 당신의 성공과 행복을 결정하는 데 큰 역할을 할 것이다. 당신은 물질적 성공을 거두기 위해 오랫동안 열심히 노력하고 시간과 관심이 부족해 배우자나 자녀와의 관계가 틀어지면서 모든 것이 수포로 돌아간 사람들을 수도 없이 보았을 것이다.

이상적인 짝을 찾는 것도 삶의 가치 있는 목표를 달성하는 것과 방법은 똑같다. 자리에 앉아 종이를 꺼내 들고 당신에게 완벽한 상대를 묘사해보라. 이것을 쓰면서, 나라 반대편에 있는 먼 곳으로 보낼 주문서를 작성하는 것이라고 상상한다. 그리고 완벽한 상대가 당신이 묘사한 방식 그대로 당신에게 찾아온다고 생각하는 것이다. 모든 세부 사항을 적어야 한다. 그 사람의 얼굴, 키, 몸무게, 신체 건강 수준 같은 것을 적는다. 그 사람의 기질, 개성, 유머 감각, 학력, 지능, 태도 같은 것도 빼놓지 않는다. 삶의 중요 사항에 대한 그 사람의 가치관이나 믿음, 철학, 의견에 관해서도 가능한 한 정확하게 묘사하라. 이 묘사는 상세할수록 좋다. 여기서 설명한 것을 매일 읽고 또 읽으며 세부적으로 더 생각나는 것이 있으면 추가한다. 당신이 묘사한 것을 수정하고 조절하면서 점점 더 정교하고 정확하게 다듬는다. 이 내용을 검토할 때마다 당신은 그것을 잠재의식 속으로 점점 더 깊이 몰고 가게 된다.

완벽한 상대와 관계를 맺고 있을 때 얼마나 행복한 느낌일지 상상하면, 이 감정은 당신의 잠재의식을 활성화하고 끌어당김의 법칙을 작동시킨다. 그러면 이내 그 사람을 당신의 삶으로 불러들일 것이다.

이상적인 관계를 발견하기 위한 다음 단계는 당신 자신을 정직하게 평가하는 것이다. 자아실현을 하려면 자신의 장단점에 대해 객관적이고 솔직하게 서술해야 한다. 인간관계에서 보여주어야 할 모든 것을 목록으로 작성하라. 당신의 장점은 무엇인가? 자신을 가치 있는 상대로 만들기 위해 다년간 계발한 당신의 특성과 자질은 무엇인가?

자신에게 솔직해져야 한다. 여전히 할 일이 있으면, 그 일의 영역을 목록으로 작성해보라. 당신은 아직 스스로 원하는 만큼 단련이 되어 있지 않은가? 당신이 시간을 잘 관리하지 못하는가? 당신은 때로 성급하거나 짜증을 내거나 까다로운 성격인가? 이런 문제 영역을 적고 항목별로 개선하는 데 힘써라. 자신의 내면 깊숙이 자리 잡은 모습과 전혀 다른 사람을 삶으로 끌어들일 수는 없다. 멋진 짝을 끌어당기

> 멋진 짝을 끌어들이고 싶다면 당신 스스로 멋진 사람이 되어야 한다.

고 싶다면 당신 스스로 멋진 사람이 되어야 한다. 인간관계는, 특히 아주 중요한 관계라면, 언제나 당신의 진정한 개성, 가치관, 믿음, 태도를 반영하기 마련이다. 당신은 언제나 내면의 진가를 현실에서 확인할 것이다.

## 존경할 만한 상사가 있는 곳으로 가라

개인 생활에서 원하는 것과 관련해 일단 어떤 결정을 했다면, 다음은 사업과 커리어에서 어떤 관계를 원하는지 결정할 차례다. **업무의 법칙**이 전하는 성공의 비결 한 가지는, 상사를 신중하게 선택하는 것이다. 당신이 일자리를 구할 때, 당신은 당신 자신에게 가장 소중한 삶을, 성과에 따른 소득을 얻을 기회와 맞바꾸려고 하는 것이다. 직장에서 성공하는 비결은 상사와 질적으로 끈끈한 관계를 맺는 것이다. 그러므로 상사를 고를 때 조심해야 한다. 직장에서 당신이 믿고 따를 수 있는 사람을 찾을 때까지 신중히 면접에 임해야 한다. 당신에게 필요한 상대는 당신이 좋아하고 존중하고 감탄하고 우러러보는 사람이다. 당신은 당신에게 가르쳐줄 것이 많고, 당신이 제 실력을 발휘하도록 격려하고 지원하는 사람을 위해 일하고 싶을 것이다.

만일 부정적인 상사를 위해 일하거나 혹은 지속적으로 비판받는 상황에서 일한다면, 당신은 행복해질 수 없고 성공을 거두지도 못할 것이다. 결국 직장을 그만두거나 해고될 것이다. 당신은 어딘가에서 다른 사람들과 함께 또 다른 사람들을 위해 일할 새 자리를 찾아야 할 것이다.

똑똑한 사람들은 대부분의 시간을 즐기지 못하는 채로 근무하는 것을 단호하게 거부한다. 시간과 인생을 낭비하는 것임을 알기 때문이다. 나는 유능한 사람이 부정적인 근무 환경을 떠나 긍정적이고 낙관적이며 용기를 주는 상사나 훌륭한 동료들이 있는 회사에 들어가는 경우를 수도 없이 보았다. 이전 상황에서 제대로 적응하지 못한 사람도 순식간에 새로운 환경에서 쭉쭉 뻗어나가며 성장하는 경우를 수도 없이 보았다.

## 독을 내뿜는 사람은 피하라

성공을 위해 내려야 할 가장 중요한 결정은 일상적으로 어울릴 사람을 고르는 것이다. 올바른 상대를 구해야 한다. 긍정적인 사람을 곁에 두고 부정적인 사람을 피하라. 항상 불평하고 비난하고 비판하는 사람도 피하라. 이렇게 독을 내뿜는 사람은 당신을 우울하게 하고 삶의 기쁨을 빼앗는다. 이런 사람과 시간을 보내고 나면, 당신은 낙심하게 되고 힘이 빠진다. 친구나 동료를 고를 때는 신중해야 한다. 바롱 드 로칠드는 "쓸모없는 지인을 만들지 마라. 주변 사람들을 고를 때는 완전히 이기적이어야 한다"라는 말을 남겼다.

데이비드 매클렐런드가 하버드대학교에서 수행한 성취 관련 연구는 25년이 지났을 때 준거집단reference group이 다른 어떤 요인보다 우리의 성공이나 행복에 더 큰 영향을 미침을 보여주었다. 준거집단은 대부분의 시간에 우리가 한패로 여기며 어울리는 사람들로 이루어진다. 만일 당신이 독수리와 함께 난다면 당신은 독수리처럼 생각하고 느낄 것이다. 당신이 칠면조와 어울린다면 칠면조처럼 생각하고 느끼고 행동하고 말할 것이다. 주변 사람들은 당신의 삶과 당신이 이룩하는 모든 일에 엄청난 영향을 준다.

성공하는 사람들은 흔히 독불장군으로 묘사된다. 이 말은 그들이 실제로 이기적으로 행동한다는 뜻이 아니다. 그들은 좋은 친구가 있고 인간관계도 좋지만, 점심시간에 아무나 붙잡고 밥을 먹으러 나가지는 않는다. 그들은 상대를 가린다. 함께 즐기고 이익을 얻을 수 있는 상대라야 같이 시간을 보낸다. 당신도 이렇게 해야 한다.

자수성가한 미국의 백만장자들은 네트워크 활동의 뿌리가 깊다. 그들은 그들이 아는 사람 혹은 그들을 아는 사람이 많을수록,

영업을 하거나 기회를 잡기 쉽다는 것을 안다. 그들은 기회만 있으면 다른 사람들과 연결되려 하고 더 넓고 끈끈한 인맥을 형성하려고 애를 쓴다.

자수성가한 백만장자들은 네트워크 활동의 뿌리가 깊다.

내 친구 중에는 새 나라의 새 도시로 이주한 사람이 몇 명 있다. 그들은 몇 달 안 지나 관련 업계에서 가장 활동적이고 인기 있는 인물 중 하나가 되었다. 그들은 어떻게 그런 결과를 만들었을까? 네트워킹이다. 그들은 이주하는 즉시 업계의 협회나 조직에 참여했다. 그들은 온 힘을 다해 참여하면서 조직 활동에 정성껏 기여했다. 이렇게 헌신하는 사람은 얼마 안 되었기 때문에, 그들은 곧 주요 행사를 기획하는 단체나 위원회에서 핵심 인사가 되었다. 그들은 얼마 안 가서 업계의 주요 관계자들로부터 인정과 존경을 받았다. 그들이 조직에 이바지하고 일을 잘 마무리한다는 명성을 쌓자 기회가 그들에게 다가왔다. 그들은 조직 안팎의 주요 인사들로부터 손쉽게 지원을 받았다. 그들은 많은 사람이 수년에 걸쳐 해낸 것보다 더 많은 성과를 몇 달 만에 올렸다.

네트워킹의 비결은 당신을 도울 수 있는(그리고 마찬가지로 당신이 도와줄 수 있는) 사람들이 속한 조직 한두 개를 고르는 것이다. **신용의 법칙**은 더 많은 사람이 당신을 안심하고 믿을수록, 그들이 당신과 더 수월하게 일하고 사업 결정을 내릴 수 있다고 말한다.

# 관계의 신용 등급을 높여라

다시 말하지만, 모든 것에 의미가 있다. 당신이 인간관계에서 행하는 모든 것은 당신의 신용에 도움이 되거나 당신의 신용을 해친다. 중요한 조직에 합류하는 주요 이유 중 하나는 앞으로 당신을 도와줄 수 있는 사람들에게 신뢰를 쌓기 위함이다.

성공적인 사업 네트워크를 구축하는 공식은, 어느 조직에 합류하기 전에 그 조직을 세심하게 연구하는 것이다. 그 조직이 무슨 일을 하고 조직의 어느 부분이 가장 활동적인지, 어느 부분이 조직의 성공에 중요한지를 파악해야 한다. 구성원 명부와 위원회 조직도를 꼼꼼히 살펴본다. 명심할 것은, 경력상 당신보다 앞서가는 구성원들이 있는 조직에 들어가야 한다는 것이다. 그들은 틀림없이 당신이 배울 수 있고 얻을 것이 있는 사람들로서 당신 혼자 힘으로 오르는 것보다 더 높은 수준으로 당신을 끌어올릴 수 있다.

일단 조직의 핵심 위원회를 확인했을 때는, 그 위원회를 위해 자원 봉사를 하라. 사업이나 사회조직에서 이루어지는 모든 일은 주로 자발적인 것이기 때문에 시간과 노력을 들여 기꺼이 이바지하려는 당신의 의지는 언제나 환영받을 것이다.

협회에 가입한 사람들이 행사에 참석하는 것 이상의 활동을 하는 경우는 드물다. 그들은 협회 모임을 사업의 핵심 요소가 아니라 사회생활의 연장으로 본다. 하지만 당신이 합류할 때는, 자원봉사를 할 뿐만 아니라 책임을 지고 적극적으로 활동해야 한다. 당신은 더 많은 임무에 자원하고 당신에게 주어진 임무를 덤덤하게 완수한다. 당신은 모든 회의에 참석하고 모든 토의에 참여한다. 회의를 전후해 당신의 과제를 해냄으로써 철저한 준비를 한다. 그러면 이내 핵심 인사들이 당신을 주목할 것이다. 보상에 대한 기대 없이 계속해서 당신 자신을 내어줌으로써, 당신에 대한 그들의 존경과 신뢰가 쌓인다. 복잡한 임무도 해내는 당신의 능력을 그들은 확신하게 될 것이다. 당신은 곧 위원회의 핵심 관계자가 되고 조직의 소중한 구성원이 될 것이다.

## 인맥과 부를 동시에 얻은 단순한 방법

몇 해 전에 나는 재계에 입문해 무엇이든 기여할 목적으로 상공회의소에 가입했다. 나는 당시 상공회의소가 관심을 둔 핵심 이슈가 직업 교육이라는 것을 알게 되었다. 나는 정부와 연관된 직업교육 위원회에 자원해 많은 시간을 들여 연구를 하고 보고서를 작성했다. 그리고 회의는 빠짐없이 참석했다. 주에서 실시하는 교육의 질적 수준을 높이는 과제에 위원회가 정부와 좀 더 적극적으로 협력하도록 다른 전략과 전술도 제안했다.

　나는 곧 위원회의 부의장이 되었고, 해당 분야에서 상공회의소가 주로 책임질 업무를 배정했다. 위원회의 의장은 지역사회의 고위 기업인 중 한 사람이었다. 그는 힘이 막강했고 재계나 정부조직과 다양한 연줄이 있었다. 나는 그 밑에서 일하며 그의 지도나 지시를 따랐다. 의장은 나에게 마음을 열고 중요한 재계 인물들을 소개했는데, 이들은 상공회의소의 사업이나 교육과 관련해 나에게 의견을 밝히고 조언을 해주었다.

　6개월 후, 수백 명의 대표단(모두가 재계를 주도하는 사업가들이었다)이 참석하는 상공회의소의 연례회의가 한 리조트에서 열렸다. 그들은 나에게 연사들의 발언 주제를 준비하고 사회를 맡아달라고 부탁했다.

　다시 한번 그 제안을 아주 선선히 받아들였다. 오랜 시간을 들여 준비했고 연사들의 배경을 자세히 조사했다. 회의장에서 나는 사회자로서, 그날 하루의 의장으로서 가운데 앞자리에 있었다. 내 뒤로는 재계의 최고위급 대표단 수백 명이 앉아 있었다. 준비를 다 마쳤기 때문에 주어진 임무를 능숙하게 해낼 수 있었다.

　이듬해 나는 기업의 임원들과 정부의 고위 관리들이 만나는 회의를 주재했다. 이 회의 중 일부는 신문에 보도되기도 했는데, 내 발언과 그에 대한 정치인들의 반응이 실렸다.

재계의 또 다른 주요 인사 한 명은 그 기사를 읽고 자신의 사업 하나를 나에게 맡기기로 결정했다. 새로운 직장에 스카우트되면서 두 배의 연봉과 스톡옵션을 추가로 받았다. 나는 주에서 아주 유명하고 존경받는 젊은 기업인 중 한 사람이 되었다. 고위급 정치인들이나 기업인들, 몇몇 민간과 공공기관의 장들과 허물없이 이름을 부르며 지냈다.

　유나이티드웨이United Way의 연례 모금 행사에서 중요한 자리를 맡아달라는 초대를 받기도 했다. 이 행사를 통해 나는 훨씬 많은 기업인들의 주목을 받았고 네트워크도 대폭 확장되었다.

　몇 년이 지나자 내 소득은 다시 두 배로 올랐다. 점점 넓어지는 인맥과 내가 일하고 투자하고 여행하고 상호작용을 할 기회 사이에 직접적인 관계가 있는 것처럼 보였다.

　나만의 특별한 이야기랄 것도 없다. 수많은 사람이 똑같은 경험을 했고, 당신 또한 할 수 있다. 현장으로 나가 관계를 맺는 것은 당신에게 달렸다. 지역사회나 정부기관, 기업, 자선단체에 봉사할 기회는 언제나 있고 재능 있는 사람보다 그 빈자리가 훨씬 많다. 당신이 받는 사람이 아닌 베푸는 사람으로서 상황에 접근하면 얼마든지 인맥을 넓힐 수 있다.

## 알고 지내면 좋을 것 같은 사람을 만났을 때

알고 지내면 가치가 있을 거라는 느낌을 주는 새 사람을 만날 때, 질문하는 사람에게 통제권이 있다는 옛말을 명심하라. 간접 노력의 법칙을 활용하는 것이다. 상대에게 좋은 인상을 주려고 하는 대신, 질문을 던지고 상대의 대답에서 감명을 받는 식이다. 도움을 줄 기회를 찾아라. 거두기보다 뿌리기에 관심을 두는 것이다. 뿌린 대로 거두는 우주의 법칙을 기억하라. 오랫동안 그리고 열심히 뿌린다면, 언젠가는 당신이 원하는 거의 모든 것을 거둘 것이다.

당신이 만나는 사업가는 모두 그가 벌이는 사업에 관심을 쏟고 몰두하기 마련이다. 상대가 누구든, 당신이 할 만한 중요한 질문이 있다. "유망한 고객에게 당신을 추천하기 위해 당신의 사업에 대해 내가 알아야 할 것은 무엇입니까?" 사람들은 자신들이 무슨 일을 하는지 또 왜 다른 회사가 자신들을 후원하고 후원해야 하는지 말하는 것을 좋아한다. 그리고 다른 사업가와 유대감을 형성하려고 할 때, 그 사람에게 고객이나 의뢰인을 추천하는 것보다 더 빠른 길은 없다. 다른 사람들의 사업이 잘 나가고 그들이 목표를 이루도록 도울 때, 그들 또한 당신의 사업이 발전하도록 도울 것이다.

# 호감 활용법

**호감의 법칙**을 달리 설명하자면, 당신에게 호감을 느끼는 사람에게는 영향을 미치기 쉽다. 감정은 평가를 왜곡한다. 어떤 사람이 진심으로 당신을 좋아한다면, 그는 당신에게 있을지도 모를 단점에 큰 관심을 두지 않을 것이다. 반대로 어떤 사람이 당신을 싫어한다면, 그는 당신의 단점에 과민 반응을 보일 것이다.

누구나 자신이 좋아하는 사람과 사업을 하고 싶어 한다. 또 좋아하는 사람과 어울리기를 좋아하고 좋아하는 사람에게 마음을 열려고 한다. 사람은 자신이 좋아하는 사람에게 물건을 사주는 것을 좋아하고 자신이 좋아하는 사람을 고용하고 승진시키고 싶어 한다. 사람들이 당신을 좋아할수록, 당신에게 더 많은 기회가 다가오고 더 빨리 경력을 쌓아갈 것이다. 그러니 당신이 만나는 사람들에게 끊임없이 도움을 주어야 한다.

나는 세계에서 가장 부유하고 힘 있는 몇몇 사업가들이 활동하는 모습을 보았는데, 그들이 다른 사람의 이야기를 들을 때 너무도 예의 바르게 귀를 기울이는 것을 알고는 항상 놀랐다. 거의 변함없이 그들은 "제가 도와드릴 방법이 없을까요?"라고 묻는다. 어떤 상대와 어떤 대화를 하건 당신도 똑같은 질문을 하라. 상대는 당신이 별 도움을 주지 못할 거라고 생각할 수도 있다. 다만 도움을 주

당신에게 호감을 느끼는
사람에게는 영향을 미치
기가 쉽다.

려는 당신의 적극적인 제안은 그들의 마음에 고마운 기억을 남길 것이다. 그리고 언젠가는 진심으로 당신에게 도움을 요청할지도 모른다.

**호혜성의 법칙**은 강력한 힘을 보여준다. 이 법칙의 원리는 간단하다. 당신이 다른 사람에게 뭔가를 해주면, 그 사람도 당신에게 뭔가를 해주고 싶어 한다는 것이다. 당신에게 빚진 느낌에서 벗어나려고 어떤 식으로든 보답을 하고 싶은 것이다. 인간은 대부분 공평한 관계를 유지하고 싶어 한다. 만일 당신이 다른 사람에게 어떤 친절을 베풀면, 그 사람은 본능적으로 똑같이 당신에게 친절을 베풀어 당신과 '호각'을 이루려고 할 것이다. 친구와 점심을 먹으러 가서 당신이 밥값을 내면, 다음에는 그 친구가 계산하겠다고 할 것이다. 만일 저녁 식사 자리에 친구를 초대하면, 친구도 다음 기회에 당신을 초대하려고 할 것이다. 누군가에게 크리스마스 카드를 보내면, 상대는 설사 당신을 모르더라도 크리스마스 카드로 답장을 할 것이다.

보편적인 법칙에 당신의 삶을 맞출 때, 당신은 좋은 일이 발생하는 속도를 보고 놀랄 것이다. 호혜성의 법칙은 인간관계에서 우리가 배울 가장 강력한 원리 중 하나다. 성공으로 가는 열쇠는 당신이 더 많이 알려지고 존경받도록 더 큰 네트워크를 구축하는 것이다. 당신이 어울리고 싶은 사람들을 고른 다음, 그 사람이나 조직에 온 마음을 바쳐 이바지하면서 의식적으로 인맥을 넓혀라.

인간은 언제나 저항이 가장 적은 길을 가려고 한다. 인간관계에서 저항이 가장 적은 길은 우리가 이미 알고, 좋아하고, 신뢰하는 사람들과 사업하고 그들을 추천하는 것이다. 당신이 할 일은 가능하면 영향력이 있는 인적 네트워크를 아주 광범위하게 구축하는 것이다. 당신이 아는 사람이 많을수록, 또 당신을 긍정적으로 보는 사람이 많을수록, 적절한 시기에 적절한 계기로 적절한 상대를 알게 될 가능성은 더 커진다. 당신에게는 삶의 모든 측면을 확대하고 개선할 가능성이 연달아 주어질 것이다. 만일 당신이 주변 사람들로부터 존경과 존중을 받음으로써 해당 분야의 정상에 오른다면, 그것은 목표와 계획이 있었기 때문이지 운이 좋아서가 아니다.

## ✦ 인맥을 넓히는 비결 ✦

1. 당신은 당신이 주로 하는 생각과 조화를 이루는 사람이나 환경을 삶 속으로 끌어 들인다.

2. 더 많은 친구를 만들고 다른 사람들에게 좋은 친구가 되는 데 집중한다.

3. 발전시키고 싶은 인간관계를 위한 구체적인 계획을 세운다.

4. 자아실현을 하는 사람은 자신의 장단점에 대해 객관적으로 알고 있다.

5. 올바른 사람, 승자를 곁에 두고 부정적인 사람은 피하라.

6. 당신이 속한 조직은 당신이 선택한 어떤 단일 요소보다 당신의 성공에 더 큰 영 향을 미칠 것이다.

# 돈:
## 벼락부자를 바라지 말라

Financial Independence

성공의 대중적인 정의 중 하나는 '인생을 자신의 방식대로 살 수 있는 것'이다. 돈은 자유와 행복, 기회, 완전한 자기표현과 밀접한 관계가 있다. 그리고 행운의 개념이 재정적인 성공만큼 퍼져 있는 영역은 없다.

반가운 소식은 현재 우리가 사상 최고의 시대에 살고 있다는 것이다. 우리는 황금기에 진입했다. 정보와 지식이 빠르게 공유되고, 기술이 진보하고, 치열한 경쟁이 펼쳐지고 있다. 창의력만 있다면 누구나 재정적으로 자립할 수 있다. 그리고 미국은 전 세계에서 가장 많은 기회를 제공하는 나라다.

# 왜 부자가 되고 싶은가

**풍요의 법칙**은 우리가 무한하고 풍요로운 우주에 살고 있고 모든 사람을 위한 것이 무엇이든지 널려 있다고 말한다. 예전에는 물건을 팔고 이익을 남기고 부를 쌓도록 해주는 재화와 서비스를 만들어내기 위해서는 땅과 노동, 자본, 가구, 설비, 건물, 장비, 그 밖의 물적 자원이 필요했다. 오늘날 당신에게 필요한 것은 지적 능력이 전부다. 그리고 전 재산이 공장이나 장비에 묶여 있는 사람들보다 당신은 훨씬 유리하다. 그들의 재산이라는 것도 세계적 기술 변화로 순식간에 쓸모없어지는 것들이다.

사람들이 끊임없이 나에게 묻는 것은, 돈이 없는데 어떻게 하면 인생을 바꿀 수 있는지 혹은 새 사업을 시작할 수 있는지 같은 것들이다. 사실 100달러 이하로 시작할 수 있는 사업이 수천 가지까지는 아니더라도 수백 가지는 될 것이다. 다만 사업을 일으키기 위해서는 금융 자본보다 정신적·신체적 자본이 필요하다.

새로 사업을 꾸린다고 할 때, 당신이 투입해야 할 주요 자산은 땀의 지분sweat equity이다. 목표를 이루기 위해 아주 열심히 노력하겠다는 당신의 의지 말이다. 이 의지만 있으

> 우리는 무한하고 풍요로운 우주에 살고 있다. 모든 사람을 위한 것이 무엇이든지 널려 있다.

면, 나머지는 저절로 굴러갈 것이다.

모든 사람은 재정적으로 독립하기를 원한다. 그런데 당신은 왜 부자가 되고 싶은가? 당신은 왜 모든 청구액을 갚아야 하고 왜 통장에 돈이 있어야 하는가? 당신은 왜 처음부터 재정적인 풍요를 원하는가?

그런 물음에 대한 내 대답은 이렇다. 당신은 필연적으로 자기 감정과 일치하는 사건들을 끌어당긴다. 그래서 항상 돈 걱정을 한다면, 어쩔 수 없이 더 많은 돈 문제를 겪을 것이다. 오늘날 미국 가구의 80퍼센트는 저축을 하지 못한다. 일하는 미국인의 70퍼센트는 재량 소득discretionary income이 없다. 그들은 다달이 받는 월급을 포함해 벌어들이는 모든 돈을 있는 족족 다 쓰기 때문에(보통 신용카드로 소득보다 많은 지출을 한다) 남는 것이 전혀 없다. 미국 평균 가구의 자산은 노숙자와 두 달 치 월급밖에 차이가 안 난다는 글을 본 적이 있다. 단 얼마 동안이라도 수입이 끊기면 그들은 곧 절망적인 상황에 빠질 것이다.

돈이 없는 사람은 오랫동안 못 먹은 사람과 같다. 이런 사람은 굶주림 때문에 다른 생각을 할 겨를이 없다. 배고픈 사람이 언제나 먹을 것만 생각하는 것처럼, 재정적인 문제가 있는 사람은 언제나 돈 걱정만 한다. 그러므로 주변 세계에 쏟아부을 정서적·정신적 에너지라곤 전혀 찾아볼 수 없다.

심리학자인 프레더릭 허즈버그는 돈을 **위생 요인** hygiene factor 이라고 부른다. 사람은 적절한 수준의 재정적·신체적 안전을 확보하려면 일정한 돈이 필요하다고 그는 말했다. 이 수준 이하에서는 다른 생각을 할 여유가 없다. 그 수준을 넘어서야 비로소 자신에게 중요한 다른 것들을 생각하기 마련이다.

부자들은 돈이 유일한 성적표라고 말할 것이다. 하지만 일정 수준의 재정적 성공을 거둔 사람이라면 더 이상 돈에 집착하지 않고 자신의 건강이나 인간관계, 주변 세계에 대한 기여 같은 문제에 관심을 돌릴 수 있다. 다른 사람들에게 더 많은 관심을 쏟고 내면의 발전이나 개인적 성장 같은 문제에 더 집중하는 것이다. 문학이나 철학, 음악을 음미하게 되고, 자신의 삶에 중요한 사람들과 함께하는 일에서 더 큰 즐거움을 누린다.

일정 수준을 넘어서면, 돈은 더 이상 우리의 주요 관심사가 아니다. 인생은 모든 부분이 골고루 향상되어야 한다. 다만 일정 수준 이하라면, 다른 것을 생각할 여유가 없다. 이런 상황에서는 아침에 일어나면서 돈 생각을 하고 하루 종일 돈 걱정을 한다. 미국에서 가장 흔한 이혼 사유는 돈에 대한 말다툼이다. 스트레스와 불안, 성격 장애의 주요 원인 중 하나는 돈 걱정이다. 돈 걱정은 사람의 정신을 온통 사로잡는다.

결국 재정적 독립의 책임은 우리 자신에게 있다. 따라서 당신의

장기적 목표는 자산을 적절하게 배치해 재
정적 요새를 구축하는 것이어야 한다. 그러
면 다시는 돈 걱정을 할 필요가 없다.

> 재정적 독립의 책임은 우리 자신에게 있다.

다행히 미국에는 빈털터리에서 부자가 된 스토리가 너무 많기 때문에, 재정적으로 독립하는 데 적용할 아이디어와 정보는 백 번의 인생을 살아도 남을 만큼 많다.

## 처음 7년은 그 사람을 똑같이 따라 하라

**따라 함의 법칙**은 성공한 사람들이 하는 일을 정확하게 알고 그대로 따라 하면 동일한 성공을 거둔다고 말한다. 이것은 너무도 당연해서 대부분의 사람이 이 사실을 모르고 지나친다. 많은 사람이 해당 분야에서 성공한 사람들을 연구하지 않고 성공하려고 애쓰는 것을 보면 놀랍기만 하다. 그것은 시간을 낭비하는 꼴이다.

54년 동안 성공을 연구한 내 친구 코프 코프마이어는 생전에 자신이 발견한 성공의 결정적인 원칙 중 하나는 전문가에게 배우는 것임을 강조했다. 인생은 모든 문제를 혼자 해결할 수 있을 만큼 길지도 여유롭지도 않다. 당신이 성공하고 싶다면, 당신이 바라는 성공의 열매를 이미 따먹은 사람이 누구인지 알아내야 한다. 그들이 과거에 한 일과 지금 하는 일을 배우고 당신도 똑같은 결과를 얻을 때까지 똑같은 일을 해야 한다.

물론 당신은 원인과 결과의 법칙에 대해 다시 설명한다고 여길 것이다. 완전히 새로운 길을 개척하는 데 많은 시간을 허비하는 대신, 책을 읽고 오디오 프로그램을 들으며 맨주먹으로 놀라운 성과를 이룬 사람들의 강연에 참석하라. 당신 자신의 아이디어를 가지고 혼자 출발하기 전에, 그들이 닦은 기술과 능력에 숙달될 때까지 그들이 한 그대로 따라 하라.

일류 요리사가 되는 데는 7년이 걸린다. 세계 최고의 요리학교는 제네바에 있는 스위스요리학교Swiss Culinary Institute다. 이 학교에 들어가면 처음에 과일을 깎고 채소를 다듬는 일을 한다. 신입생들은 첫 1년 동안 신선도와 맛, 구조, 질감 등 과일과 채소의 모든 면을 섬세하게 감각할 때까지 내내 이 일만 반복한다. 2년째가 되면 학생들은 과일과 채소를 재료로 한 샐러드와 다른 요리로 옮겨간다. 이 뒤로 그들은 각각의 맛과 소스, 식재료, 고기, 음식 조합 같은 것을 수백 시간 연구한다.

7년 과정을 마친 학생은 세계 최고의 요리사 중 한 명으로 졸업하게 된다. 이어 고급 레스토랑의 일류 요리사 밑으로 들어가 인턴으로 근무한다. 졸업 후 3년에서 5년이 지나면, 이 요리사는 자립할 준비를 마친 것이다. 세계 최고의 호텔이나 레스토랑은 스위스 요리학교 졸업생들을 고용한다. 이곳들의 요리사는 엄청난 돈을 받으며 재정적으로 독립한 상태에서 은퇴한다.

이들은 독창적이고 혁신적인 요리사가 되기 전에 전 세계의 일류 요리사들이 오랜 세월 배우고 전수한 것 그대로 요리의 모든 단계를 철저히 교육받는다. 그들은 기본 기술을 높은 수준으로 익힐 때까지는 개선이나 혁신을 시도하지 않는다.

**가치의 법칙**은 가치가 늘어난 결과 부가 창출된다고 말한다. 오늘날 가치의 주요 원천은 시간과 지식이다. 핵심적인 기술과 아이디어, 통찰력, 그리고 당신에게 필요하고 다른 사람의 삶이나 일을 개선하는 데 적용되는 기술이 당신이 누릴 재정적 보상을 결정한다. 이 밖에 그런 보상을 보장하는 다른 길은 없다.

가치의 법칙을 달리 표현하자면, 당신은 세상에 대한 당신의 기여도를 높이는 데 끊임없이 집중해야 한다. 고객의 이익과 고객의 가치, 그리고 다른 사람의 삶을 개선하는 것이 궁극적인 가치와 지속적인 부의 원천이다.

# 부를 창출하는 일곱 가지 비결

가치를 늘리는 데는 일곱 가지 비결이 있다. 그중 하나에만 집중해도 재정적인 성공을 거두기에 충분하다. 여러 가지를 결합한다면, 당신은 재정 생활에서 과거 어느 때보다 더 빠르게 앞으로 치고 나갈 것이다.

## ① 스피드

가치를 전달하는 속도를 높여라. 사람은 누구나 참을성이 없다. 지금까지 당신의 재화와 서비스가 필요하다는 사실을 모르던 사람이 이제는 아주 조급하게 그것을 요구한다. 사람들은 스피드와 가치 사이에 직접적인 상관관계가 있다고 생각한다. 번번이 느리게 요청을 들어주는 사람보다 높은 질로 빨리 일을 처리하는 사람은 더 우수하고 유능한 사람으로 간주된다. 오늘날 사업의 혁신을 이루는 요소들은 고객을 만족시키는 데 걸리는 시간을 줄이고 속도를 높이는 것과 관계가 있다. 모든 기술적 진보는 주어진 과정에 들어가는 시간을 줄이는 것을 목표로 삼는다.

전문 경영인들 사이에 쓰는 조직재충전reengineering이나 구조조정restructuring, 조직재편reorganization, 재창조reinventing 같은 유행어는 각 기업이 경쟁사보다 더 빨리 고객들에게 재화와 서비스를

사람들은 스피드와 가치
사이에 직접적인 상관관
계가 있다고 생각한다.

공급하기 위해 프로세스를 간소화하는 것과 관련된 것들이다. 당신에게 필요한 것은 현재 진행 중인 방식보다 10퍼센트 새롭고 10퍼센트 낮고 10퍼센트 다른 괜찮은 아이디어가 전부다. 이것만 있다면, 당신은 유리한 출발선에 서 있다고 볼 수 있다. 스마트폰은 어디서든 즉시 전화를 걸고 받을 수 있게 해준다. 페더럴익스프레스는 편지와 소포를 다음 날 아침까지 배달해주는 서비스로 450억 달러 규모의 사업으로 성장했다. 빠르게 커가는 수많은 사업과 개인적인 부의 중심에는 속도가 있다.

당신의 사업이나 당신이 하는 일을 보라. 당신은 고객에게 현재 진행되는 것보다 더 빠른 속도로 가치를 제공할 기회가 어디에 있다고 보는가? 당신은 배달 시간을 어떻게 1초나 1분, 1시간, 혹은 하루 단축할 수 있는가? 제너럴모터스가 새 차를 디자인하는 데는 4년이 걸렸다. 그러자 일본인들은 개발 시스템을 효율적으로 개선해서 18개월 만에 새 차를 선보였다. 현재 주요 자동차 회사들은 모두 디자인과 제작부터 출시까지 걸리는 기간을 1년 이하로 줄이기 위해 애쓰고 있다. 그리고 고객을 만족시킨 새로운 속도 기록은 다음 경쟁자가 충족해야 할 최소한의 기준이 되고 있다. 어떻게 하면 고객을 위해 제품과 서비스의 공급 속도를 올릴 수 있을지 매일 생각하라. 이것이 살아 있는 가치의 원천이다.

## ② 품질

부를 창출하는 두 번째 열쇠는 경쟁자보다 같은 가격에 더 나은 품질을 제공하는 것이다. 품질은 고객이 요구하는 전부다. 종합품질관리total quality management의 정의는 무엇일까? '고객이 진정으로 원하는 것을 찾아내어 그것을 경쟁자보다 더 빠르게 공급하는 것'으로 요약할 수 있다. 품질은 단순히 더 튼튼한 내구성이나 우수한 디자인을 뜻하지 않는다. 그것은 무엇보다 고객이 제품이나 서비스에 기대하는 유용성과 효율성을 말한다. 고객이 추구하는 구체적인 욕구나 이익이 품질을 규정한다.

고객과의 광범위한 인터뷰를 통해 드러난 사실은, 그들이 생각하는 품질에는 제품이나 서비스만이 아니라 그것들이 제공되는 방식도 포함된다는 것이다. 이것이 맥도날드가 속도와 가치, 청결, 가격에 대한 고객의 바람이라는 측면에서 뛰어난 품질을 제공한다는 평가를 듣는 이유다. 맥도날드는 고급 레스토랑과 경쟁하려 하지 않는다. 대신 정확하게 고객이 원하는 것을 그들이 원하는 형태와 가격으로 제공한다.

고객이 진정 원하는 것과 관련해 당신은 어떻게 품질을 높일 수 있는가? 비결은 불만을 듣는 것이다. 실제로 당신이 제공하는 제품과 서비스의 향상과 관련해 제안할 것이 있는지 규칙적으로 고객에게 물어봐야 한다. 당신이 솔직하게 고객의 피드백을 요청하면, 그들은 자신의 만족을 위해 당신이 무엇을 할 수 있는지, 날카로운 의견을 줄 것이다. 이런 통찰력은 시장에서 당신의 경쟁력을 높여준다.

때로 사람들은 속도와 품질을 똑같이 취급하기도 한다. 도미노피자는 피자를 30분 안에 배달하는 서비스로 사업을 10억 달러가넘는 규모로 키웠다. 배고프게 피자를 기다리는 고객에게는 속도가 품질이고 품질이 속도다.

### ③ 부가 가치

부를 창출하는 세 번째 비결은 당신이 하는 모든 일에 부가 가치를 곁들이는 것이다. 특정 산업에서는 모두가 똑같은 것을 제공한다는 것을 명심하라. 이러한 요인은 시장에서 최소 기준 혹은 예상되는 표준이 된다. 돋보이고 싶다면, 고객이 당신이나 당신의 제품이 경쟁자보다 더 낫다고 인식하도록 당신이 하는 일에 무엇이든 추가해야 한다.

포장이나 디자인을 개선함으로써 또 사용법을 간소화함으로써 제품이나 서비스에 가치를 추가할 수 있다. 애플은 '컴맹'도 쉽게 사용하도록 컴퓨터의 세계를 바꿔놓았다. 단순성은 애플에 엄청난 부가 가치를 안겨주었으며 수많은 다른 회사도 그 길을 따라갔다.

판매원은 더 나은 질문을 하고 좀 더 귀를 기울여 듣고, 정확하게 고객이 원하는 것에 맞춰 주문을 받음으로써 제품과 서비스에 가치를 더한다. 이 결과 고객은 그 판매원이 그런 세심한 주의를 기울이지 않는 다른 판매원보다 더 소중한 인재라고 인식한다.

### ④ 편의성

네 번째 비결은 당신이 취급하는 제품과 서비스의 구매나 사용 방법을 더 단순하고 편리하게 바꾸는 것이다. 패스트푸드점은 편의성의 대가로 얼마나 많은 사람이 기꺼이 돈을 내는지를 보여주는 단적인 예다. 사람들은 직접 식재료를 준비하고 요리할 필요가 없기 때문에 15~20퍼센트 더 비싼 제품을 소비한다.

고객들이 더 쉽게 입출금할 수 있게 하루 24시간 가동되는 현금 지급기는 은행이 고객의 인지 가치perceived value를 어떻게 높일 수 있는지를 보여주는 예다. 패스트푸드점의 드라이브인 창구는 또 다른 예다. 무엇이든 신속한 집배는 고객의 충성도를 쉽게 높여줄 것이다.

당신의 제품이나 서비스를 사용하는 고객의 편의성을 어떻게 하면 높일 수 있을까?

어떻게 하면 고객이 다른 사람과의 거래는 생각할 수도 없을 정도로 당신과 쉽게 거래하게 만들 수 있을까?

어떻게 하면 고객이 다른 사람과의 거래는 생각할 수도 없을 정도로 당신과 쉽게 거래하게 만들 수 있을까?

### ⑤ 고객 서비스

다섯 번째 열쇠는 고객 서비스를 개선하는 것이다. 사람은 대부분 감정적이다. 사람들은 고객 서비스 담당자의 친근하고 명랑한 태도와 적극적인 자세에 큰 영향을 받는다. 많은 회사가 수시로 변하는 시장에서 비교 우위의 주요 원천으로 고객 서비스를 활용한다. 노드스트롬이 미국에서 아주 크게 성공한 백화점 체인의 하나가 된 까닭은 차별화된 제품을 팔기 때문이 아니라 전국의 모든 소매점 중에 가장 따뜻하고 친절한 고객 서비스를 제공하기 때문이다.

월마트는 아칸소주 벤튼빌의 이름 없는 가게에서 출발, 빠르고 친절하고 행복한 쇼핑 장소를 표방해 세계 최대의 소매점이 되었다. 나이가 든 월마트 종업원들은 입구에서 고객을 맞이한다. 이들은 입구에 서서 안으로 들어오는 고객들을 환영하며 월마트를 찾아주어 고맙다고 말한다. 이런 혁신의 결과, 월마트의 창업자인 샘 월튼은 가진 거라곤 파산한 가게에 낡은 픽업트럭밖에 없던 1940년대부터 부와 명성을 쌓기 시작했다. 2022년 말 기준으로 미국 월마트의 매출은 4,290억 달러나 되었다.

경쟁자를 누르고 우위를 차지할 수 있으려면, 어디서 고객 서비스를 개선하는 방법을 찾을 것인가? 당신의 직무에 더 충실하고 고객을 더 만족시키는 방법은 무한하다. 다만 당신의 상상력이 문제일 뿐이다.

## ⑥ 라이프 스타일 변화

라이프 스타일 변화의 흐름이 전국 고객의 구매 특성과 행동에 미치는 영향도 중요하다.

갈수록 노인 인구가 늘고 있다. 또 집에 틀어박혀 지내는 코쿠닝cocooning 풍조(집에 더 머무르거나 집안 환경을 더 쾌적하게 만들려는 흐름)도 널리 퍼지는 추세를 보인다. 젊은이들의 취향은 한 세대 전과는 완전히 딴판이다. 여행과 휴가를 즐기려는 사람들이 늘어나고 있으며, 이로 인해 여행과 여가 산업이 폭발적으로 성장하고 있다. 변화하는 라이프 스타일과 인구 통계는 시장에 뚜렷하게 차별화된 제품이나 서비스를 제공할 기회를 만들어줄 것이고 이런 기회는 당신을 단기간에 부자로 만들어줄 수 있다.

당신이 더 참신한 제품이나 서비스를 선보임으로써 실현할 수 있는 트렌드는 무엇이라고 보는가? 당신은 더 차별화된 제품이나 서비스로 고객에게 호소하려는 노력을 어떻게 재편하고 재설계할 것인가?

## ⑦ 할인

부를 창출하는 일곱 번째 비결은 단순한 할인 판매다. 더 많은 제품과 서비스를 더 많은 사람에게 더 낮은 가격에 파는 것이다. 상류층과 밥을 먹고 싶다면, 대중을 상대로 장사를 하라는 말을 들어 보았을 것이다. 또 대량의 저가 제품으로 가득한 창고를 제공하고 멀리서 온 사람들이 새벽부터 일몰까지 주차장을 꽉 메우는 코스트코처럼, 믿을 수 없는 성공 스토리도 알 것이다.

어떻게 하면 양질의 제품이나 서비스를 더 낮은 가격에 제공할 수 있을까? 어떻게 당신은 고객에게 더 싸게 팔면서 이윤을 더 많이 짜낼 수 있는가?

제품이나 서비스의 전달 속도를 높이고 품질을 개선하고 부가가치를 창출하며 편의성을 늘리고 더 나은 고객 서비스를 제공하며 변하는 라이프 스타일과 추세에 맞추며 가격을 낮추려고 생각할 때, 당신은 주변에서 엄청나게 늘어난 가능성을 보고 깜짝 놀랄 것이다. 아무도 하지 않는 방법으로 고객에게 혜택을 주는 아이디어 하나만 있으면 당신은 경제적인 성공의 길로 들어설 수 있다.

# 10년 뒤를 그려보라

백만장자 수만 명을 대상으로 인터뷰와 조사가 진행되었다. 연구 결과는 이들 중 대부분이 무일푼으로 출발했고 블루칼라 출신이며 교육도 많이 못 받았다는 것을 보여준다. 고등학교도 마치지 못한 사람이 많았다. 이 중 다수가 여전히 같은 동네에 살고 있으며 그들의 가치가 100만 달러가 넘는다는 것도 그들밖에 모른다. 그들 맞은편에 사는 사람들은 월 단위로는 더 많이 벌지 모르지만, 생활 속에서 계속 재정 위기를 겪고 있을 것이다. 자수성가한 백만장자는 시간과 돈, 삶에 접근하는 방식이 전혀 다르다.

다음 과정만 따르면 재정적으로 독립하는 것은 간단하다. 효과는 보장할 수 있다. 이 방법을 시도하는 사람은 누구나 효과를 볼 것이다. 이것은 당신의 삶 속에서 몇몇 행운의 법칙을 실행하고 이 요인들이 당신을 위해 작동하게 하는 방법이다.

재정적으로 독립하기 위해 먼저 해야 할 일은 그것을 목표로 설정하는 것이다. 장난을 멈추고 진지해져야 한다. 모든 사람이 재정 압박에서 자신을 풀어줄 놀라운 일이 일어나기를 바라고 희망하고 기도하지만 당신은 진실을 안다. 그 책임은 당신에게 있다는 것을. 무슨 일이든 당신에게 생기면, 그것은 당신 때문에 일어난 일이라는 것을.

앞으로 10년이나 20년 동안 일정한 액수의 가치를 얻고자 한다면, 그것을 목표로 정하고 계획을 세우고 현재부터 그때까지 지속할 일정표를 작성하라. 지금부터 앞으로 몇 달이나 몇 년간 이룰 하위 목표와 하위 기한을 정하라. 그 목표를 어떻게 이룰 것인지, 그 길로 가는 모든 단계마다 무엇을 할 것인지 계획을 세워라. 돈을 벌고 재투자하는 계획이 세밀할수록 목표가 현실로 다가올 가능성은 더 커진다.

명확한 재정 목표와 달성 계획이 일단 잡히면, 당신 자신에게 핵심 질문을 던진다. 이런 목표를 달성하기 위해 돈을 벌려면 당신은 남들보다 무엇을 더 잘해야 하나? 그런 다음 당신의 일을 아주 잘 하기 위해 개발할 새로운 기술 목표를 설정한다. 그리고 당신이 얻고자 하는 돈을 당연히 받을 자격이 있는 사람이 되기 위해 일정한 시간과 돈과 노력을 투자하기로 다짐한다.

동기부여 연사로서 고인이 된 내 친구 짐 론은 백만장자가 되기 위한 가장 중요한 부분을 지적하곤 했는데, 외부에서 보는 백만장자가 되기 위해서는 내면적으로 갖춰진 사람이 되어야 한다는 것이다. 일단 당신이 그런 사람이 되면, 설사 돈을 잃는다고 해도 그 모든 돈을 되찾게 될 것이다. 당신은 재정적인 성공에 맞먹는 정신적인 자산을 만들었을 것이기 때문이다. 당신 자신의 생각으로 백만장자가 되었다면, 새로운 기회와 가능성을 끌어들일 것이다.

백만장자가 되기 위해서는 긍정적인 생각
에서 긍정적인 지식으로 옮겨가야 한다. 당
신은 단순한 기대와 희망에 머물지 않고, 당
신이 재정적인 성공을 이루는 데 필요한 기
술과 자질을 갖춘 사람이라는 것을 분명히
알아야 한다. 일단 그런 자질을 갖추면 아무

도 그것을 빼앗지 못한다. 평생 재정 목표에 대한 장기적인 비전을
눈앞에 그리며, 단기적으로는 벌고 싶은 돈을 마땅히 받을 만한 자
격을 갖추기 위해 당신이 유달리 잘해야 하는 일에 집중한다.

## 소득의 10퍼센트씩 저축하라

**저축의 법칙**은 재정 자립이라는 목표를 이루게 해주는 핵심 요인
이다. 이 법칙은 근무 연한 중에 10퍼센트를 저축하거나 투자하
면, 백만장자로 은퇴하게 된다고 말한다. 2022년 3분기에 정규 노
동자의 평균 소득은 주간 1,070달러, 연간 55,640달러였다. 당신
이 근무 연한 중에 소득의 10퍼센트를 저축하거나 평균 이율이
10퍼센트인 상품에 신중하게 투자한다면, 그것은 나중에 100만
달러의 가치를 넘어설 것이다. 부자가 되어 은퇴하는 것이다. 저축

을 하고 세금을 유예할 수 있는 투자 계획은 얼마든지 있다. 이때의 액수는 복리의 위력을 토대로 불어나기 때문에 근무 기간에 당신의 모든 재정 목표를 달성하게 해줄 것이다.

이 대목에서 당신은 청구액을 비롯해 지출할 것이 너무 많아서 소득의 10퍼센트를 저축한다는 것은 상상도 할 수 없었다고 생각할지 모른다. 하지만 고인이 된 사업가이자 자선활동가인 W. 클레멘트 스톤은 저축할 수 없다면, 당신 안에 뛰어난 자질의 씨는 없다고 말했다.

소득의 10퍼센트를 저축할 수 없다면, 적어도 1퍼센트는 저축할 수 있다. 화장대 위에 돼지저금통이나 단지를 올려놓아라. 그리고 집에 들어오면, 매일 밤 한 달에 버는 돈의 1퍼센트 중에 30분의 1을 단지 안에 넣는 것이다. 한 달에 4,000달러를 번다고 해보자. 4,000달러의 1퍼센트면 한 달에 40달러이므로 그 30분의 1은 하루 1달러 33센트가 된다. 누구나 하루 1달러 33센트는 저축할 수 있다. 커피나 탄산수나 담배를 더 소비하는 대신, 그 몫을 단지에 넣는 것이다. 월말이 되면 이 40달러를 은행의 특별저축계좌에 입금한다. 이것을 특별저축계좌라고 부르는 이유는, 새 차나 냉장고, 캠핑카를 사려고 모으는 돈이 아니기 때문이다. 이것은 당신이 재정 자립을 위해 모으는 돈이다. 또 어떤 이유로도 절대 손을 대거나 쓰지 않겠다고 결심한 돈이다. 한번 쓰게 되면 그 돈은 영원히 사라진다.

당신은 이 과정에 익숙해질 때까지 소득의 99퍼센트로 사는 법을 배운다. 그다음 저축을 소득의 2퍼센트로 늘리는 것이다. 당신은 곧 소득의 10퍼센트를 저축하게 되며 나머지 90퍼센트로도 아무 문제 없이 살 수 있다는 것을 알 것이다. 더욱이 생활의 모든 영역에서 당신 스스로 재정적인 책임감이 훨씬 커진다는 것을 알게 된다. 또 한 달 기준으로 각종 지출이나 청구서 비용이 줄기 시작할 것이다.

하지만 더 놀라운 것은 따로 있다. 이 또한 중요한 행운의 요인으로서 **축적의 법칙**이라 불리는 것이다. 우리가 희망과 욕망의 감정을 실어 조금씩 돈을 저축하거나 투자할 때, 그 돈 주변에 에너지장이 생겨나고 저절로 돈이 더 많이 불어나기 시작한다.

돈이 돈을 번다는 말도 있잖은가. 맞는 말이다. 은행 계좌에 있는 돈이 끌어들이는 힘은 그 돈을 키우고 확대할 것이며 더 많은 돈과 우리의 소득을 늘릴 더 많은 기회를 끌어들일 것이다. 이 액수가 커지면 커질수록 그것은 우리에게 더 많은 돈을 끌어들일 것이다. 마치 더 강력한 자석이 더 멀리 떨어진 금속을 끌어당기는 것과 같은 이치다. 우리는 적지만 상여금을 받기 시작할 것이고 기대하지 않던 급여 인상 혜택을 받을 것이다. 차고에서 물건을 팔아 현금을 챙길 것이고 오랫동안 못 받은 미수금을 받을 것이며 예상치도 못한 소득세 환급금을 받을 것이다. 이 모든 경우에 축적의 법칙과 끌어당김의 법칙이 작용한다. 당신은 추가로 발생한 이 여분의 돈을 은행으로 가져가 계속 금융계좌를 키워나가야 한다.

그러면 또 다른 핵심적인 행운의 요인이라고 할 **기회의 법칙**이 작동하기 시작한다. 즉 준비된 사람에게는 딱 들어맞는 시간에 딱 들어맞는 기회가 온다. 자신만의 금고를 짓는다면, 당신은 그것을 더 빠르게 키워줄 곳에 돈을 투자할 기회를 얻게 된다. 당신은 때로 사업 소득이나 부수입을 올릴 기회를 얻을 것이며 이것을 이용해 돈을 벌기도 할 것이다.

이런 기회로 번 돈은 삶의 최대 기쁨 중 하나다. 은행에 돈이 있고 청구서를 잘 관리하는 사람은 월말마다 청구액 걱정을 하고 통장이 텅 비는 사람과는 심리적으로 전혀 다르다. 돈을 가짐으로써, 당신은 더 낙관적인 사람이 되며 긍정적인 에너지장을 만들어낸다. 그리고 당신의 목표를 향해 더 빠르게 나아가도록 도와줄 사람과 아이디어, 기회, 자원을 삶 속으로 끌어들인다.

# 투자 공부에도 투자가 필요하다

재정적으로 자립하려는 당신을 방해할 수 있는 커다란 위험 두 가지가 있다. 첫 번째는 **파킨슨의 법칙**으로서, 지출은 항상 수입에 맞춰 늘어난다는 것이다. 성공하기 위해서 당신은 의도적으로 또 규칙적으로 파킨슨의 법칙을 깨야 한다. 소득이 늘어나는 만큼 지출도 늘어나겠지만, 그 지출이 당신이 벌어들인 것 전부를 집어삼킬 만큼 늘어나도록 해서는 절대 안 된다. 그런 사태는 치명적인 결과를 초래할 수 있다. 만일 당신의 급여가 10퍼센트 인상된다면, 그 인상분의 50퍼센트 이상을 저축하고 나머지 50퍼센트는 생활 수준을 개선하는 데 쓴다. 인상분 전체를 다 쓰거나 그보다 조금 더 쓰는 습관을 들여서는 안 된다.

재정적 성공이라는 꿈을 깨뜨릴 수 있는 두 번째 위험은 일확천금의 심리다. 이것은 땀을 흘리지 않고 또 미리 충분한 대가를 치르지 않고 쉽게 돈을 벌려는 욕망을 말한다. 돈을 버는 것은 바늘로 모래를 파는 것과 같고, 돈을 잃는 것은 모래에 물을 붓는 것과 같다는 일본 속담이 있다. 돈 문제에서 쉬운 것이 단 하나 있다면, 돈을 잃는 것이다.

일단 돈을 맡기기 시작했으면, **투자의 법칙**이라 불리는 행운의 요인을 도입하라. 투자의 법칙은 투자하기 전에 조사해야 한다는 말이다. 투자를 연구할 때는 적어도 돈을 버는 데 들인 것만큼 시간을 들여야 한다. 힘들게 번 돈을 날리지 않으려면 반드시 투자의 대상을 철저하게 이해해야 한다. 만일 당신이 2,000달러를 모으는 데 1년의 시간을 들이고 나서 별생각 없이 저지른 투자로 그 돈을 잃는다면, 당신은 단순히 돈만 날린 것이 아니라 힘들게 일한 1년이라는 시간도 몽땅 날리는 것이다. 그러면 재정적으로 평생 메울 수 없는 한 해를 후퇴한 것이다.

## 재정 자립의 삼각대

돈에 관한 마지막 법칙은 **보존의 법칙**이다. 문제는 얼마나 버느냐가 아니라 얼마나 간직하느냐다. 많은 사람이 근무 연한 동안 엄청난 돈을 벌고 직장 생활이 끝난 뒤에 친척이나 복지제도에 의존하는 것을 보면 놀랍기만 하다.

재정 자립을 떠받치는 세 기둥은 '저축'과 '투자' 그리고 '보험'이다. 2~6개월간의 비용을 따로 떼어서 비상시에 현금을 인출할 수 있는 수시입출금식예금money market account이나 밸런스형투자신탁balanced mutual fund에 넣어둔다. 그런 다음 철저하게 공부한 상품이나 잘 알고 믿을 수 있는 성공한 사람들과 더불어 신중하게 투자한다. 끝으로 당신의 집이나 자동차, 생명, 기타 재산, 사업 같은 것에 적절한 보험을 들어둔다. 보험료 몇 푼 아끼려다 인생을 망치는 사람이 얼마나 많은가.

재정 축적은 톱니 효과ratchet effect에 기초해야 한다. 일정한 재정 수준에 이를 때마다 당신은 신중하게 돈을 관리함으로써 재산을 유지하고 혹시 있을지도 모르는 곤란한 상황에 대비해야 한다. 장기적으로 모은 돈은 모두 거액이고 거액은 모두 조심히 다뤄야 한다.

끝으로 당신이 할 수 있는 최고의 투자는 당신 자신에 대한 것이다. 맨 처음 돈을 벌게 해준 기술이 점점 더 나아지도록 자신에게 투자하라. 매일 한두 시간씩 책을 읽고 운전 중에 오디오 프로그램을 들으며 정기적으로 세미나와 강좌에 참석하면 매년 대학교육과 맞먹는 수준의 공부를 할 수 있다. 이런 식의 교육은 해마다 당신의 연간 소득을 10퍼센트에서 20퍼센트 혹은 그 이상 늘려줄 것이다. 나는 자기 자신에게 투자하고 자신의 기술을 개선함으로써 불과 1년 만에 소득을 두 배 세 배 늘리는 사람을 수도 없이 보았다.

당신이 하는 일의 솜씨가 아주 뛰어나다면, 당신은 그에 대한 충분한 급여로 보상을 받을 것이다. 당신이 충분한 급여를 받고 의식적으로 파킨슨의 법칙을 깨부순다면, 당신은 점점 늘어나는 소득으로 더 많은 저축을 하게 된다. 그리고 당신이 잘 아는 분야에 믿을 만한 사람들과 더불어 신중하게 그 돈을 투자하라. 복리의 기적에 의해 당신은 부채의 늪에서 벗어나 재정의 요새를 굳건하게 세울 것이며 마침내 재정 자립을 이룰 것이다. 주변 사람들은 당신이 운이 좋았다고 말하겠지만, 당신은 진실을 안다.

---

### ✦ 부자가 되는 비결 ✦

1. 모든 부는 가치 증가의 결과로 발생한다. 오늘날 가치의 주요 원천은 시간과 지식이다.

2. 가치 증가에는 일곱 가지 비결이 있다. 속도, 품질, 제품의 부가 가치, 편의성, 고객 서비스와 변화하는 라이프 스타일에 대한 이해, 할인 판매 등이다.

3. 근로 활동을 하는 동안 소득의 10퍼센트를 저축하거나 투자하면, 백만장자로 은퇴할 것이다.

4. 희망과 기대를 품고 돈을 저축하거나 투자하면, 그 자체로 더 많은 돈을 끌어들인다.

5. 소득이 늘어나면 그에 맞춰 지출도 늘어난다는 파킨슨의 법칙을 의식적으로 깨뜨려야 한다.

6. 재정 자립을 떠받치는 세 기둥은 저축, 투자, 보험이다.

# 마음:
## 무의식의 흐름을 타라
### Using the Power of Your Mind

정신은 인간에게 주어진 가장 놀라운 자산이다. 우리가 풀 수 없는 문제는 없으며 극복하지 못할 장애물도 없다. 또 뇌의 놀라운 힘을 이용할 때 우리가 이루지 못할 목표도 없다. 사람은 누구나 잠재적인 천재다. 우리에게는 현재보다 훨씬 높은 수준의 지능과 창의력을 발휘할 능력이 있다.

지금까지 알려진 바에 따르면, 사람의 뇌는 860억 개의 세포를 가지고 있다. 이들 세포 하나하나는 크리스마스트리 장식 전구처럼 2만 개나 되는 다른 세포와 서로 연결되어 있다. 이것은 세포들의 조합과 순열이 만들어내는 생각의 수가 우주에 알려진 전체 원자의 수보다 많다는 것을 의미한다.

사람의 뇌는 또한 엄청난 예비 용량을 가지고 있다. 사고로 뇌 기능의 90퍼센트를 상실한 사람들을 추적 관찰한 연구 결과, 이들은 나머지 10퍼센트를 가지고도 아주 효율적인 활동을 할 수 있었으며 심지어 학교에서는 계속 A학점을 받았다.

스탠퍼드대학교 뇌연구소Brain Institute at Stanford University에 따르면, 보통 사람들은 흔히 알려진 것처럼 잠재적인 능력의 10퍼센트가 아니라 약 2퍼센트만 사용한다. 보통 사람들이 사용하는 지능은 아주 낮은 수준의 역량과 성과에 머무르고 있다. 영어의 단어는 100만 개가 넘지만, 보통 사람이 하루에 사용하는 단어는 평균 1,200개에 지나지 않는다. 영어 대화의 약 85퍼센트는 2,000개의 단어만을 사용하여 이루어지며, 95퍼센트에서 사용하는 단어는 4,000개를 넘지 않는다.

단어 사용이 왜 그렇게 중요한가? 각각의 단어가 곧 생각이기 때문이다. 당신이 더 많은 단어를 알고 사용할수록, 당신은 더 높은 수준으로 복잡한 생각을 할 수 있다. 사용 어휘가 제한된 사람은 사고 능력이 제한되어 있다. 한 사람의 지능은 시간을 두고 간단히 사용 어휘만 늘려주어도 획기적으로 끌어올릴 수 있다. 당신이 배우는 단어 하나하나는 다른 열 개의 단어를 알게 해준다. 결국 당신이 새 단어를 하루에 하나씩, 1년 365일 배운다면, 1~2년 안에 당신은 우리 사회에서 가장 똑똑한 사람의 대열에 오를 것이다.

운이 좋다는 말을 듣는 사람들은 보통 사람들보다 지능을 더 많이 활성화하고 이용하는 법을 배운 이들이다. 또 그들은 자신의 지능을 마음대로 조절하는 법을 배웠다. 당신이 잠들어 있는 정신력을 활성화할 때, 당신은 주변의 모든 사람을 놀라게 할 일들을

> 더 많은 단어를 알고 사용할수록, 더 높은 수준으로 복잡한 생각을 할 수 있다.

이루어낼 것이다.

## 집중할 결심

**집중의 법칙**은 우리가 몰두하고 있는 것은 무엇이든 우리의 삶에서 자라고 늘어난다는 말이다. 이 법칙을 지능에 적용하면, 우리가 어떤 생각이나 문제, 목표에 집중하면 할수록 우리의 정신력은 더 활성화되고 문제 해결 능력이 커진다.

**결정의 법칙** 또한 행운의 주요 요인이다. 이것은 어떤 특정한 일을 하겠다는 분명하고 구체적인 결심은 정신을 맑게 하고 창의력을 활성화한다는 말이다. 우리가 우물쭈물할 때, 어떤 일을 할지 말지 결정을 못 할 때, 당신은 이랬다저랬다 하는 것처럼 보이고 쉽게 정신이 흐트러진다. 때로는 피곤하고 우울해진다. 하지만 어

떤 목표나 행동을 단호하게 결심할 때, 우리는 갑자기 밝고 낙관적인 느낌을 받으며 긍정적이고 상쾌한 기분을 맛본다. 우리는 에너지가 넘쳐나고 다시 한번 자신의 삶을 통제한다는 느낌을 회복한다. 다시 우리의 의식은 명령하고 우리의 잠재의식은 복종한다. 잠재의식은 우리의 목표를 실현하기 위한 활동에 돌입한다.

## 초의식의 일곱 가지 기능

그러나 사람에게 주어진 가장 강력한 기능은 초의식superconscious mind이다. 초의식은 모든 영감과 상상력, 직관, 통찰력, 아이디어, 나아가 육감의 원천이다. 그것은 적절히 활성화될 때 당신이 원하는 모든 것을 가져다줄 수 있는 발전소다.

초의식의 존재는 수 세기 전부터 알려져 왔다. 랄프 왈도 에머슨은 이것을 '오버소울Oversoul'이라고 불렀으며 나폴레온 힐은 이것을 '무한 지성Infinite Intelligence'이라고 불렀다. 힐은 미국의 모든 부자는 규칙적으로 초의식을 활용하는 법을 배움으로써 그 위치에 도달했다는 것을 알아냈다. 초의식은 보편적인 잠재의식이나 초의식 또는 집단 무의식 등으로 불려왔다. 기술의 진보나 미술 작품, 음악이나 문학의 걸작, 천재들의 번뜩이는 아이디어는 초의식의 위력을 보여준다.

**초의식 활동의 법칙**은 모든 행운의 요인 중에서 가장 중요하다. 이 법칙은 의식 속에서 지속적으로 붙잡고 있는 생각이나 계획, 목표, 아이디어는 초의식을 통해 반드시 실현된다는 말이다. 생각해 보라. 뭔가를 진심으로 원할 때, 그것을 생각하고 그것에 골몰하고 그것을 감정에 담고, 눈으로 그려보고 끝없이 확인하면, 무엇이든 가질 수 있다는 것이다. 당신이 뭔가를 얼마나 간절하게 원하는지를 알기 위한 진정한 테스트는 그 생각을 유지하는 당신의 지구력을 보는 것이다.

사람의 초의식에는 일곱 가지의 핵심 능력이 담겨 있으며 그 밖에도 여기서 다룰 수 없는 것들이 많다. 이전의 경험과 이런 능력을 비교하면, 당신의 초의식이 작용한 시간을 알 수 있다.

## ① 목표 지향적인 동기부여

당신의 초의식은 목표 지향적인 동기부여를 할 수 있다. 당신이 긍정적이고 활발하게 당신에게 중요하고 분명한 목표를 이루려고 노력할 때, 당신은 동기부여의 에너지가 끊임없이 분출하는 느낌을 받을 것이다. 사실 초의식은 자유에너지 free energy의 원천이다. 당신이 진심으로 관심을 쏟는 일에 전적으로 매달릴 때, 당신은 잠은 덜 자고 일은 더 오래 할 것이며 더 힘든 시간을 보내면서도 기막힌 쾌감을 맛볼 것이다. 몸이 아프거나 우울해지는 일은 좀체 없을 것이고 두통 같은 신체적 증상도 없을 것이다. 심리적으로 고조된 느낌이 드는데, 실제로도 그렇다. 반복해서 당신의 목표를 글로 쓰고 또 쓸수록, 그런 목표 달성을 더 상상하고 더 생생한 감정으로 느낄 것이다. 동기부여가 될수록 당신은 더 많은 에너지를 받을 것이다.

### ② 잠재의식의 활성화

사람의 초의식은 잠재의식에 대한 명확한 명령과 주장으로 활성화된다. 당신이 의식에서 잠재의식으로 강력한 생각을 전달할 때마다, 당신은 마찬가지로 초의식을 활성화하게 된다. 당신의 목표를 현실에서 보고 싶은 형태로 눈앞에 그릴 때마다, 당신은 그런 목표를 실현하도록 초의식을 자극한다.

초의식의 힘을 자극하기 위해 눈앞에 그려보는 시각화에는 선명도와 지속도, 강도와 빈도 등 네 가지 주요 측면이 있다.

**선명도**는 목표의 세부 사항을 마음의 눈으로 얼마나 선명하게 볼 수 있는가, 얼마나 빠르게 그것이 현실에 나타나는가와 직접 관계가 있다. 시각화를 시작할 때, 당신의 목표는 희미하고 불분명하며 불확실할 것이다. 하지만 계속 눈앞에 그려볼수록, 당신은 목표를 더 분명하게 볼 것이며 목표는 더 빠르게 당신에게 다가올 것이다.

시각화의 **지속도**는 마음속으로 목표에 대한 그림을 얼마나 오랫동안 잡아둘 수 있는가를 말한다. 마음의 그림을 오랫동안 잡아둘수록(특히 잠이 들기 직전이나 공상에 잠길 때), 이 그림은 더 빠르게 초의식을 자극하고 활성화한다.

시각화의 **강도**는 마음의 그림 뒤에 놓을 수 있는 감정의 양을 말한다. 당신이 상상하는 목표에 더 흥분하고 더 행복해할수록, 그것은 초의식에 더 큰 영향을 준다.

시각화의 네 번째 부분인 **빈도**는 매일 목표를 현실로 그리거나 원하는 방식 그대로 달성하는 모습을 그려보는 횟수를 말한다. 어떤 기술을 배우는 한 가지 비결은 그 기술을 사용하는 자신의 모습을 그려보는 것이다. 운동에서도 뛰어난 기술을 익히는 비결은 긴장을 풀고 경기에서 그 기술을 완벽하게 선보이는 자신의 모습을 그려보는 것이다. 신체 건강의 핵심은 자신이 되고 싶은 사람의 모습으로 자신을 그려보는 것이다. 자신감을 갖는 근본적인 방법은 삶의 중요한 영역에서 자신이 침착하고 자신감 있게 임무를 수행하는 모습을 반복해서 그려보는 것이다.

선명도와 지속도, 강도, 빈도를 갖추고 그림으로 그려볼수록, 당신은 내면적으로 자신에 대한 프로그램을 만들어 잠재의식과 초의식에 남긴 인상과 정확하게 일치하는 형태로 외부에서 걷고 말하고 생각하고 행동하게 될 것이다.

### ③ 문제의 자동 해결

초의식의 세 번째 특징은 당신의 목표가 분명하기만 하면, 목표를 향해 가는 과정에서 발생하는 모든 문제가 자동적으로 해결된다는 것이다. 게다가 초의식은 당신 스스로 설정한 목표를 달성하는 데 필요한 학습 경험을 제공한다.

새로운 목표를 설정할 때, 당신의 삶은 전혀 예상치 못한 방향으로 흘러가기도 한다. 많은 사람이 앞으로 몇 년 동안 소득을 늘릴 목표를 설정했다가 해고당하고는 한다. 이후 그들이 새 일자리를 얻거나 사업을 시작하고 나서 돌이켜보면, 이전의 자리를 지켰을 때는 절대 재정적인 목표를 달성하지 못했으리라는 것을 깨닫는다.

미국에서 큰 성공을 거둔 사람이라면 남녀를 막론하고 예상치 않게 일자리를 잃거나 사업에 실패한 덕분에 큰 성공을 거두었다는 것을 인정할 것이다. 그 결과 그들은 다른 결정을 내렸고 새 궤도에 진입할 계기를 만든 것이다. 새로운 환경에서 그들은 이전의 일자리를 잃지 않았다면 절대 이루지 못할 목표를 달성했다.

> 새로운 목표를 설정할 때, 당신의 삶은 전혀 예상치 못한 방향으로 흘러가기도 한다.

성공한 사람들은 대개 처음 출발한 분야와는 다른 업종에서 큰 성공을 거둔다. 재정 자립이라는 궁극적인 목표를 아주 명확하게 인식하는 한, 초의식은 그들을 이런저런 경험으로 인도하며 최종 목표를 향해 똑바로 나아가는 과정에서 부닥치는 모든 문제를 해결하게 돕는다.

### ④ 딱 맞는 시간에 딱 맞는 해답 제공

초의식의 네 번째 특징은 딱 맞는 시간에 당신에게 꼭 필요한 답을 가져다준다는 것이다. 예를 들면, 당신의 목표를 생각하고 있는데, 갑자기 어떤 영감이 떠올라 오랫동안 얘기를 나누지 않은 사람에게 전화를 건다. 통화 중에 상대가 당신이 다음 단계를 밟는 데 꼭 필요한 귀중한 정보를 갖고 있다는 것이 밝혀진다. 그 상대를 아주 선명하게 마음속으로 그릴 수만 있다면, 많은 경우 그 사람이 전화를 한다. 당신이 어떤 사람을 생각했는데 몇 분 지나지 않아 그 상대가 전화를 해온 일이 몇 번이나 있었는가? 이것이 초의식이 작용하는 예라고 할 수 있다.

### ⑤ 집중과 혼란에 대처

초의식의 다섯 번째 특징은 두 가지 조건에서 최고로 작동한다는 점이다. 이 두 가지를 모든 문제 혹은 모든 목표에 계속 활용할 수 있다. 첫 번째 경우는 당신이 일편단심으로 문제 해결이나 목표 달성에 온 신경을 집중할 때다. 두 번째 경우는 당신의 마음이 다른 일에 완전히 정신이 팔려 있을 때다. 다음은 초의식을 활성화해서 이 두 가지 접근 방식을 사용하는 기술이다.

### ⑥ 사전 프로그래밍

여섯 번째, 초의식은 사전 프로그램을 짤 수 있다. 당신이 잠재의식을 통해 의식으로부터 초의식을 향해 명령하면, 초의식은 딱 맞는 시간에 딱 맞는 방법으로 그 명령에 따를 것이다.

예를 들어 당신은 언제 어디서든 사전 프로그램을 짜서 원하는 시간에 잠을 깰 수 있다. 아무리 시간대를 변경해도 마찬가지다. 다시는 알람시계를 사용할 필요가 없다. 만일 아침 6시 30분에 깨고 싶다면, 그 생각을 마음속에 프로그래밍하고 편하게 잠자리에 들면 된다. 6시 30분이 되면, 아무리 방 안이 어두워도 당신은 잠을 떨쳐내고 완전히 깨어날 것이다.

또 붐비는 지역에서 주차할 곳을 찾을 때도 초의식을 활용할 수 있다. 나는 어디를 가든 주차 공간을 찾는 데 전혀 애를 먹지 않는 사람들을 안다. 당신도 목적지에 도착했을 때, 긴장을 풀고 빈 공간을 마음에 그려보기만 하면 된다. 거의 모든 경우에, 마음의 준비가 되고 당신의 목표가 명확하다면, 주차 공간이 그곳에 있거나 당신이 도착할 때 생길 것이다.

당신은 또 잠들기 전에 질문이나 한 가지 문제를 갖고 초의식을 사전에 프로그래밍할 수 있다. 질문의 형태로 문제를 명확하게 표현하고 잠을 청하면서 그것을 초의식에 넘기는 것이다. 이튿날 아침 눈을 뜨고 일어나 움직이다 보면, 당신에게 딱 들어맞는 답이 당신에게 꼭 필요한 형태로 나타날 것이다. 때로는 갑자기 번쩍이는 직관의 형태로 나타나기도 한다. 어느 때는 배우자의 의견이 될 수도 있고 아침 일찍 걸려온 전화일 수도 있다. 아침 신문에 실린 기사의 형태로 나타나는 경우도 흔하다.

아무튼 당신은 끊임없이 이 사전 프로그래밍을 활용해야 한다. 매일 밤 잠자리에 들 때마다 당신의 모든 문제를 초의식에 프로그래밍해서 해결책을 구하라. 그런 다음 해답이 나타날 때까지 그냥 잊고 있으면 된다.

### ⑦ 자아개념과의 조화

어쩌면 초의식의 가장 중요한 기능일 수도 있는 일곱 번째 특징은, 당신이 내뱉는 모든 말과 드러내는 모든 행동과 그 효과를 당신의 자아개념이나 주요 목표와 일치되는 틀에 맞춘다는 것이다. 당신의 초의식은 딱 들어맞는 시간에 딱 들어맞는 것을 말하고 행하도록 당신을 안내할 것이다. 초의식은 또 부적절하거나 부정확한 것으로 드러날 것을 말하거나 행하지 못하도록 당신을 막을 것이다. 초의식은 침착하고 자신감 있고 긍정적인 기대를 하는 정신적 환경에서 가장 잘 작동한다. 모든 것이 당신을 위해 작동하고 있다는 것을 더 편안한 마음으로 믿고 받아들일수록,

> 초의식은 침착하고 자신감 있고 긍정적인 기대를 하는 정신적 환경에서 가장 잘 작동한다.

초의식은 더 빠르게 당신이 원하는 것을 가져다주기 위한 활동을 한다.

아마 지금쯤 눈치챘겠지만, 초의식 속에서 끌어당기는 힘이 원활히 작용한다. 당신이 침착한 태도와 자신감을 갖고 당신의 목표를 끊임없이 확인하고 눈앞에 그려보며 감정에 담는다면, 당신은 끌어당기는 힘을 자극함으로써 정확하게 필요한 시간에 필요한 형태로 필요한 사람과 상황을 삶 속으로 끌어들이고 당신에게 가장 중요한 목표를 달성할 수 있다. 초의식의 힘을 체계적으로 발산한다면, 당신은 대부분의 사람들이 평생 이루는 것보다 더 많은 것을 몇 년 사이에 이룰 수 있을 것이다.

## 상식적 판단이 행운을 부른다

핵심적인 행운의 요인 중 하나는 현명한 판단이다. 흔히 상식이라고 불리는 것이다. 상식은 과거에 보았던 양식을 인식하는 능력으로 정의되기도 한다. 자신의 경험을 지속적으로 평가하는 사람은 성공에 도움이 되는 귀중한 아이디어와 통찰력을 얻을 수 있다. 지식과 경험을 계속 쌓아갈수록, 당신은 점점 더 적은 정보로 더 빠르게 더 우수한 결론을 내릴 수 있을 것이다. 과거의 경험과 핵심 요인을 알아보는 능력 덕분에 당신은 빠르게 패턴을 파악하고 결론을 향해 움직일 것이다. 흔히 말하는 '점들을 연결하는connecting the dots' 속도가 더 빨라질 것이다.

초의식은 당신의 판단력을 개선하고 상식을 늘리는 데 귀중한 역할을 한다. 초의식을 통해 당신은 상황을 전체적으로 볼 줄 알고 다음 순간에 무엇을 하고 무슨 말을 할지 직관적으로 알 수 있다. 사람은 내면의 목소리를 듣고 자신의 직관을 믿을 때 위대해지는 법이다. 당신은 과거의 경험에 대한 '의식적 지식'과 '무의식적 기억', 기존의 지식과 기술을 새로운 아이디어나 통찰과 통합하는 '초의식적 능력'을 결합할 때 놀라운 것을 성취한다.

# 입문자를 위한 마인드 스토밍의 기술

초의식을 자극하는 방법은 두 가지다. 하나는 소극적이고 다른 하나는 적극적이다. 우리는 이 두 가지를 다 모든 문제에 활용해야 한다.

적극적인 방법부터 시작해보자. 아마 가장 강력한 것이 마인드 스토밍일 것이다. 이제까지 발견된 어떤 방법보다 이 간단한 기술을 활용해서 많은 사람이 성공을 거두었다. 일단 이 방법을 사용하기 시작하면, 당신의 삶은 가속페달을 밟은 듯 힘차게 나아갈 것이다. 나는 여러 해 동안 마인드 스토밍 기술을 가르쳤는데, 이 기술을 사용해본 사람은 누구나 자신의 삶에 즉시 나타난 개선 효과를 보고 깜짝 놀랐다.

마인드 스토밍을 하는 방법은 쉽다. 종이 한 장을 들고 맨 위에 당신의 목표나 문제를 질문 형태로 적어보라. 당신의 마음이 해답을 더 간절히 원하게 하도록 가능한 한 구체적이고 명확하게 적어야 한다. 예를 들어 앞으로 12개월 동안 소득을 25퍼센트 늘리고 싶고 현재 1년에 10만 달러를 번다면, "어떻게 하면 앞으로 12개월 동안 내 소득을 25퍼센트 늘릴 수 있을까?" 같은 질문을 쓸 수 있을 것이다. 더 나은 질문을 쓴다면, "앞으로 12개월 동안 125,000달러를 벌기 위해 내가 할 수 있는 일은 무엇일까?"가 될 것이다. 질문의 수준이 이후에 나올 답변의 질적 수준을 좌우할 것이다.

질문을 적은 다음에는 20개의 답변을 써본다. 이 단계는 아주 중요하다. 질문에 대한 답을 적어도 20개 써야 하는데, 이것이 보기만큼 쉬운 것은 아니다. 물론 처음 3~5개 정도는 쉬울 것이다. "더 열심히 노력한다"나 "더 오래 일한다" "훈련을 더 한다"처럼 간단한 생각은 어렵지 않게 나올 것이다. 그다음의 5~10개의 답변을 도출하는 것은 훨씬 어려울 것이며, 마지막 10~20개 답변을 찾기가 가장 힘들 것이다. 하지만 이 훈련은 같은 질문에 더 많은 답변을 찾으려고 정신을 집중할 때 가장 효과적이다.

내 세미나에 참석하는 수많은 학생은 스무 번째 답변이 바로 그들이 찾고 있던 통찰이라는 것을 알았다. 한 가지 문제로 6개월 동안이나 고생하던 한 사업가는 이 과정을 처음 시도했을 때, 스무 번째 대답으로 완벽한 해결책을 찾아냈다.

일단 20가지 답변을 작성했다면, 그것을 다시 살펴보고 즉시 활용할 수 있는 것을 적어도 하나 고른다. 이것도 아주 중요하다. 첫 활동이 활발할수록 이어지는 활동들도 활발해지기 때문이다. 더 많은 아이디어를 시도할수록, 당신이 딱 맞는 시간에 딱 맞는 일을 할 가능성이 커진다. 그러면 당신은 남들이 행운이라고 부르는 것을 잡게 될 것이다.

만일 이 아이디어를 주요 목표나 문제에 한 주에 5일간 활용한다면, 당신은 하루에 20개의 아이디어를, 한 주에는 100개의 아이디어를 만들 것이다. 1년이면 당신은 5,000개의 새로운 아이디어를 만들게 된다(휴가 때는 굳이 생각하지 않는다는 가정하에). 1년에 50주, 한 주에 5일씩 하루에 새로운 아이디어 하나씩 보충한다고 할 때, 당신은 해마다 250개의 새 아이디어를 얻는다. 보통 사람은 매년 새로운 아이디어를 3~4개밖에 생각하지 못하고 그나마도 대개 활용하지 않기 때문에, 당신의 삶은 전혀 상상하지도 못했던 기회와 가능성으로 반짝일 것이다.

아이디어는 미래로 들어가는 열쇠다. 아이디어는 목표를 달성하고, 장애물을 극복하고, 문제를 해결하는 지름길이다. 아이디어는 당신을 더 부유하고 더 행복하고 더 만족스럽고 더 성공적으로 만들 것이다. 새로운 아이디어에는 행운의 핵심적인 요소가 모두 들어 있다.

매일 아침 마인드 스토밍 기술을 맨 처음 사용하면, 당신의 마음은 하루 종일 독창적인 아이디어로 반짝일 것이다. 당신은 새로운 가능성과 잠재력을 볼 것이며 도처에서 그 아이디어를 이용할 기회가 나타날 것이다. 다른 사람들은 당신이 목표를 달성하기 위한 다른 방법과 고질적인 문제를 해결하는 다른 길을 그토록 빨리 찾아낸 것을 보고 깜짝 놀랄 것이다. 그리고 독창성이 뛰어나다는 명성을 쌓을수록, 당신은 독창적인 새 기술을 활용할 기회를 더 많이 얻을 것이다.

마인드 스토밍 같은 아이디어와 관련해 사람들은 두 가지 유형이 있다. 우선 듣고 열심히 고개를 끄떡이고 집에 가서 아무것도 하지 않는 사람이 있다. 그런가 하면, 이 아이디어를 듣고 즉시 행동에 옮기는 사람이 있다(유능한 소수, 창의적인 소수 집단).

훌륭한 아이디어를 들으면 반드시 행동에 옮기는 습관을 들일 필요가 있다. 성공과 이행 속도 사이에는 직접적인 상관관계가 있다. 당신이 훌륭한 아이디어나 통찰을 얻고도 그것을 가지고 아무것도 하지 않는다면, 당신에게 아무런 변화가 없어도 놀랄 것이 없다. 적어도 1년에 3~4개의 아이디어를 갖고 출퇴근한다고 치면 그중 하나만 활용해도 당신은 백만장자가 될 수 있다. 당신은 새 제품이나 서비스를 위한 아이디어를 생각해내고도 그것을 가지고 아무것도 하지 않은 적이 몇 번이나 있는가? 그런 일이 있었다면 당신은 몇 년 후에 똑같은 아이디어로 100만 달러를 번 사람을 보게 될 것이다. 그 사람과 당신의 차이는 단 하나, 당신은 아이디어를 활용하지 않았고 그 사람은 그것을 즉시 실행에 옮겼다는 것뿐이다.

자신을 과소평가하지 마라. 당신이 누군가의 삶이나 일을 개선할 아이디어나 통찰을 생각해낼 수 있다면, 그것은 당신에게 그런

아이디어를 실행에 옮길 능력도 있다는 뜻
이다. 당신의 목표가 뚜렷하고 진심으로 그
것을 달성하기를 원하는 한, 당신은 끌어당
김의 법칙과 초의식 활동의 법칙에 따라 목

> 참신한 아이디어를 들으
> 면 실천에 옮겨라.

표나 계획을 실현하는 데 필요한 모든 것을 당신의 삶으로 끌어들
일 것이다.

마인드 스토밍은 당신의 망상피질을 자극하고 당신의 감성과
인식을 아주 높은 단계로 끌어올린다. 당신의 지각 능력은 사소한
것도 감지할 수 있을 만큼 놀랍게 향상될 것이다. 아무리 사소한
것이라고 해도 그것이 다른 아이디어나 통찰과 결합하면, 빠른 속
도로 앞으로 치고 나가게 해주는 새로운 해답과 해결책을 당신에
게 보여줄 것이다.

초의식은 전체적으로 세 가지 요인에 의해 촉발된다. 이 요인은
①바라는 목표, ②절박한 문제, ③잘 다듬어진 질문이다. 이 세 가
지를 될 수 있는 한 자주 사용해 당신의 창의력을 극대화하라. 불
타는 욕망과 열정, 흥분감에 힘을 받은 간절한 목표는 당신의 초의
식에 활기를 불어넣고 당신을 자극해 주변의 가능성을 살피는 레
이더망을 만든다. 간절히 해결되기를 바라는 절박한 문제는, 규칙
적인 마인드 스토밍 훈련을 통해, 창의력의 자극제로 작용한다. 끝
으로 새로운 아이디어를 자극하는 잘 다듬어진 질문은 당신의 창

의력을 높여주는 가장 효과적인 자극제일지도 모른다.

## 문제를 체계적으로 해결하는 7단계 방법

당신의 초의식을 적극적으로 자극하는 또 다른 방법으로는 **체계적인 문제 해결**이 있다. 나는 장애물이나 난관에 부딪힐 때 사고 능력을 보통 사람들보다 훨씬 더 잘 활용할 수 있는 7단계 방법을 오랫동안 개발해왔다.

체계적인 문제 해결은 모든 분야에서 천재성의 증명서다. 관련 연구는 천재들이 구체적인 방법론과 과정을 통해 문제에 접근한다는 것을 보여준다. 당신도 체계적인 방법을 활용할 때, 천재적인 수준에서 지능을 발휘하기 시작할 것이다. 그뿐만 아니라 이런 방법은 모든 정신력을 활용하게 해주고 초의식을 가동해 필요한 통찰력과 아이디어를 제공한다.

### 1단계

문제에 접근할 때는, 침착하고 자신감에 찬 태도로 논리적이고 실행 가능한 해결책이 기다리고 있다고 기대해야 한다. 이런 접근 방식은 당신을 진정시키고 마음을 편하게 만들어주며, 창의적인 마음의 문을 열어 이 문제를 해결할 수 있는 다양한 방법에 민감하게 반응하도록 해준다. 당신은 처음부터 모든 문제에는 자체적인 해결의 씨앗이 내포되어 있다고 가정해야 한다. 사실, 해결은 문제의 이면이다. 해결책은 그 자리에 누워 당신이 발견해주기를 기다리고 있을 뿐이다. 앞에서 언급한 대로, 당신의 목표는 문제 지향적이라기보다 해결 지향적이며 과거 지향적이라기보다 미래 지향적이어야 한다. 해결이 가능하다는 관점에서 생각하고 말할 때, 당신의 마음은 평온하고 긍정적으로 또 밝고 투명하게 변하면서 제기능을 다 할 것이다.

## 2단계

문제를 하나의 도전 혹은 하나의 기회로 받아들여라. 중요한 것은 '말'이다. 말에는 긍정적이든 부정적이든 감정을 일으키는 힘이 있다. 문제를 묘사할 때, 단어의 선택이 혈압이나 심박 수, 호흡 횟수를 높이기도 하고 낮추기도 한다. 말 자체가 사람을 긴장하고 근심하며 비관적이고 겁나게 만드는 원인일 때가 많다. 누군가 전화를 해 "심각한 문제가 생겼어요"라고 말할 때, 어떤 느낌이 들지 상상해보라. 당신은 즉시 불안해지며 당황할 것이다. 하지만 모든 문제나 어려움을 도전이나 기회라고 말할 때, 당신은 실제로 기대감을 품게 된다.

때로 나는 세미나 참석자들에게 그들이 생계를 위해 무슨 일을 하는지 안다고 말한다. 그러면 그들은 미소를 띠며 믿을 수 없다는 표정을 짓지만, 내 대답은 간단하다. 여러분이 하는 일을 뭐라고 부르든, 여러분의 진정한 직업은 문제 해결사라고 말해주는 것이다. 해결해야 할 문제가 없는 곳에는 일자리도 없는 법이다. 문제가 더 어렵고 복잡하고 비용이 많이 들수록, 당신이 빠르게 출세하고 멋진 인생을 즐길 기회는 더 늘어난다. 어느 분야든 최고의 연봉을 받는 사람은 해당 업계에서 최고의 문제 해결사다.

이루지 못한 목표는 그저 해결하지 못한 문제일 뿐이라는 것을 명심하라. 우리가 할 일은 우리가 가는 길에 장애물이나 난관이 있을 때, 그것을 뚫고 가거나 돌아가거나 그 위를 밟고 가는 길을 찾아내는 것이다. 이 일을 해내는 능력이 가정에서나 직장에서 삶의 질을 결정할 것이다. 나폴레온 힐의 발견("모든 역경과 실패, 슬픔에는 그와 같거나 그보다 더 큰 이익의 씨가 들어 있다")은 성공에 대한 위대한 통찰이다. 우리가 할 일은 모든 난관을, 우리를 더 똑똑하고 더 유능하게 만들어주려고 다가온 도전으로 보는 것이다. 그런 다음 그 어려움 속에 유리한 점이나 이익이 들어 있지 않은지 들여다본다.

## 3단계

문제 혹은 도전의 정의, 정확하게 도전이 무엇인지 당신 자신에게 물어보라. 그것을 적어보라. 종이에 도전의 정의를 명확하게 쓴다. 정의된 문제의 절반은 해결된 것이나 다름없다. 진단이 정확하면 절반은 치료된 것이라는 말이다. 상황을 명확하게 규정했다면, 나머지 문제는 무엇인지 당신 자신에게 물어보라. 잘 다듬어진 질문은 창의력의 자극제다. 당신이 문제를 똑바로 말하고 다시 고쳐 말하는 방법이 다양할수록, 당신은 더 다양한 아이디어와 접근 방식을 떠올릴 것이다.

만약 매출이 감소했다면, 매출이 줄었다는 간단한 말로 당신의 문제를 규정할 수 있을 것이다. 하지만 문제를 다양한 방법으로 고쳐 말한다면 어떨까? 예를 들면, "매출은 우리가 바라는 것만큼 오르지 않는다"라든가 "우리는 우리가 원하는 만큼의 제품이나 서비스를 많이 팔고 있지 않다"라는 식으로 말하는 것이다. 심지어 당신은 "경쟁사들이 우리보다 더 많은 제품과 서비스를 팔고 있다"라든가 "영업사원들이 목표한 수량만큼 매출을 충분히 올리지 못하고 있다" 혹은 "우리 고객들이 우리보다 경쟁사의 제품이나 서비스를 더 많이 사고 있다"라고 말할 수도 있을 것이다. 다양한 형태로 문제를 계속 고쳐 말할수록, 더 적절하고 다양한 해결책에 가까워진다.

## 4단계

발생 가능한 문제의 모든 원인을 파악하라. 명백한 원인과 드러나지 않은 원인을 모두 찾아본다. 원인에 대한 자신의 가정을 확인해보고 "현재 상황에 대한 우리의 접근 방식이 완전히 엉터리라면 어쩔 것인가?"라고 자신에게 물어보라. 정반대의 행동을 했다면, 어떤 변화가 생겼을까? 모든 실패의 뿌리에는 잘못된 전제가 있다. 당신의 제품이나 서비스, 시장, 경쟁사, 고객에 관해 무의식적으로 사실이 아닌 것을 가정했을지도 모른다. 모든 훌륭한 과학적 조사는 모두 철저한 가설이나 추정에 바탕을 둔다. 당신의 경우는 어떤가?

## 5단계

활용 가능한 모든 해결책을 정의해보라. 명확한 해결책을 모두 적고 나서 분명치 않은 것도 일부 적어본다. 명확한 해결책과 반대되는 것을 골라낸다. 때로는 아무것도 하지 않는 것이 해결책일 수도 있고 때로는 완전히 엉뚱한 것이 해결책일 수도 있다. 문제에 대한 정의와 이유에 기초해 떠올릴 수 있는 해결책이 많을수록, 이상적인 해결책이 나올 가능성은 더 커진다.

## 6단계

이런 해결책 중에서 결정하라. 어떤 결정이든 결정하지 않는 것보다는 낫다. 애매하지 않은 명확한 결정은 창의력을 자극하고 에너지를 만들어내며 초의식을 활성화한다.

## 7단계

해결에 대한 책임을 지고 가능한 한 빠르게 행동에 들어간다. 이 과정을 거치고 난 뒤 즉각적이고 구체적인 행동을 마무리함으로써 삶을 변화시킨 사람이 많다. 성공하는 사람은 항상 정답을 말하는 사람이 아니라, 자신의 결정을 정답으로 만드는 사람이다. 해결책에 다가가거나 결정을 내리는 순간, 당신은 주위에서 피드백을 받기 시작한다. 피드백은 지속적인 자가 수정self-correct을 가능하게 한다. 당신이 나아갈 길을 배우고 수정할 때, 당신은 더 날카로워지고 더 우수해지며 목표를 향해 점점 빠르게 다가간다. 하지만 행동하기 전에는 아무 일도 일어나지 않는다.

이 두 가지 방법, 즉 마인드 스토밍과 체계적인 문제 해결은 상상 이상으로 많은 것을 이룰 수 있게 해줄 것이다. 하지만 당신이 착수할 수 있는 또 다른 행동 방식이 있는데 그것은 소극적 접근이다.

## 통찰은 조용히 혼자 있을 때 찾아든다

**이완의 법칙**은 모든 정신 활동에서 노력 자체 때문에 실패하는 것을 말한다. 열심히 노력하는 대신 긴장을 풀고 문제를 내버려두고 그것을 초의식에 맡길수록, 초의식은 더 빠르게 작동한다.

소극적인 방법을 활용하면 다양하게 초의식을 활성화할 수 있다. 공상은 마음을 느슨하게 풀어주는 놀라운 방법으로서 의식 속으로 번뜩이는 통찰을 넣어준다. 클래식 음악을 듣거나 자연 속에서 산책하거나, 아니면 편안한 마음으로 가만히 앉아 있거나 사색이나 묵상을 하기만 해도 마음의 문이 열리면서 수천 달러나 수년간의 노력을 덜어줄 수 있는 영감이 떠오른다.

아마 창조적으로 사고할 수 있는 최고의 방법은 혼자 있기일 것이다. 완전한 적막 속에서 30분이나 60분 정도 앉아 있어 보라. 움직이지도 않고 커피를 마시거나 담배를 피우지도 음악도 듣지 않는다. 그저 완전한 고요와 침묵 속에서 영감의 목소리가 들리기를 기다리는 것이다. 당신은 자신이 원하는 것을 아주 명확하게 알고 있고 문제를 상세히 분석하기 위해 의식을 사용했다. 그리고 마음을 아이디어로 채우기 위해 마인드 스토밍을 활용했다. 이제 조용히 혼자 앉아서 대답을 기다린다. 당신의 인생을 송두리째 바꿀 수 있는 통찰을 얻게 될 것이다.

## ✦ 정신력을 강화하는 비결 ✦

1. 사고력을 키우려면 사용하는 어휘 수를 늘려라.

2. 어떤 문제에 집중할수록, 그것을 해결하기 위한 정신 능력은 더 활성화된다.

3. 시각화에는 선명도와 지속도, 강도와 빈도 등 핵심적인 네 가지 측면이 있다.

4. 당신의 초의식은 당신이 하는 말이나 행동이 당신의 자아개념이나 주요 목표와 일치하도록 해준다.

5. 내면의 목소리에 귀를 기울이고 자신의 직관을 믿을 때, 당신은 크게 성장할 수 있다.

6. 문제를 해결하고 목표를 이루려면 마인드 스토밍을 활용하라.

7. 공상과 고독한 사색 등 소극적인 문제 해결 방법을 활용하라.

# 성과:
# 끝을 생각하며 시작하라

Focus on Results

궁극적인 행운의 요인은 성과를 얻는 당신의 능력이다. 사람들이 기꺼이 당신에게 돈을 지불하고, 당신을 승진시키거나 밀어주고, 당신을 업계 정상으로 끌어올려주게 만드는 탁월한 성과 말이다.

**결과의 법칙**은 많은 경우에 행운의 가장 중요한 부분이다. 그것은 언제나 당신이 다른 사람을 위해 달성한 것과 동일한 양과 질로 적절한 때 보상을 받을 것이라는 말이다. 인간은 누구나 이기적이다. 모든 사람이 즐겨 듣는 라디오 방송은 WII-FM(What's in it for me?: 내가 얻는 것은 뭐지?)이다.

우리는 다른 사람을 평가할 때, 우리가 원하는 것을 얻도록 도와주는 그들의 능력을 본다. 우리가 원하는 것을 더 빠르고 더 쉽게 얻도록 도울 능력이 가장 많은 사람에게 우리는 가장 많이 가장 먼저 보상해주게 된다.

**기여의 법칙**은 결과의 법칙에서 직접 나온다. 기여의 법칙에 의하면 당신이 삶에서 받는 금전적 보상은 언제나 당신이 기여한 가치에 정비례한다. 그리고 그 가치는 다른 사람이 결정한다.

시장 경제에서는 제품과 서비스의 가격은 물론 임금과 급여, 수수료까지 모든 가격을 고객이 결정한다. 회사에서 임의로 임금이나 급여를 책정하지 않는다. 회사는 단순히 시장에 판단을 맡긴다. 회사는 다른 사람들의 노력을 체계화하고 결합해서 고객이 기꺼이 지불하는 제품과 서비스를 충분한 물량으로 생산한다. 여기서 나오는 이익으로 회사는 생존과 성장을 지속할 수 있다. 당신은 다른 사람에게 더 세심하게 더 많이 기여함으로써 당신이 받는 보상을 언제나 늘릴 수 있다. 그리고 장기적인 측면에서 당신에게 주어진 다른 방법은 없다.

오늘날 많은 사람이 고용 불안과 소득 감소로 고통받는 이유는 세계가 최근 수십 년간 급격히 변했기 때문이다. 오늘날 모든 제품과 서비스의 가장 가치 있는 단일 구성 요소는 거기에 들어간 지식과 기술의 양이다. 지속적으로 배우고 성장하고 높은 수준으로 기술을 개발하는 일에 매달리지 않는다면, 기여 능력은 밑 빠진 독에서 물이 새듯 이내 사라질 것이다. 그런 사람은 점점 더 가치가

일 잘하는 습관은 행운이
라고 불리는 것과 함께
가기 마련이다.

줄어들 것이고 해고와 감원, 실업에 대한 불안에 시달릴 것이다.

고용 안정과 높은 보상을 누리는 방법은 당신뿐 아니라 다른 사람들에게도 도움이 되는 성과와 가치를 만들어내는 것이다. 일치의 법칙에 따라 당신의 삶은 다른 사람의 삶에 기여하는 당신의 능력을 되비추는 거울이 될 것이다.

더 많은 기회를 만들고 자신이 속한 분야에서 중요 인물들의 관심을 끄는 가장 빠른 방법 중 하나는 고도로 결과 지향적인 사람이 되는 것이다. 여러 연구를 보면, 결과 지향성은 어느 분야, 어느 사회에서든지 최고의 급여를 받고 가장 존경받는 사람들의 핵심 자질이다. 일 잘하는 습관은 행운이라고 불리는 것과 함께 가기 마련이다. 능률적으로 일하는 사람, 예정대로 혹은 예정보다 빠르게 부가 가치가 높은 일을 많이 해내는 사람은 더 가치가 높은 일을 할 기회를 더 잘 잡는 것처럼 보인다.

## 평판: 가장 소중한 자산

하버드대학교의 연구에 따르면, 한 회사의 가장 소중한 자산은 그

회사에 대한 평판이라고 한다. 즉 고객들에게 어떻게 알려지는가
가 핵심이라는 말이다. 한 기업의 명성은 시장에서 사람들이 그 회
사를 말하고 표현하는 방식에 들어 있다. 뛰어난 평판은 회사의 제
품이나 서비스에 부가 가치를 얹어준다. 예를 들어, 소니는 기술
혁신으로 세계적인 명성을 얻었다. 제품에 소니라는 이름이 붙으
면 그 제품의 가격과 인지 가치는 20~30퍼센트 올라간다. 인지도
와 평판이 덜한 다른 제품과 본질적으로 다를 것이 없는데도 말
이다.

같은 맥락으로 당신의 가장 소중한 자산은 당신에 대한 평판,
특히 고객이나 동료들이 당신을 인지하는 방식이다. 당신에 대한
평판의 질을 높이기 위해 하는 모든 것은 당신이 기여한 것에 대
한 인지 가치를 높여준다. 누군가 일 잘하는 사람으로 알려지면,
고객은 그의 서비스를 받기 위해 줄을 선다.

만일 당신이 의사의 진찰을 받았는데, 의사가 큰 수술을 받아야
한다고 한다면, 당신은 가장 먼저 어떤 질문을 할 것 같은가? 아마
당신은 "그 수술을 가장 잘하는 의사는 누구입니까?"라고 물어볼
것이다. 영업사원이나 경영자 중에는 고객이 전적으로 가격에 관
심을 쏟는다고 생각하는 사람이 많다. 하지만 가격은 언제나 상대
적이다. 까다로운 수술을 받아야 하는데 "이 수술을 받는 비용이
가장 저렴한 의사는 누구인가요?"라고는 절대 묻지 않는다. 제품

이나 서비스의 질이 너무도 중요한 상황에서 가격은 전혀 변수가 되지 못한다.

만일 당신이 소속 분야에서 최고의 반열에 오른 인물이라는 평판을 듣는다면, 당신은 보통 사람들보다 훨씬 많은 급여를 받을 것이고 당신을 찾는 발길이 끝없이 이어질 것이다. 당신은 사람들이 무엇보다 원하는 것은 단순히 저렴한 가격이 아니라 결과의 질이라는 것을 빨리 깨달을 것이다.

## 누가 가장 열심히 일하는지 모두 알고 있다

오늘날 모든 단일 조직에서는 누가 가장 열심히 일하는지, 두 번째는 누구고 세 번째는 누군지를 모두가 안다. 만일 경영 효율성 전문가가 당신 회사의 모든 직원과 면담을 했다고 가정해보자. 그가 그 자리에서 당신의 동료들에 대한 평가를 요청했다면, 실제로 누가 가장 열심히 일하고 누가 가장 게으름을 피우는지, 또 중간에 속하는 사람은 누구인지를 모두가 알고 동의한다는 것을 당신은 알게 될 것이다.

중요한 지위에 오르는 사람들은 언제나 해당 분야에서 가장 열심히 일하는 사람, 가장 헌신적이고 가장 업무에 몰두하는 사람들이다. 따라서 그들은 자신과 같은 사람을 보면 아주 민감한 반응을 보인다. 유유상종인 법이다. 자신을 도울 수 있는 사람들의 관심을 끌고 지원을 받으려면, 가장 열심히 일하는 사람들 중 한 명이라는 평판을 쌓는 것보다 빠른 길이 없다.

실적을 두 배나 세 배 올리는 것은 어렵지 않다. 일련의 입증된 방법을 활용함으로써 당신은 성과를 획기적으로 높일 수 있다. 모든 조직에서 최고의 실적을 올리고 최고의 급여를 받는 사람들이 현장에서 사용하는 이런 기술만 있으면, 당신은 지금 가능하다고 믿는 것보다 더 많은 일을 더 쉽게 하고도 더 많은 자유 시간을 누릴 것이다.

## 시간은 늘릴 수도 저장할 수도 없다

시간과 관련해 누구나 알아야 할 몇 가지 중요한 원칙이 있다. 무엇보다 시간은 양보를 모른다. 시간은 늘릴 수 없다는 말이다. 시간은 정해져 있으며 멈추지 않고 지나간다. 시간의 절대적 규칙성은 사람이 따라야 할 자연의 이치다. 바꿀 수가 없기 때문이다. 시간은 제한되어 있으며 추가로 주어지지 않는다. 사람에게는 매일 신선한 24시간이 주어지며 삶의 질은 그 시간을 어떻게 소비하는

가에 따라 결정된다.

　사람의 진정한 가치와 믿음(특히 삶의 어떤 부분을 소중하게 생각하는지)은 한 부분에 기꺼이 투자하는 시간의 양을 보면 알 수 있다. 인생을 시작할 때는 돈은 없고 시간은 많다. 똑똑한 사람이라면, 인생을 끝낼 때 시간은 훨씬 부족하고 돈은 재정적으로 자립하고 안락한 생활을 누릴 만큼 충분할 것이다.

　사람은 한평생 거래에 종사한다고 볼 수 있다. 시간을 결과나 보상, 만족과 맞바꾸는 것이다. 자신이 과거에 얼마나 거래를 잘했는지 알고 싶다면 언제든 자신의 현재 위치를 보면 된다. 30세나 40세에 큰돈을 버는 사람은 금전적인 측면에서 뛰어난 거래를 한 사람이다. 그는 자신의 시간을 학습과 기술 습득, 목표 설정, 인생 설계, 그리고 개인적·직업적 발전을 위해 투자했다. 그 결과 그는 이제 시장에서 높은 보상을 받기 위해 시간을 투자할 수 있는 것이다. 당신의 목표도 분명히 이래야 한다.

　또 하나의 핵심 사항은 시간은 소비만 가능할 뿐, 저장할 수 없다는 것이다. 우리가 할 수 있는 것은 오직 시간을 가치가 낮은 행위에서 가치가 높은 행위로 재분배하는 것뿐이다. 사람들이 성공을 거두는 까닭은 가치가 높은 일을 하는 데 더 많은 시간을 들였기 때문이다. 이런 행동이 그들의 목표로 다가가게 해준 것이다. 실패하는 사람은 가치가 낮은 일이나 가치가 없는 일에 시간을 너무 많이 들인 결과, 목표로 다가가는 속도가 느렸거나 심지어는 목표를 벗어난 사람이다. 언제나 선택은 자유다. 언제든지 우리는 가치가 높은 일에 시간을 할애할 수도 있고

시간은 소비만 가능할 뿐, 저장할 수 없다.

가치가 낮은 일에 시간을 들일 수도 있다. 선택의 총량이 결국 전체적인 삶의 질이 된다. 모든 문제는 우리 자신에게 달려 있다.

**응용 노력의 법칙**은 어떤 목표, 임무, 행위든 꾸준하고 일관된 노력이 필요하다는 말이다. 최종 승리를 거둘 때까지 기꺼이 오랜 시간 열심히 일하고 온갖 장애물을 넘으며 꾸준히 노력을 멈추지 않을 때, 사람이 이루지 못할 일은 없다. 옛날이나 지금이나 꾸준한 노력은 성공의 열쇠다.

다만 한 가지 단서가 있다면, 오늘날 우리 인간은 지식 노동자라는 것이다. 지식 노동자는 두 가지 특징이 있다. 첫째, 그들은 언제 어떻게 하느냐보다 무엇을 해야 하는지를 결정하는 데 더 관심을 쏟는다. 둘째, 공장 노동자와 달리 그들은 행위 자체가 아니라 유용하거나 시장에서 팔 수 있는 측정 가능한 결과를 근거로 평가받는다.

가장 중요한 것은 어떤 중요도에 따라 무엇을 해야 하는지를 미리 파악하는 것이다. 그렇다면 당신은 좋아하는 일이든 아니든, 해야 할 일을 하는 데 필요한 자기 수양을 거쳐야만 한다. 이것이 당

신이 계발할 수 있는 가장 중요한 자질이며 성격과 업적의 본질이기도 하다.

## 장기적 전망이 있으면 우선순위가 보인다

성공과 '행복한 삶'을 위해 필요한 사고 방식은 시간을 보는 사고방식과 연관된다. 장기적인 전망을 하는 사람은 언제나 단기적인 전망만 하는 사람보다 많은 성공을 거둔다. 장기적인 전망은 10년이나 20년을 내다보는 계획을 세울 때 나온다. 그런 다음 다시 현재의 시점으로 돌아와 지금부터 X년 후에 자신이 어디에 있고 싶은지에 대한 목표와 우선순위, 행동을 계획한다.

장기적인 전망을 세우고 궁극적으로 대부분의 조직에서 최고위직에 오르며 전국에 이름을 날리는 부자는 미국에서 3퍼센트도 되지 않는다. 예를 들어 당신이 스무 살 때부터 매달 200달러를 저금하거나 미국 주식시장에 투자된 탄탄한 뮤추얼 펀드에 맡긴다면, 당신은 퇴직할 때 백만장자가 될 것이다. 이렇게 간단하다면, 왜 모든 사람이 근로 활동을 하는 동안 저축하며 백만장자가 되는 길을 마다할까? 그 이유는 시간을 바라보는 관점에서 찾을 수 있다.

장기적 전망을 하는 비결은 희생이라는 단어에 들어 있다. 지연된 만족delayed gratification은 언제나 경제적 성공으로 들어가는 열쇠였다. 장기적인 안전과 번영을 누리기 위해 기꺼이 단기적인 희생을 감수하는 태도야말로 행운과 성공의 열쇠다. 지연된 만족을 피하는 태도, 자신이 이룬 모든 것 혹은 그보다 많은 것에 대한 소비를 억제하지 못하는 무능력은 지금까지 알려진 것 중에 가장 확실한 실패의 길이다.

앞에서 설명한 것처럼, 저축하는 행동 자체가 당신의 성격을 바꾼다. 저축은 자기 수양과 통제력, 자신감을 심어주고 더 큰 자기 지배의 감각을 길러주며 장기적 이득을 위해 단기적 고통을 견디도록 강요한다. 또 한편으로 당신은 더 먼 목표를 달성하려는 행위에 대한 단기적 전망도 필요하다.

만약 '성공'의 의미를 두 단어로 줄여달라고 요청받는다면, 나는 '초점'과 '집중'이라고 대답하겠다. '성공'을 결정하는 가장 큰 요인은 최우선순위에 '초점'을 맞추고 그것이 완전히 마무리될 때까지 일편단심으로 거기에 '집중'하는 능력이다. 당신은 해당 분야에서 가장 우수한 사람이 될 수 있고, 유난히 잘생긴 사람이 될 수도 있으며, 빛나는 학력에 품위를 갖추고 많은 기회에 둘러싸인 사람이 될 수도 있다. 하지만 초점을 맞추지 못하고 집중하지 못하면, 당신이 가진 자질들은 거의 도움이 되지 않을 것이다. 일할 때 시만약 '성공'의 의미를 두 단어로 줄여달라고 요청 받는다면, 나는 '초점'과 '집중'이라고 대답하겠다.

시각각으로 우선순위가 높은 활동에 초점을 맞추고 몰두하지 않으면 평범한 사람들에게도 쉽게 추월당할 것이다. 분명한 우선순위를 정하는 능력은 개인 관리와 생활 통제의 기본이다. 모든 실패는 위치와 방향이 잘못된 우선순위에서 온다. 반면에 모든 성공은 우선순위를 재치 있게 정하고 중요한 과제가 마무리될 때까지 그 순위를 지키는 능력에서 온다.

태양의 빛은 따뜻하고 부드럽지만, 확대경을 통해 한 지점에 집중되면 뜨겁게 불타오르고 대형 화재를 일으킬 수도 있다. 꼬마전구는 글을 읽기에는 부족한 흐릿한 빛을 내지만, 그 빛이 레이저빔을 통해 모이면 강철도 자를 수 있다. 우선순위에 일관되게 또 지속적으로 초점을 맞추고 집중하는 것도 마찬가지다. 집중이 숨 쉬는 것만큼이나 자연스러운 일이 될 때 놀라운 힘이 나오기 마련이다.

## 할 일 목록: 자기관리를 위한 필수품

명확한 우선순위를 정하고 훨씬 많은 일을 마무리하는 데는 몇 가지 단계가 있다. 그 첫 번째는 일을 시작하기 전에 활동과 임무의 목록을 만드는 것이다. 처음 시도할 때면 목록에 따라 일하는 행위 자체로 생산성이 25퍼센트 올라간다. 최고의 시간 관리자들이나 생산성이 높은 사람들은 누구나 목록을 활용한다. 사고 싶은 물건의 목록 없이는 식품점에 갈 생각을 안 하듯이, 마무리하고 싶은 활동의 명확한 목록이나 로드맵 없이 일과를 시작해서는 절대 안 된다.

목록에는 몇 가지 종류가 있다. 시간 관리 프로그램의 중심에 있어야 할 종합 목록에는 가까운 미래에 하고 싶은 모든 것이 포함된다. 뭔가 생각이 나면, 그것을 잊지 않도록 종합 목록에 적어 둔다. 여기에는 수백 개의 항목이 있을 수 있고 일부는 2년이나 3년, 때로는 5년까지 간다.

두 번째 목록은 월간 목록으로서 본업에서 성공하기 위해 해야 할 핵심 사항과 종합 목록에서 추가로 30일 안에 마무리하기를 바라는 항목으로 구성된다. 주간 목록은 월간 목록에서 좀 더 세밀하게 다듬은 것으로서 그 주에 하고 싶은 일이 들어간다. 하루 목록은 아침부터 밤까지 그날의 완벽한 청사진이다.

하루, 한 주, 한 달을 목록과 함께 시작하라. 무엇이든 목록을 만든다. 종이에 적힌 것을 생각하라. 가장 생산적인 사람들은 누구나 끊임없이 손에 펜을 들고 생각한다. 매일 미리 계획을 세워라.

마치 그 하루가 당신의 인생에서 가장 소중한 날인 것처럼 또 1분 1초가 당신에게 소중한 것처럼 계획을 짜라. 가장 기분 좋거나 가장 편리한 일부터 시작하는 잘못을 저지르면 안 된다. 행동하기 전에 생각하고 그런 다음 능률적으로 매끄럽게 행동하라.

기업을 평가하는 공식은 ROI, 즉 투자 수익률return on investment에 들어 있다. 개인의 효율성에 대한 공식은 ROTI라는 약자에 들어 있다. 투자 시간 수익률return on time invested을 말한다. 당신이 이루는 모든 것은 당신의 활동에 투자한 시간 대비 높은 수익을 얻느냐, 못 얻느냐를 반영한다. 당신이 하는 모든 일의 목적은 최고의 수익을 올리는 것이다.

일단 하루의 목록을 미리 작성했다면(가능하면 잠자는 동안 잠재의식이 일부 임무를 수행하도록 전날 밤이 좋다) 그 목록에서 우선순위를 정한다. 먼저 무엇을 하고, 두 번째는 무엇을 할지, 또는 무엇을 전혀 하지 않을 것인지를 결정하려면, 투자 시간 대비 수익률이 높은 사안들을 추려 논리적이고 체계적으로 순서를 정할 필요가 있다.

단순한 시간 관리 기술은 80 대 20 규칙을 사용하는 것이다. 여기서 이 규칙은 활동 목록에서 80퍼센트 가치는 그 목록에 있는 20퍼센트 항목 안에 들어 있다는 말이다. 때로는 활동 목록 전체의 90퍼센트 가치가

당신이 하는 모든 일의 목적은 최고의 수익을 올리는 것이다.

10퍼센트 항목에 혹은 단 한 가지 항목에 포함될 수도 있다.

먼저 작은 일부터 처리하고 싶은 유혹에 넘어가면 절대 안 된다. 일단 우선순위를 정하고 최고의 결과를 낼 20퍼센트 항목을 확인한 다음에는, 중간이나 맨 밑이 아니라 꼭대기에서 시작한다. 작은 항목부터 시작하지 않는 이유는 작은 일은 늘어나는 경향이 있기 때문이다. 만일 작은 항목부터 시작하면, 하루를 마무리하는 시간까지 그 일에 매달리느라 큰 업무나 책임에는 여전히 소홀했다는 것을 알 것이다. 명심할 것은 어떤 행동이든 결과가 그 행동의 가치를 결정한다는 것이다. 삶에 높은 수준의 결과를 가져올 수 있는 일은 우선순위가 높다. 낮은 수준의 결과를 가져오거나 결과랄 것도 없는 일은 언제나 순위가 낮다.

끊임없이 읽고 배우고 기술을 업그레이드하는 것은 우선순위가 높다. 삶과 근로 생활에 나타날 장기적인 결과는 특별할 수 있다. 이런 것들이 시급한 행위는 아닐지 몰라도 아주 중요한 것이기 때문에 규칙적으로 자신의 삶에 받아들일 필요가 있다. 이와 달리 커피를 마시러 가거나 점심을 먹으러 가는 것은 아무 결과도 가져오지 않는다. 물론 40년간 커피를 마시러 가거나 점심을 먹으러 간다면 커피나 점심 메뉴를 고르는 데는 뛰어나겠지만, 그런 것은 삶의 목표 달성에 아무런 영향을 주지 못한다. 항상 일을 시작하기 전에 결과를 생각해야 한다. 어떤 일을 하거나 하지 않을 때의 결과를 생각하라.

## ABCDE 공식: 쏟아지는 일 완벽하게 해내는 법

ABCDE 공식은 엄청난 도움을 줄 수 있다. **A 업무**는 당신이 반드시 해야 하는 일로서 이것을 하지 않으면 중대한 결과가 따르는 일을 말한다. 이것은 당신의 삶과 직업 생활에 중요한 업무다. 사람들은 당신이 그 일을 해주기를 기대한다. 최우선 과제라고 할 수 있다. 당신의 목록에서 반드시 해야 하고 잘해야 하고 빨리 해야 할, 최고 우선순위의 모든 항목에 A 표시를 하라.

**B 업무**는 해야 하는 일이다. 그것을 하거나 하지 않을 때, 가벼운 결과가 따른다. 당신이 이 일을 하지 않을 때 사람들이 불만을 품거나 불편해할지도 모르지만, A 업무만큼 중요한 일은 아니다. A 업무를 마치지 않은 상태에서 B 업무를 하면 절대 안 된다.

**C 업무**는 커피를 마시거나 점심을 먹는 것처럼, 하면 좋지만 안 하더라도 당신의 미래에 긍정적이거나 부정적인 결과를 가져다주지는 않는다. 동료들과 어울리거나 신문을 읽거나 집에 전화하는 일은 기분이 좋지만, 사실상 현재의 차원을 넘어서는 어떤 결과도 가져다주지 못한다.

**D 업무**는 다른 사람에게 '위임'할 수 있는 일이다. 가능하면 순위가 낮은 일은 모두 위임함으로써 당신만이 할 수 있는 소수의 업무에 매달릴 시간을 더 확보할 수 있다. 시간 날 때마다, 문서를 작성하거나 전화를 하거나 계약서를 정리하는 등 사무적인 임무는 다른 사람에게 위임하라. 퇴근할 때도 저녁 식사를 직접 준비하기보다 식당에서 음식을 포장해 귀가함으로써 저녁 식사 준비를 위임하고 장보기나 설거지에 들어가는 한두 시간을 절약한다.

현대 사회에서 가장 똑똑하고 생산적인 사람들은 모든 일을 위임하는 데 전문가다. 그럼으로써 가장 큰 보상을 주는 일, 한두 가지를 할 시간을 더 확보할 수 있다.

ABCDE 공식에서 **E 업무**는 삭제해야 할 것들이다. 시간을 가장 많이 절약해주는 방법의 하나는 과거에 해오던 일을 완전히 제거하는 것이다. 현재 해야 할 일만큼 가치가 있거나 중요하지 않은 업무에서 손을 떼는 것이다. 우선순위를 정하는 것은 동시에 후순위를 정하는 것이기도 하다.

당신의 일정은 이미 꽉 차 있다. 만일 당신이 대부분의 사람들과 다르지 않다면, 주어진 시간에서 이미 100퍼센트 이상 할 일이 정해져 있을 것이다. 새로운 일에 착수할 시간을 확보하려면 묵은 일을 멈춰야 한다. 손을 덴다는 것은 손을 뗀다는 것을 의미한다. 시작한다는 것은 그만둔다는 뜻이다. 부분적으로든 전체적으로든 그만둘 일의 순서를 정하는 것은 최우선 과제를 위해 시간을 절약하는 가장 빠른 길이다.

　당신의 후순위는 어떤 일들인가? 지금 당장 해야 할 일만큼 가치가 있거나 중요하지 않은 일 중에 수개월 혹은 수년씩 해오던 일은 무엇인가? 이런 물음에 대답하는 당신의 능력이 효율성을 결정하는 핵심 요인이다.


## 도둑맞은 초점을 되찾는 다섯 가지 질문

주변의 어떤 사람보다 더 큰 수익을 내고 더 많은 실적을 올리기 위한 다섯 가지 핵심 질문이 있다. 당신은 하루의 매시간 매분 이 다섯 가지 질문을 하고 대답하고 그에 따른 행동을 해야 한다.

### ① 핵심 가치
가장 가치가 높은 당신의 행위는 무엇인가? 당신의 회사나 당신의 인생, 당신의 일, 당신 수익에 최고의 가치를 가져다주기 위해 당신은 무엇을 하는가? 대답에 자신이 없다면 곰곰이 생각해보라. 상사나 동료들과 이 문제를 의논해보라. 배우자와 토론해보라. 최고로 가치가 있는 행위는 맑고 투명하게 꿰뚫어 보아야 한다. 보이

지 않는 표적은 맞출 수 없기 때문이다. 성공
이나 승진을 위해 반드시 해야 할 핵심 과제
를 모른다면, 당신은 빠르게 치고 나가며 경
력을 쌓을 수 없다.

가장 가치가 높은 당신의
행위는 무엇인가?

### ② 핵심 영역

두 번째 질문은 첫 번째 것과 비슷하다. 당신의 결과를 위한 핵심
영역은 무엇인가? 어떤 성과나 실적을 내기 위해 당신은 고용되었
는가? 당신이 하는 모든 일 중에서 당신에게 전적인 책임이 있고
당신의 성공이나 경력을 좌우하는 구체적이고 측정 가능한 항목
은 무엇인가? 당신은 결과의 핵심 영역을 훤히 꿰뚫고 있어야 하
며, 날마다 하루 종일 뛰어난 솜씨로 그 일에 집중해야 한다.

### ③ 급여의 근거

당신은 왜 월급을 받는가? 왜 사람들은 당신이 하는 일에 대하여
돈을 주는가? 만일 당신이 받는 돈의 이유를 설명하거나 정당성을
말하라고 하면, 당신이 기여하는 부분을 어떻게 설명할 것인가?
기여나 실적, 왜 월급을 받는지에 초점을 맞추다 보면, 당신과 당
신의 회사에 가장 중요한 한두 가지 항목을 선택하는 능력이 향상
된다.

## ④ 차별점

이것은 내가 좋아하는 것 중 하나인데, 당신만이 할 수 있는 일, 그 일을 잘했을 때 진정한 차별화가 되는 것은 무엇인가? 당신은 지식 노동자라는 사실을 명심하라. 당신은 머리로 일하는 것이며 근육의 힘이 아니라 정신력에 의존하는 것이다. 당신만이 할 수 있고 진정한 차이를 보여줄 수 있는 일이 언제나 한 가지는 있는 법이다. 당신이 하지 않으면 제대로 안 되는 일, 하지만 당신이 하면 깔끔하고 시기적절하게 잘 마무리되는 일. 그것이 당신의 직업 생활과 개인적 삶에 엄청난 이바지를 할 수 있다. 이것이 다른 무엇보다 당신이 초점을 맞추고 집중해야 할 일이다.

## ⑤ 지금 집중할 것

우선순위를 정할 때 마지막 문제는 '지금' 내 시간을 가장 소중하게 사용하는 일은 무엇인가다. 이 질문에 대답하고 오로지 그 임무에만 전념하는 능력이야말로 효율성과 효과성을 높이는 열쇠다. 그것은 자기 수양과 성격의 진정한 척도이기도 하다.

# 후회의 고리를 끊는 법

당신은 하루도 빠짐없이 **원점 기반 사고의 법칙**을 당신의 삶과 활동에 적용해야 한다. 이 법칙은 끊임없이 자신에게 다음과 같이 물어볼 것을 요구한다. 오늘 내가 하는 일 중에서 지금 알고 있는 것을 미리 알았더라면 절대 손대지 않았을 일이 있는가?

오랜 경험을 통해 나는 누구나 미리 알았더라면 다시는 시작하지 않을 일을 한 가지 이상 하고 있다는 것을 알게 되었다. 또 벗어날 기회가 있었다면 시작조차 하지 않았을 일에 몰두하는 상황에서 시간의 주도권을 잡기란 불가능하다.

시간을 조직적으로 관리하고 효율성을 높이는 지름길은, 선택권이 있다면 다시는 하지 않을 일을 그만두는 것이다. 계속해서 자신에게 물어보라. 미리 알았다면 다시 해야 한다고 해도 손대고 싶지 않은 일이 내 삶에 있는가? 당신이 하는 일이나 경력을 살펴보라. 그것이 당신에게 맞는가? 맞지 않는다면 당신은 어떤 결정을 내려야 하는가? 결혼 생활이나 인간관계를 돌아보라. 그 길을 다시 걸어야 한다면 그 속으로 또 들어가고 싶은가? 자신이 불행하다는 결론이 나온 뒤에도 좋지 않은 관계를 지속하는 것은 시간과 삶

> 오늘 내가 하는 일 중에서 미리 알았더라면 절대 손대지 않았을 일이 있는가?

을 엄청나게 낭비하는 것이다. 당신이 투자한 것과 시간과 돈에 대해 다짐한 것을 생각하라. 당신의 정신적·정서적·재정적 자원을 많이 차지하지만, 실태를 아는 상황에서는 손대지 않을 일이 있는가?

다시는 시작하지 않을 일을 확인했다면, 다음 물음은 '이 상황에서 어떤 방법으로 얼마나 빠르게 빠져나올 것인가'다. 우리는 더 높은 수준의 성공과 행복과 번영을 이루는 것에 관해 오늘날만큼 많이 알 수 있는 상황을 경험한 적이 없다.

이 장에서 나는 궁극적인 행운의 요인을 언급했다. 사람들이 당신에게 월급을 주고 당신을 승진시키는 그 실적을 빨리 달성하는 능력 말이다. 다른 사람들의 삶과 일에 점점 더 크게 기여할수록, 더 많은 기회와 가능성이 당신에게 열릴 것이다. 당신은 소속 분야의 다른 사람들보다 더 빠르게 앞으로 치고 나갈 것이다. 당신은 소속 업계의 최고 지위에 오를 것이며 그에 따르는 보상과 인정과 명성을 얻을 것이다. 그러면 사람들은 당신이 운이 좋다고 말할 것이다.

## ✦ 성과를 거두는 비결 ✦

1. 당신의 가장 고귀한 자산은 당신에 대한 평판이다.

2. 당신의 진정한 가치와 가치관은 기꺼이 투자하는 시간의 양을 보면 알 수 있다.

3. 시간 관리를 위해 목록을 활용하라.

4. 80 대 20 규칙을 활용해 효율성을 높여라.

5. ABCDE 공식을 사용해 업무를 분류하라.

6. 당신의 활동에 원점 기반 사고를 적용하라.

10

# 행동:
## 그냥 하지 말라
### Action Orientation

행동 지향성은 큰 성공을 거두는 모든 사람의 특징이다. 그것은 더 짧은 시간에 더 빠르게 더 많은 것을 성취하도록 삶을 체계화하는 데 기반을 둔다. 그것은 경각심alertness이라는 결정적인 행운의 요인을 근거로 삼는다. 경각심이 강할수록 자신에게 유리한 쪽으로 방향을 틀 기회와 상황을 인식할 가능성이 커진다. 사소한 광고 하나를 보거나 책이나 잡지의 기사를 읽고 나서 삶이 바뀐 사람들이 많다. 거기서 얻은 아이디어를 통해 남들보다 먼저 행동하고 그들의 삶 전체를 바꾼 것이다.

어느 해 크리스마스에 활기가 넘치고 행동 지향적인 캐나다 사업가 피터 토머스는 하와이 해변에 앉아 〈월스트리트저널〉을 읽고 있었다. 그는 캘리포니아 뉴포트비치에서 창업할 새로운 회사를 찾는 부동산 프랜차이즈의 광고를 우연히 보게 되었다. 부동산을 잘 알던 그는 이 구상을 캐나다에 들여올 때의 성공 가능성을 누구보다 앞서 엿보았다. 그는 자리에서 일어나 호텔로 돌아간 다음 짐을 꾸리고 로스앤젤레스행 비행기를 탔다. 그리고 택시를 타고 센트리 21 사무실로 갔다. 센트리 21의 경영진은 캐나다 쪽은 거의 신경도 안 쓰고 있었다. 피터 토머스는 센트리 21의 부동산 프랜차이즈 구상에 대한 캐나다 독점권을 사들일 수 있었다. 그의 이름이 널리 알려졌을 때쯤 캐나다의 해안마다 센트리 21의 사무실이 들어섰고 피터 토머스는 펜트하우스 스위트룸에 살면서 아래쪽 항구에 요트를 보유한 백만장자가 되어 있었다.

수많은 사람이 똑같은 광고를 보고 별 관심 없이 페이지를 넘겼다. 그러나 한 사람은 기민한 감각과 민첩성, 행동 지향성 덕분에 행운을 낚아챌 수 있었다.

이 이야기가 당신에게는 절대 일어날 수 없는 요행으로 보인다면, 그건 잘못된 생각이다. 이와 똑같은 수많은 기회가 매일 당신 주변 곳곳에서 일어나고 있다. 다만 정신을 바짝 차리고 주변을 살피지 않으면, 그런 기회는 그냥 지나간다.

몇 년 전에 한 젊은이가 자신의 사업을 시작하기로 마음먹었다. 그는 기업가 정신에 대한 세미나에 참석해서 어느 나라든 생산되는 전체 제품의 95퍼센트는 절대 수출되지 않는다는 것을 배웠다. 또 미국에서는 아무도 들어보지 못한 창의적이고 혁신적인 새 제품들이 매년 유럽 전역과 동아시아에서 발명되어 팔려나간다는 것도 배웠다. 그는 미국에서 자사 제품을 취급할 대리점을 찾는 유럽 제조업체들의 카탈로그를 우편으로 주문했다. 이 젊은이는 정원 가꾸는 일을 조금 알았는데, 우연히 새로 나온 외바퀴 손수레를 소개하는 광고를 보았다. 고품질에 가볍고 가격도 저렴하며 눈에 띄게 혁신적인 디자인이었다. 조만간 미국에서 이 손수레 시장이 형성될 거라고 확신했다.

그는 즉시 본사로 편지를 보내 샘플을 하나 보내달라고 요청했다. 이어 샘플이 도착했고 한 달 후, 그는 이것을 들고 전국 원예박람회에 갔다. 자신의 부스를 차릴 형편이 못되었기 때문에 다른 원예장비 업체의 부스 한 귀퉁이를 빌렸다. 3대 백화점 체인의 구매자들이 몰려와서 이 외바퀴 손수레를 보았다. 그들은 이 손수레가 시장 잠재력이 있다는 것을 알아보고 젊은이에게 너도 나도 주문을 했다. 단 한 번의 상품 전시회에서 무려 64,000대나 주문이 밀려들었다. 행사가 끝났을 때, 그는 백만장자가 되어 있었다.

이 젊은이가 목표를 정하고 결심을 하고 그것을 행동으로 옮기고 64,000대의 손수레를 팔아 한 대에 거의 20달러씩 이익을 남기기까지 모든 과정에 걸린 시간은 1년도 되지 않았다.

나는 백만장자나 억만장자들과 함께 일을
해보았다. 그들은 저학력에 경험도 별로 없
었지만, 모두가 공통적으로 기회가 오거나
문제가 불거질 때 재빨리 대응하는 심리적
기질이 있었다. 물론 자신의 분야를 더 많이

기회가 왔을 때 빠르게
대응하라.

배우고 기술을 더 익힐수록 지식이 풍부해지고 기회가 왔을 때 더
쉽게 포착할 것이다.

## 성공의 모멘텀 전략

가장 중요한 행운의 요인 중 하나는 '성공의 모멘텀 전략'이라고
불리는 것이다. 이 전략은 움직이는 사람은 움직임을 유지하는 경
향이 있고, 멈췄다가 다시 움직이려고 하는 것보다는 계속 움직
이는 데 훨씬 적은 에너지가 든다는 말이다. 일단 출발한 다음에
는 계속 가는 것이 멈추었다가 다시 출발하는 것보다 쉽다. 동작을
시작할 때 10단위의 에너지가 필요하다면, 동작을 유지하는 데는
2~3단위만 있으면 된다. 하지만 멈추고 나서 다시 동작을 시작하
는 데는 다시 10단위의 에너지가 필요하다.

아마 당신도 휴가 기간에 멀리 떠났다가 한두 주 후에 돌아온

경험이 있을 것이다. 그때 업무에 복귀해서 능력을 다시 최대치로 끌어올리는 것이 얼마나 힘들었는지 기억하는가? 때로는 며칠이 걸리기도 하고 때로는 일을 떠났다가 다시 시작하는 데 여러 날이 걸리기도 한다.

멈추고 다시는 시작하지 않는 사람도 많다. 망설임의 해변에는 승리의 순간에 휴식을 취하다가 모든 것을 잃어버린 사람들의 백골이 널려 있다는 풍자도 있다. 마치 접시 돌리기와 같은 모습이다. 곡예사가 막대에 계속 압력을 주는 동안에는 접시가 계속 돌아간다. 그러나 일정한 속도 밑으로 떨어지면, 접시가 막대에서 떨어지면서 묘기는 끝난다.

당신은 스스로 계속 움직여야 한다. 당신의 접시 돌리기를 계속해야 한다. 당신의 목표로 이끌어주는 일을 매일 해야 한다. 움직이는 표적이 되어야 맞추기 어렵거나 불가능해진다. 더 빨리 움직일수록 더 많은 것을 해내고, 적절한 시간에 적절한 상대를 위해 적절한 일을 할 가능성이 더 커진다. 언제나 시간이 핵심이다.

## 유연함의 힘

**유연성의 법칙**은 행운과 성공에 결정적인 역할을 한다. 이것은 자신의 목표를 분명히 해야 하지만 그 목표를 이루는 방법에 대해서는 늘 유연한 태도를 유지해야 한다는 말이다. 빠르게 변하는 세계에서 유연성은 성공을 위해 가장 중요한 심리적 자질로 여겨진다. 당신은 예상치 못한 방향으로 상황이 바뀔 때 소나무처럼 꺾이기보다는 변화의 바람 앞에서 버드나무처럼 휘어질 각오를 해야 한다.

목표물을 맞추도록 정교하게 프로그래밍이 된 미사일이라면 어김없이 목표물을 향해 날아갈 것이다. 미사일은 목표물에 명중할 때까지 끊임없이 궤도와 방향을 조절할 것이다. 경로를 자꾸 이탈하면서 확실하게 명중하기를 기대할 수는 없다.

당신은 유도탄 같은 존재다. 당신은 상상할 수 없을 만큼 놀라운 유도 체계를 갖추고 있다. 일단 당신이 명확하고 구체적이고 글로 작성되어 측정이 가능한 목표를 향하도록 프로그래밍이 되면, 당신의 초의식은 어김없이 모든 장애물을 넘도록 당신을 이끌 것이다. 초의식은 당신에게 필요한 모든 교훈을 줄 것이며 계속 움직이는 한, 당신은 궁극적으로 목표를 이룰 것이다. 때로는 전혀 예상치 못한 방법으로.

유도탄은 발사되어 궤도 비행을 하기 전에는 경로를 조절하거나 방향을 바꾸지 못한다. 당신도 마찬가지다. 당신이 목표를 향해 이동하고 우선순위에 집중하는 한, 당신의 주변으로부터 지속적인 피드백을 받을 것이다. 이 과정을 통해 당신은 어김없이 목표를 향해 가도록 경로와 방향을 수정할 수 있다. 다만 계속 빠르게 움직여야 한다.

## 유능한 인재에게는 '이것'이 있다

최근 미국경영협회AMA가 실시한 연구는 가장 성공하는 사람과 가장 성공하지 못하는 사람을 가르는 자질의 하나가 주도권이라는 것을 확인해주었다. 고도의 성과를 올리는 사람들은 보통의 성과를 올리는 사람보다 훨씬 높은 수준의 주도권을 행사한다는 것을 보여주었다. 최고의 지위에 오른 사람들은 일을 마무리하는 데 필요한 것을 보았을 때, 책임지고 행동하는 속도가 훨씬 빨랐다. 그들은 반발하기보다 솔선하는 태도가 훨씬 강했다. 그들은 특정 행동의 중요성을 예견했고 대개 상세한 논의나 분석 없이 빠르게 움직였다.

흥미로운 것은, 연구 담당자들이 평범한 관리자들과의 면담에서 그들이 주도권을 행사한다고 생각하는지 물었을 때, 모두가 그렇다고 대답했다는 점이다. 그들은 모두 자신이 주도적으로 업무를 처리한다고 보았다. 그래서 연구자들은 그들이 말하는 주도권의 정의를 말해달라고 요청했다.

평범한 관리자들은 전화벨이 울릴 때 전화를 받거나, 누군가에게 전화해서 회의나 약속을 상기해주거나, 누군가의 주목을 끌기 위해 뉴스나 정보를 전해주는 것 같은 행동을 예로 들었다. 하지만 고도의 성과를 내는 사람들은 그런 행위를 업무의 기초에 불과하다고 생각한다는 것을 연구자들은 알게 되었다. 그런 사람은 의무의 범위를 벗어나는 것, 위험을 무릅쓰는 것, 안전지대Comfort Zone를 벗어나는 것, 장시간 근무, 보통 사람은 굳이 하려고 하지 않는 일을 하는 행동 같은 것을 주도권으로 정의했다.

당신도 똑같다. 주도권을 많이 보일수록 당신은 그만큼 소중한 인재로 인식될 것이다. 당신이 회사와 고객을 위해 일을 마무리하는 더 새롭고 더 빠르고 더 우수하고 더 편리한 방법을 끊임없이 찾을 때, 그만큼 빠르게 당신을 도울 수 있는 사람들의 주목을 받을 것이다.

석유 업계에서 다른 어느 회사보다 석유와 가스의 많은 매장량을 개발하는 회사로 유명한 아모코의 대표는, 타사보다 아모코가 훨씬 많은 성공을 거두는 이유가 뭔지 질문을 받았다. 이유는 간단하다고 그는 대답했다. 타 회사들은 모두 비슷한 조건의 토지를 임대해 비슷한 지질

> 주도권을 많이 보일수록 당신은 그만큼 소중한 인재로 인식될 것이다.

연구를 하고 비슷한 기사와 장비를 보유하고 있다고 했다. 아모코가 다른 회사를 앞서는 이유는 더 많이 시추하기 때문이라는 것이었다. 이것은 기적이 아니었다. 그들은 더 많은 유정을 팠고 그 결과 더 많은 석유를 발견한 것이다.

새 일자리를 찾는 실업자들을 조사하면서 우리는 놀라운 사실을 발견했다. 일부는 빠른 시간에 재취업했는데 마음에 드는 일이었고 급여 조건도 좋았으며 가능성도 있는 일자리였다. 반면에 나머지 일부는 오랫동안 실업자 신세를 면치 못했다. 일자리에 빨리 복귀하는 사람은 구직 활동을 정규 근무의 일환으로 보았다. 그들은 아침에 일어나 7시나 8시에 일과를 시작하고 하루 종일 열심히 빠르게 뛰어다닌다. 그들은 끊임없이 광고를 읽고 전화를 하며 이력서를 보내고 면접을 보러 간다. 하지만 해고된 사람들, 특히 오랫동안 몸담았던 직장에서 밀려난 사람들 대다수는 일주일에 평균 두 군데밖에 지원하지 않는다.

얼마 전에 실직한 임원들과 함께한 모임에서 한 상담원은 매주 회의 때마다 그들이 과거의 회사에 대한 불평을 늘어놓거나 자신을 내보낸 상사를 비난하는 데 모든 시간을 보낸다는 것에 주목했다. 그래서 이 상담원은, 다음 주에는 부정적인 얘기를 하는 대신, 각자의 면접 경험을 공유해보자고 제안했다. 일주일이 지나자 전직 임원 16명 중에 두 사람만이 모임에 나왔다. 상담원이 전화를 돌리면서 그들이 왜 회의에 불참했는지 확인했을 때, 그는 불참자 전원이 그 직전 주에 구직 면접을 단 한 번도 보지 않았다는 것을 알았다. 그들은 모두 집에 앉아 텔레비전을 보거나 집 주변을 어슬렁거리는 데 모든 시간을 보냈다. 상담원은 불참자 전원이 그토록 부정적이었던 이유는 그들 중에 구인·구직 시장에 나가서 적극적으로 사람들과 얘기를 나누거나 새로운 경력을 쌓으려는 의지를 보인 사람이 한 명도 없었기 때문이라는 것을 알았다.

더 빨리 움직일수록 더 많은 에너지가 생기고 더 많은 경험을 하게 된다. 그리고 더 빨리 움직이고 더 많은 경험을 쌓을수록, 당신은 더 우수하고 더 똑똑한 사람이 된다. 더 빠르게 움직이고 더 많은 상황을 조사하고 더 많은 사람을 만날수록, 당신이 석유를 발견할 가능성은 더 커진다.

## 생산적인 사람들의 일곱 가지 습관

다음은 생산성과 수행 능력, 실적을 즉시 늘리는 데 사용할 수 있는 일곱 가지 핵심 아이디어다. 이 기술은 각각의 사업 분야에서 최고의 실적을 올리고 최고의 급여를 받는 사람들 모두가 실행하는 것들이다.

## ① 더 빨리 일하라

속도를 내고 더 빨리 움직여라. 긴박감에 익숙해져라. 해야 할 일이 무엇이든, 실시간에 하고 즉시 그 일에 매달려라. 빠른 속도는 성공에 필수적이다. 당장 그 일을 하라는 말을 자신에게 계속 반복한다. 무슨 일이든 단순하게 해라. 더 빨리 걷고 더 빨리 이동하고 더 빨리 행동하고 더 빨리 결정하고 더 빨리 시작하기로 마음먹기만 해도 두 배의 실적을 올릴 수 있다. 성공하는 사람들은 모두 빠르고 능률적이다. 비효율적인 사람들은 모두 질질 끌면서 지연시킨다. 더 빨리 일을 처리할수록 더 많은 행운이 찾아올 것이다.

## ② 더 오래, 그리고 더 열심히 일하라

사람들은 대부분 게으르다. 또 근무 시간에도 별로 열심히 일하지 않는다. 지속적이고 집중되고 목표 지향적인 노력은 고도의 수행 능력과 생산성을 얻는 최단 경로다.

역설적인 사무실 근무의 예를 보자. 근무 시간에 일을 끝내지 못하는 이유는 뭘까? 전화가 오거나 사람들이 방해를 하거나 회의 또는 예상치 못한 비상사태 같은 것으로 시달리기 때문이다. 그리고 잡다한 여러 가지 방해 요인이 시간과 에너지를 낭비하는 바람에 하루가 끝날 때쯤이면 더 많은 일을 마무리했어야 하는데 별로 한 것은 없는 것 같은 느낌이 든다. 하지만 단 한 시간이라도 방해

받지 않고 일에 몰두하면, 지속적으로 방해
받는 정상 근무 환경의 3시간 몫을 해낼 수
있다.

그러니 1시간 일찍 시작하고 점심시간에
도 일하며 1시간 늦게 퇴근하라. 이렇게 하
면 하루 중에 중단이 없는 생산적인 3시간이 확보되고 다른 사람
이라면 9시간 걸릴 일을 해낼 수 있다. 사실상 두 사람 몫을 해낼
것이다.

> 시계만 쳐다보는 사람은
> 현재의 직업과 업계에서
> 미래가 없다.

근무 시간 준수는 성공하는 사람들에게 해당하지 않는다. 시계
만 쳐다보는 사람은 현재의 직업과 업계에서 미래가 없다. 시계는
업무 일지를 작성하거나 다음 임무나 책임으로 넘어가기 전에 남
은 시간이 얼마나 되는지 확인할 때 사용하는 도구일 뿐이다. 시작
할 때까지 얼마나 여유가 있는지, 얼마나 빨리 마칠 수 있는지 보
기 위해 시계를 보면 절대 안 된다.

조금 일찍 일어나서 남들보다 1시간 일찍 출근한다면, 당신은
이내 미국에서 최고위직에 오른 사람들의 대열에 합류하게 될 것
이다. 최고위직과 얘기하고 싶다면, 데스크 직원이나 비서가 도착
하기 전에 먼저 전화하는 것이 영업 활동에서는 자명한 이치다. 최
고위직은 언제나 가장 먼저 출근하며 때로는 아침 6시나 7시에 나
올 때도 있다. 하루를 마무리할 시간에 수위실을 통과하고 싶을 때

는 회사 업무가 마감될 때까지 기다렸다가 저녁 6시나 7시에 전화하라. 전화를 받는 사람이 조직의 우두머리인 경우는 아주 흔하다. 이유는 간단하다. 최고위직에 있는 사람은 일찍 출근하고 늦게 퇴근하기 때문이다.

낮 12시가 되면 자동적으로 책상에서 일어나 문가에 있는 사람을 아무나 붙잡고 밖으로 나가서 1시간 동안 점심을 먹으려는 법은 없다. 성공하는 사람들은 이런 짓을 하지 않는다. 그들은 매 순간을 중요시한다. 12시부터 1시까지 1시간을 확보했다면, 문을 닫고 고개를 숙인 채 방해받지 않는 상황에서 가장 중요한 임무에 전념하라. 그러면 당신은 방해받을 때의 2~3시간과 맞먹는 시간을 확보하게 될 것이다.

미국에서 최고 급여를 받는 사람들(상위 10~20퍼센트의 사람들)은 일주일에 평균 59시간을 일한다. 이것은 일주일에 하루 10시간씩 6일 근무 혹은 12시간씩 5일 근무를 한다는 의미다. 성공을 주제로 연구하던 시절에 나는 하루 8시간 근무를 하며 뭔가를 이뤄낸 사람을 단 한 명도 보지 못했다. 성공은 하루 8시간이 넘는, 즉 한 주에 40시간을 초과하는 시간의 양에 정비례한다. 만약 당신이 한 주에 50시간, 60시간, 70시간의 근무를 시작한다면, 그리고 그 시간을 최우선 과제에 집중하는 데 쓴다면, 당신은 빠르게 앞으로 치고 나갈 것이다.

### ③ 더 중요한 일을 하라

하루하루 주어진 시간은 정해져 있으므로, 아까운 시간을 가장 중요하고 가치 있는 일을 하는 데 써야 한다. 끊임없이 자신을 향해 "한 달 동안 동네를 떠나 있어야 하고 떠나기 전에 꼭 한 가지 일만 더 할 수 있다면, 무슨 일을 해야 할까?"라고 물어보라. 그것이 무엇이든, 그 일에 맞출 수 있도록 자신을 단련하라. 단 그 일을 마칠 때까지만.

일편단심으로 가장 중요한 임무에 집중하면 당신의 업무 수행 능력은 한 단계 올라갈 것이다. 당신은 같은 시간에 더 많은 일을 처리할 것이고 당신의 생각은 맑고 분명해질 것이며 초의식이 활성화되어 당신의 인생은 훨씬 더 빠른 속도로 임무를 완수하는 데 필요한 아이디어와 통찰력으로 반짝일 것이다. 다만 더 빠르고 더 열심히 가치가 높은 임무에 집중할 때만 이런 경지에 오를 것이다.

일을 마무리하고 싶다면, 바쁜 사람에게 맡기라는 말을 들어보았을 것이다. 이유는 간단하다. 바쁜 사람은 적당히 미뤄가며 일하는 사람보다 생산성이 높기 때문이다. 그런 사람은 일할 때의 속도가 느리거나 활동력이 낮은 사람보다 같은 시간에 두세 배의 일을 한다.

## ④ 당신이 가장 잘하는 일에 집중하라

이렇게 자기 일을 잘하게 되면 더 즐길 수 있을 뿐만 아니라 더 빠르게 마칠 것이다. 실수도 줄어들고 더 가치 있는 기여를 하게 된다.

당신이 배우게 될 최선의 시간 관리 기술 중 하나는, 가장 중요한 일을 더 잘하는 데 전념하는 것이다. 당신이 받는 주요 보상과 외부의 인정은 가장 중요한 임무를 잘하는 데서 오기 때문에, 그런 주요 임무를 잘할수록 당신은 더 많은 보상과 인정, 기회를 얻을 것이다. 그리고 당신은 일을 적당히 하는 것에 만족하는 사람들에게는 오지 않는 것처럼 보이는 행운을 더 많이 경험할 것이다.

## ⑤ 업무를 종류별로 모아라

비슷한 일은 한 주제로 묶어라. 모든 전화 답신은 모아서 한꺼번에 하고 전화 고객 조사도 한꺼번에 모아서 하고 요금도 동시에 계산하라. 모든 편지와 제안서도 동시에 작성한다.

학습곡선learning curve을 활용하면 시간을 효과적으로 절약할 수 있다. 학습곡선 이론에 따르면 유사한 과제를 더 자주 반복할수록 더 빠르고 쉽게 완수할 수 있다. 업무를 시작하며 첫 번째 일을 마무리하는 데 10분이 걸린다면, 두 번째 일은 9분밖에 안 걸리고, 세 번째는 8분, 네 번째는 7분, 이런 식으로 소요 시간이 계속 줄어든다는 말이다. 이렇게 하면, 한 건당 소요 시간을 최대 2분으로 줄일 수 있으며, 한 번에 한 건씩 따로따로 떼어서 처리할 때보다 시간을 80퍼센트 절약할 수 있다.

학습곡선을 모르는 사람이 많다. 그들은 한 영역에서 한 가지 일을 마무리하면 그다음에는 또 다른 영역에서 한 가지 일을 한다. 그들은 학습곡선을 전혀 알지 못하고 높은 수준의 생산성은 절대 발견하지 못한다.

## ⑥ 다른 사람들과 함께 일하라

팀워크를 잘하는 능력은 성공에 매우 중요하다. 각자가 자신에게 가장 잘 맞는 역할을 맡는 가운데 당신이 다른 사람들과 효율적으로 협력하며 일할 때, 당신은 스스로 해낸 것을 보고 놀랄 것이다.

제2차 세계대전 기간에 미국 정부는 북대서양을 항해하는 화물선을 독일군의 유보트가 격침하지 못할 정도로 속도가 빠른 리버티선으로 개조하는 데 몰두했다. 미국 정부는 오늘날 여전히 세계적으로 통용되는 일련의 혁신 조치를 단행했다. 처음에 그들은 배한 척을 건조하는 데 걸리는 시간을 2년에서 42일까지 줄였다. 이어서 놀라운 팀워크를 이룬 숙련 기술자들은 함께 모여 계획을 세우고 4일 만에 배 한 척을 통째로 건조해 진수시켰다. 그들은 수백 척의 리버티선을 건조할 수 있었는데, 그

> 팀워크를 잘하는 능력은 성공에 매우 중요하다.

이유는 그들이 학습곡선을 사용해 업무를 종류별로 묶어서 매끄럽고 순조로운 팀 작업을 했기 때문이다. 당신이 하는 일에도 같은 원리를 적용할 기회를 찾아보라.

### ⑦ 업무를 효율적으로 간소화하라

과정 분석에도 시간 관리 기술을 활용하라. 여기에는 시작부터 마칠 때까지 특정 프로세스의 모든 단계에 대해 목록을 만드는 일이 포함된다. 이어 단계별 목록을 검토하고 어느 부분을 간소화해서 속도를 올릴 수 있을지 살펴본다. 다른 단계나 작업과 통합할 수 있는지, 한 사람의 일로 통합할 수 있는지 각 단계를 확인하라. 끝으로 임무 중에 아예 삭제할 수 있는 부분이 있는지 살펴본다.

## 시간 대비 성과를 높이는 법

책임 확대를 통한 시간 압축time compression이라 불리는 강력한 생산성 향상 기술이 있다. 이 기술이 어떻게 작동하는지 보자. 생명보험 처리 과정에 관한 연구에서, 연구진은 현장에서 보험금이 청구될 때부터 본사에서 승인하거나 승인하지 않을 때까지 6주가 걸린다는 사실을 알았다.

연구진은 보험에 가입하고 나서 보험금 지급 승인에 필요한 절차를 추적했다. 그들은 보험 증권에 대한 심사가 6주 동안 24단계를 거치는데, 실제로 심사에 소요되는 시간은 17분밖에 안 된다는 사실을 알아냈다.

> 자신의 시간을 가장 능률적으로 관리하는 사람이 행운을 얻는다.

그래서 그들은 보험 처리 방식을 재설계했다. 심사에 투입되는 인력을 20명에서 2명으로 줄였다. 첫 번째 사람은 보험금 지급의 세부적인 절차를 처음부터 끝까지 하나하나 살핀다. 이 과정을 상급자인 두 번째 사람이 받아보고 첫 번째 사람의 작업을 재확인한다. 이 방식으로 그들은 보험금 처리에 소요되는 시간을 6주에서 24시간으로 줄일 수 있었다. 그들의 보험 사업 수익은 그 이듬해에 수백만 달러나 증가했다.

시간은 사업이나 개인의 삶에서 가장 소중한 요소다. 누구나 시간의 틀에서 생각하고 일을 마무리하는 데 걸리는 시간을 줄이려고 한다. 가장 능률적인 시간 관리 기술을 사용해서 일을 빠르게 마무리하는 사람들은 언제나 가장 가치 있고 가장 빠르게 승진한다. 이들이 행운을 얻는다.

# 밝고 건강한 사람들의 일곱 가지 습관

최상의 상태를 유지하고 빠르게 움직이며 생산성을 갖추기 위해서는 엄청난 에너지와 열정이 있어야 한다. 에너지는 핵심적인 행운의 요인이다. 주변의 가능성에 대한 경계 태세를 늦추지 않고 당신을 앞으로 끌고 나가는 열정을 갖기 위해서는 대부분의 시간에 자신에 대해 아주 좋은 기분을 맛보도록 삶을 설계해야 한다.

오늘날 우리는 에너지를 극대화하기 위해서 무엇을 할 수 있는지 혹은 무엇을 하면 안 되는지를 과거보다 더 많이 알고 있다. 이제 에너지의 수준을 결정하는 핵심 요인이 무엇인지 알아보고 당신의 일상 생활과 습관으로 그것을 끌어들이도록 해보자.

## ① 식단 관리

음식 조합이 적절하고 균형 잡힌 식사를 해야 한다. 음식은 에너지의 양이나 충분한 수면, 건강과 몸매, 하루의 성과에 직결된다.

올림픽 선수들이 먹는 것과 관련해서 광범위한 연구가 진행되어왔다. 비록 선수들은 100개국이 넘는 나라에서 모였지만, 올림픽 선수들의 식단에는 공통적으로 세 가지가 들어가는 것이 확인되었다. 아주 쉽게 배우거나 실천할 수 있는 것들이다.

올림픽 선수들은 과일과 채소, 통곡 식품을 많이 먹는다. 또 파

스타와 쌀밥도 많이 먹는데, 이것들은 복합 탄수화물로서 빠르게 포도당으로 변해 고도의 심신 상태를 유지하게 해주는 연료 역할을 한다. 다이어트 전문가들은 인체의 70퍼센트가 수분이기 때문에 70퍼센트의 수분으로 이루어진 과일과 채소를 먹어야 한다고 말한다. 그뿐만 아니라 통곡 빵이나 현미, 밀기울 빵, 곡물 시리얼, 밀기울 플레이크 같은 통곡 식품은 신체 기능을 원활하게 유지하는 데 필요한 섬유질을 공급한다.

올림픽 식단의 두 번째 부분은 지방이 적은 단백질이다. 생선이나 껍질을 제거한 치킨, 지방질이 거의 없는 소고기 같은 단백질을 말한다. 이것들은 대부분의 다른 식품보다 지방질이 적다. 실제로 지방은 엄청나게 많은 질병이나 건강 이상과 상관이 있는 것으로 드러났다. 저지방 음식을 먹으면 즉시 체중을 감량하고 에너지를 보충할 수 있다. 저지방 식품과 과일, 채소, 통곡 식품을 조합한 식단을 짜면 짧은 시간에 몸선이 다듬어지고 훨씬 상쾌한 기분을 맛볼 것이다.

고성능 식단의 세 번째 부분은 물을 많이 마시는 것이다. 사람들은 대부분 한 모금씩 물을 마시지만, 일상적인 활동의 결과로 발생하는 정상적인 수분 손실을 막기 위해서는 하루에 8온스(240밀리리터)짜리 컵으로 8컵의 물을 마셔야 한다.

요즘에는 물을 가지고 다니는 사람이 점점 늘고 있다. 이들은 물병을 들고 다니며 계속 홀짝홀짝 마신다. 물을 많이 마시면 몸속에 축적되어 신체 기능을 떨어뜨리는 염분이나 독소, 노폐물, 그밖의 찌꺼기들이 지속적으로 배출된다.

오늘날 미국인의 42퍼센트가 비만인데, 그들 중 다수는 정도가 심하다. 과체중은 당신의 에너지를 갉아먹고 건강에 관심이 많은 고객의 신뢰를 떨어뜨리며 자신의 생명을 단축하는 지름길이다.

신체 건강을 높은 수준으로 유지하는 것도 당신의 목표에 포함되어야 한다. 당신은 기름지고 달고 짠 음식에서 건강하고 영양이 많으며 에너지와 비타민이 풍부한 음식으로 식단에 변화를 줌으로써 체중과 몸매를 관리할 수 있다. 선택은 당신 몫이다.

## ② 운동

높은 에너지를 위한 두 번째 핵심 요소는 적절한 운동이다. 가장 좋은 것은 유산소운동인데 심장박동과 호흡 수를 트레이닝 존이라고 불리는, 1분에 약 140회 수준까지 끌어올린다(나이에 따라 다소 차이가 있다). 이 상태를 20~30분씩 유지하는 유산소운동을 일주일에 3회 실시한다.

필요한 운동은 무엇이든 할 수 있다. 예를 들어 한 번에 3~5킬로미터씩 일주일에 3회에서 5회 걸어도 좋다. 또 수영이나 자전거 타기, 조깅을 하거나 운동기구를 사용할 수도 있다. 인체는 매일 전신을 골고루 사용하도록 진화되었다. 모든 관절은 유기적으로 작용해야 한다. 두 팔과 등, 두 다리를 완전히 쭉 뻗어보라. 근육을 강하고 유연하게 유지하려면 가벼운 웨이트 운동을 하는 것이 좋다. 무엇보다 상쾌한 기분과 보기 좋은 몸매를 유지하고 싶다면 유산소운동을 해야 한다.

### ③ 휴식과 여가

높은 에너지를 유지하는 세 번째 비결은 적당한 휴식이다. 매일 평균 7~8시간은 자야 한다. 또 일을 전혀 하지 않을 때도 일주일에 적어도 하루는 일상 환경에서 벗어나야 한다. 하다못해 주말 뒤에 2~3일 연이어 쉬는 것을 포함해 어떤 형태로든 휴가 뒤의 2~3일 동안 가장 정신이 맑고 창의적이라는 것을 알게 될 것이다.

민첩성과 에너지, 생산성을 높이는 한 가지 방법은 업무에서 정신적으로 완전히 벗어나는 것이다. 정기 휴가 외에도 2~3일씩 짧은 휴가를 떠나라. 돌아온 뒤 하루이틀 동안에는 쉬지 않고 계속 일해서 탈진할 때보다 더 많은 아이디어가 떠오르고 더 많은 성과를 낼 것이다.

### ④ 금연

뛰어난 건강과 높은 에너지를 유지하는 네 번째 비결은 금연이다.

흡연은 32가지의 크고 작은 질병과 관련이 있다. 단일한 행동으로 규칙적인 흡연보다 건강에 해로운 것은 없다. 자신을 비흡연자로 시각화하고 자신이 비흡연자임을 확언하며 금연을 목표로 프로그래밍함으로써 담배를 끊을 수 있다. 마음만 먹으면 하고 싶은 일은 무엇이든 할 수 있다.

### ⑤ 영양제 섭취

높은 에너지를 유지하는 다섯 번째 비결은 규칙적으로 비타민과 미네랄 보충제를 섭취하는 것이다. 요즘의 음식은 주요 비타민과 미네랄이 부족하다. 건강한 사람들은 양질의 비타민과 미네랄로 영양을 규칙적으로 보충한다. 가장 좋은 것은 흔히 킬레이트 고리로 연결된 천연 성분으로 된 것들이다. 이런 제품은 물론 비싸지만 그 속에 들어 있는 비타민과 미네랄은 인체에 더 잘 흡수된다.

### ⑥ 정신 건강 관리

높은 에너지를 유지하는 여섯 번째 비결은 정신 건강과 관계가 있다. 그것은 부정적인 감정, 특히 어떤 형태든 부정적인 표현을 제거하는 것이다. 화를 나게 하거나 불만을 일으키는 생각이나 말을 할수록 더 많이 화가 나고 불만을 품는 법이다. 부정적인 감정은 사람의 몸과 마음을 무겁게 짓누른다. 그것은 사람을 피곤하게 하고 지치게 만든다. 억제되지 않은 분노가 한 번 분출되면 8시간 정상 근무를 한 것과 같은 에너지가 소모된다.

대체의 법칙을 통해 부정적인 감정을 제거함으로써 비난하고 불평하는 성향(거의 모든 사람에게서 나타난다)을 극복할 수 있다. 화가 나거나 기분을 망칠 때마다 즉시 "잠깐, 내 책임이야, 내 책임이야, 내 책임이야"라고 말하라. 자신의 삶에 책임감을 느끼면서 동시에 화를 내는 것은 불가능하다.

사실상 모든 부정적인 태도는 분노와 원한, 남들에 대한 비난에서 나온다. 다른 사람에 대한 비난을 멈추고 책임을 받아들이는 순간, 당신은 엄청난 통제감을 맛볼 것이다. 당신은 에너지가 급상승하고 다시 삶의 고삐를 단단히 쥐고 있다는 느낌을 받을 것이다.

이렇게 건강한 습관을 실천하고 당신의 목표와 원하는 것에 집중할수록, 당신은 더 많은 에너지와 활력을 갖게 될 것이다. 정신을 더 바짝 차리고 더 깨어 있을수록, 더 긍정적인 감정에 휩싸일 것이며 더 행동 지향적으로 변할 것이다. 당신은 마치 삶 전체를 과열 상태로 달려온 것 같은 기분이 들 것이며 자신이 상상했던 것보다 빠른 속도로 앞으로 달려가는 느낌을 받을 것이다.

> 자신의 삶에 책임감을 느끼면서 동시에 화를 내는 것은 불가능하다.

## ✦ 생산적으로 활동하는 비결 ✦

1. 경각심은 결정적인 성공 요인이다.

2. 결단력은 거의 모든 성공한 사람들의 공통적인 특징이다.

3. 자신의 목표는 분명히 해야 하지만 그것을 달성하는 방법에 대해서는 유연하게 대응하는 것이 좋다.

4. 주도권은 의무의 범위를 넘어서 행동하는 것을 의미한다.

5. 성과를 향상하기 위해 생산성의 7대 비결을 활용하라.

6. 라이프 스타일을 조절해 에너지와 열정을 최대치로 끌어올려라.

# 미덕:
## 사람답게 살아라
### Virtue, Courage, and Persistence

기원전 4세기에 살았던 그리스의 철학자 아리스토텔레스는 아마 서양사에서 가장 중요한 철학자일 것이다. 위대한 저서 《니코마코스 윤리학》에서 아리스토텔레스는 모든 인간의 행동은 목적이 있으며 목표를 향한다고 말했다. 또 이유 없는 행동은 없으며 모든 작은 목표 뒤에 있는 더 큰 목표를 위해 노력한다고도 했다.

아리스토텔레스는 모든 사람의 궁극적인 목표는 행복이라고 결론지었다. 무엇을 하든 당신의 궁극적인 목표는(지금 이루려고 애쓰는 것과 상관없이), 당신 자신의 행복을 얻는 것이다. 성공의 수준은 행복도와 일치한다. 실패는 자신만의 행복을 얻지 못한 것과 같다.

당신이 좋은 일자리를 원한다고 해보자. 이유가 뭔가? 충분한 돈을 벌 수 있기 때문이다. 이유가 뭔가? 안락한 삶을 누리기 위해서다. 그래야 집도 사고 차도 사고 남부럽지 않은 생활을 할 수 있기 때문이다. 이유가 뭔가? 그래야 행복한 인간관계를 맺고 다른 사람과 부럽지 않은 생활을 할 수 있기 때문이다. 이유가 뭔가? 마지막 대답은 언제나 자신이 행복할 수 있기 때문이라는 것이다.

사람들 사이에 유일한 차이가 있다면, 어떤 사람은 다른 사람보다 행복을 얻는 데 더 뛰어나다는 것이다. 어떤 사람들은 자신을 불행하게 만들고 더 나쁘게 만드는 선택과 결정을 한다. 아무튼 언제나 행복이 최종 목표다.

아리스토텔레스는 거기서 멈추지 않았다. 그는 계속해서 인간의 조건을 검증했다. 그리고 오직 선한 사람만이 행복해질 수 있고 오직 도덕적인 사람만이 선해질 수 있다는 놀라운 결론에 이르렀다. 이것은 철학의 주요 발견 중 하나다. 선한 사람만이 행복해질 수 있고 선과 연관된 미덕을 실천할 때만 선한 사람이 될 수 있다는 것이다. 간단히 말해, 멋진 삶을 살고자 한다면 더 선한 사람이 되기 위해 끊임없이 노력해야 한다. 이 경로에서 벗어나는 행위는 전부 불행과 불만으로 이어질 것이다. 당신이 아는 최고의 미덕과 일치하는 행동을 할 때마다, 당신은 행복을 맛보고 내면이 강해지는 느낌을 받을 것이다. 또 자신감과 자부심이 차오르고 인간관계가 원만해지고 일의 능률도 더 오를 것이다. 미덕은 그 자체로 보상이다. 미덕은 당신이 아는 최고의 덕과 일치되는 삶을 살 때, 내면의 기쁨과 만족감이라는 이익을 준다.

성격은 모든 행운의 요인 중 가장 결정적이다. 앞서 우리가 주로 하는 생각과 조화를 이루는 사람이나 환경, 아이디어, 기회, 자원을 필연적으로 우리에게 끌어들인다는 것을 강조했다. 사람은 내면에 구축한 의식 속에서 가지지 못한 것을 외부에서 절대 가질 수 없다. 일치의 법칙에 따라서, 우리의 외부세계는 언제나 내면세계를 반영한다. 외부세계를 바꾸고 싶을 때, 우리는 잠재의식과 가치관, 믿음, 신념에 대한 프로그램을 다시 짜야 한다. 그래야 우리 내면에 있는 정신이 우리가 외부에서 누리고 싶은 삶과 정확하게 일치할 것이다.

당신이 이 책을 읽는 이유는 아마 더 행복해지고 싶고 더 많은 성공을 거두고 싶고 더 나은 인간관계와 더 많은 돈을 원하고 더 뛰어난 자기표현을 하고 싶기 때문일 것이다. 당신은 멋진 삶을 살고 싶어 한다. 당신은 어떻게 하면 점점 더 나은 사람이 될 수 있는지 끊임없이 배우려고 하므로 보통 사람보다 우월하다. 그러나 무엇이 성공인가?

## 성공한 사람들이 말하는 성공의 좋은 점

몇 년 전에 갤럽에서 미국의 명사 1,500명을 인터뷰한 적이 있다. 이들은 모든 미국인 중에 가장 명망이 높은 그룹에 속한 사람들로서 기업 회장이나 주요 정치인, 노벨상 수상자, 그밖에 미국인의 삶에 지대한 공헌을 한 인물들이다. 조사원들은 고도의 성공을 거둔 이들 남녀에게 성공의 주요 보상이 무엇인지 물었다. 그들 전원이 가장 먼저 꼽은 성공의 네 가지 보상을 보면 아마 놀랄 것이다.

① 그들은 부모에게 존경받았다고 느꼈다.
② 그들은 배우자와 자녀에게 존경받았다고 느꼈다.
③ 그들은 친구와 동료들에게 존경받았다고 느꼈다.
④ 그들은 자신이 다른 사람들의 삶에 변화를 준다고 느꼈다.

성공의 다섯 번째 요소는 비록 그중 다수가 대부호는 아니라고 해도 이들이 더 이상 돈 걱정을 하지 않았다는 것이다. 그들은 하는 일에 비하면 돈 문제는 별로 중요치 않은 단계에 올라섰다.

## 덕을 쌓으면 행복해진다

당신 자신의 삶에서 거둔 성공을 생각할 때, 당신은 그것이 당신이 존경하는 사람들로부터 받는 존경과 밀접한 관계가 있다는 것을 알게 될 것이다. 당신이 하는 거의 모든 일은 그것이 이루어지든 이루어지지 않든, 세상 사람들이 당신에 대해 어떻게 생각하고 어떤 반응을 보이는지에 대한 관점과 관계가 있다.

앞에서 말한 대로, 당신에 대한 평판이 당신의 최대 자산이다. 평판은 당신이 없을 때 사람들이 당신을 어떻게 생각하고 당신에 관해 어떻게 말하는지로 규정할 수 있다. 스스로의 경험으로 알겠지만, 사람들이 긍정적이거나 부정적인 어조로 당신에 관해 한 말을 당신이 나중에 알게 될 때, 그것은 당신의 생각과 감정에 긍정적이든 부정적이든 결정적 영향을 미친다.

뛰어난 인물들은 언제나 특정 결정이나 행동이 다른 사람들에게 어떤 평가를 받을지 생각한다. 그들은 올바른 일을 하는 것뿐만 아니라 다른 사람들의 눈에 올바른 일로 비치는 것을 하는 데 관심을 둔다. 끌어당김의 법칙에 따라 점점 더 당신의 인격을 발전시키고 당신이 아는 지고지선한 미덕에 따라 살아갈 때, 당신은 더 행복한 사람이 될 것이다.

아리스토텔레스는 또한 교육의 전반적인 목적은 젊은이들에게 핵심적인 덕목을 가르쳐서 그들이 나이가 들었을 때 행복하고 성공적인 삶을 보장해주는 것이라고 보았다. 당신이 그렇듯, 아리스토텔레스는 인간관계가 인생의 전부라는 것을 알았다. 자신만의 섬에 갇혀 사는 사람은 아무도 없다. 우리가 하는 모든 것에는 어떤 방식으로든 다른 사람이 포함된다. 그리고 성격에 대한 설명은 그 사람이 진정 누구인지에 관한 가장 근본적인 진술이다. 그러면 교육이 부족한 사람은 어떻게 되는가? 또 필수적인 덕목에 대한 훈련을 받지 못하고 성장한 사람은 어떻게 되는가?

아리스토텔레스는 미덕은 단순한 느낌이나 믿음이 아니라 실천이라는 점을 지적했다. 다시 한번 강조하지만 문제는 당신의 희망이나 바람, 의도가 아니라 당신의 행동이다. 아리스토텔레스는 미덕이 결핍되었을 때, 우리가 갖고 싶은 미덕이 요구되는 모든 상황에서 미덕을 실천함으로써 우리 안에 미덕을 계발할 수 있다고 말했다. 당신은 당신이 바라는 미덕을 이미 갖춘 것처럼 행동할 수 있다. 가역성의 법칙은 당신이 간절히 느끼거나 믿고 싶은 뭔가를 당신이 실제로 느끼거나 믿는 것처럼 행동할 수 있다고 말한다. 당신은 당신의 인격 발달을 전적으로 책임지고 당신이 아는 최고의 덕목과 일치되는 방향에서 처신하고 말하고 행동하고 생각하겠다고 결심함으로써 한 단계 올라설 수 있다.

집중의 법칙은 어떤 생각에 몰두하면 그것이 실현되고 점점 커진다고 말한다. 당신은 이 강력한 법칙을 이용해 유명해지고 존경받기 위해 필요한 미덕에 의지함으로써 당신의 인격을 가다듬을 수 있다.

정직은 핵심 덕목이다. **정직**intergrity의 사전적 정의에는 흠이나 결점이 없는 단일성, 전체성, 완전성이 포함된다. 정직의 질적 특징과 정직한 사람이 되는 것이 무슨 의미인지 생각해보면, 정직한 것으로 유명하거나 존경받는 다른 사람들(주변 사람들이나 역사적인 인물들)을 떠올릴 수 있다.

링컨의 애칭을 기억하는가? '정직한 에이브'다. 상점 점원으로 일하며 실수로 더 받은 잔돈 몇 푼을 여자 손님에게 돌려주려고 수 킬로미터를 걸어 다닌 젊은 시절부터 그는 나무랄 데 없는 정직성으로 명성을 쌓아나갔다. 이 강력한 명성을 발판으로 그는 1860년에 공화당 대통령 후보로 지명되었다. 그의 인격적 힘은 그를 전당대회로 데려가 미국에서 가장 많은 숭배와 존경을 받는 대통령의 반열에 올려놓았다.

정직 같은 미덕에 의지할수록, 그 속에 내포된 의미는 당신의 잠재의식을 더 깊이 파고들 것이다. 그 의미를 깊이 새길수록, 당신이 정직한 사람으로 행동할 가능성은 더 커진다. 정직하다는 명성을 크게 키워나가면서 점점 더 많은 사람

정직은 핵심 덕목이다.

이 당신을 좋아하고 당신을 믿으며 당신과 관계를 맺고 싶어 할 것이다. 기회가 다가올 것이다. 당신은 의지가 박약한 사람은 절대 누리지 못할 것처럼 보이는 행운을 경험하기 시작할 것이다.

## 무엇보다 자기 자신에게 진실하라

《신뢰: 사회적 덕목과 번영의 창조Trust:The Social Virtues and the Creation of Prosperity》라는 책이 있다. 정치학자인 저자 프랜시스 후쿠야마는 수 세기에 걸쳐 다양한 국가를 언급하고 신뢰도가 높은 나라는 높은 수준으로 번영하는 반면, 신뢰도가 낮은 나라는 번영과 개발의 수준이 낮다는 결론을 내린다. 어느 국가든 업계 사람들 사이의 신뢰도가 높을수록 경제 활동과 성장, 발전, 번영의 규모는 커진다. 신뢰도가 낮을수록 부정부패가 만연할 것이고 다른 사람과 함께 투자하는 것에 더 신중해질 것이다.

인간관계도 마찬가지다. 관계를 이어주는 매개체는 신뢰다. 상대를 믿지 못하고 자신감도 없는데 관계를 지속하는 것은 불가능하다. 끈끈한 우정이나 우애, 화목한 가정은 모두 신뢰를 바탕으로 한다. 대규모 기업에서도 회사의 성공과 번영을 결정하는 것은 신뢰다.

근무 환경이 가장 좋은 회사는 신뢰도가 높다. 회사 내의 어느 직급을 막론하고 모두가 다른 사람들이 하는 말이 진실이라고 믿고 따른다. 가치를 존중하는 거의 모든 회사에서 거짓말은 충분히 해고 사유가 될 수 있다. 미국인은 일반적으로 신뢰를 매우 중시한다. 신뢰는 상류층에서부터 하층민까지 미국 사회를 하나로 묶어주는 기본 요소다.

신뢰의 궁극적인 표현은 진실성이다. 가장 가까운 친구나 동료는 언제나 당신에게 진실을 말하는 사람들일 것이다. 자기 자신과 남들에게 무조건 진실한 태도를 유지하려는 의지는 인격을 증명한다. 정직이 인격의 핵심 자질이라면, 진실성은 그 자질을 가장 분명하게 보여주는 증표다.

셰익스피어는 다음과 같이 말했다. "무엇보다 자기 자신에게 진실하라. 그러면 밤이 낮을 따라오듯 다른 사람에게도 거짓으로 대할 수 없을 것이다." 우리는 언제나 우리 자신에게 무조건 진실해야 한다. 이것은 내면 깊숙이 자리 잡은 최고의 가치에 충실함을 의미한다. 이것은 또 모든 상황에서, 특히 사람들이 우리에게 기대를 거는 직장에서 항상 최선을 다한다는 것을 의미한다. 정직의 내적인 표현이 진실이라면, 그 외적인 표현은 모든 상황에서 질적으로 우수한 일과 행동을 선보이는 것이다.

심리학자 매슬로는 자신의 연구를 통해 가장 온전한 사람은 그들 자신에 관해, 그리고 자신의 강점과 약점, 자신의 상황에 관해 지극히 객관적이고 솔직하다는 것을 알아냈다. 그런 사람은 진실이 아닌 것을 자신에게 납득시키려고 하지 않았다. 그들은 자신과 진실한 관계 속에서 살았고 그 결과 남들과도 진실한 관계 속에서 살 수 있었다.

자신을 속이지 마라. 마음속에 있는 뭔가가 진실하지 않다는 것을 알 때, 그것을 진실인 척 꾸미거나 희망하는 것을 거부하라. 어떤 이유로든 당신의 진실을 양보하지 마라. 랄프 왈도 에머슨이 말했듯 "끝까지 신성한 것은 자신의 마음속에 있는 진실뿐이다." 이 말은 주변의 모든 사람에게 진실한 삶을 의미한다. 단순하고 정직하게 자신의 진실을 말하는 삶 말이다. 잘못된 관계에 머물지 않고 동의하지도 않고 믿지도 않는 일은 하지 않는다. 정직하지도 않고 진실한 믿음의 진지한 표현도 아닌 말을 하지 않는다. 삶의 모든 측면에서 진실한 삶을 고수한다.

자부심과 자신감의 뿌리는 당신의 인격 깊숙한 곳에 자리 잡고 있다. 나무랄 데 없는 정직을 실천하면 할수록, 자신감은 더 커지고 자신을 더 좋아하고 존경하게 된다. 당신이 다른 사람들을 좋아하고 존경하면 할수록, 그들은 당신을 좋아하고 존경할 것이다.

"끝까지 신성한 것은 자신의 마음속에 있는 진실뿐이다." _랄프 왈도 에머슨이 모든 것은 내면의 태도와 더불어 가장 깊은 가치와 믿음, 신념과 더불어 시작된다. 당신의 외적인 성공은 최선을 다해 진실을 유지하려는 마음속의 끈기가 좌우한다. 정직은 다른 모든 것을 보장해주는 가치다.

## 꿋꿋하게 살아라

정직의 기초는 자기 수양이다. 20세기 초의 위대한 작가인 엘버트 허버드는 자신이 좋아하든 좋아하지 않든 해야 할 일을 해야 할 때, 그 일을 하도록 만들어주는 능력이 자기 수양이라고 말했다.

자기 수양의 특징은 강철같이 꿋꿋한 인격이다. 우리가 하는 모든 일의 성공이나 실패를 주로 결정하는 것은 자기 수양이다. 자기 수양을 다른 말로는 자제 혹은 극기라고도 한다. 우리는 우리 자신의 삶을 통제한다고 느끼는 범위에서만 우리 자신에 대한 자부심을 느낄 수 있다. 우리가 특정한 일을 하겠다는 분명하고 확실한 결정을 내리고 설사 그것이 마음에 안 들더라도 하도록 우리 자신을 단련할 때, 우리는 스스로 대단하다고 느낀다.

자기 수양과 자부심 사이에는 직접적인 상관관계가 있다. 우리 자신을 위해 최선에 해당하는 일을 하도록 자기 수양을 하면 할수록, 우리는 우리 자신을 더 좋아하고 더 존경하게 되며 꼭 해야 하는 일을 위한 자기 수양도 더 잘할 수 있게 된다.

과거에 저지른 실수에 연연하지 마라.

아리스토텔레스는 혼자 있을 때 사람은 인격을 제외한 다른 모든 자질을 발달시킬 수 있다고 말했다. 인격은 타인과 적극적인 관계를 맺음으로써만 발달한다. 오늘날 우리가 서 있는 위치와 신분은 과거의 선택과 결정에서 비롯된 것이다. 당신은 좋은 정보와 훌륭한 판단을 기초로 결정하면서 신중하게 생각했거나, 그러지 못했다.

당신이 과거에 어떤 선택과 결정을 했든, 그땐 그때고 지금은 지금이다. 사람은 매일, 매주, 매월 발전하고 성장한다. 어렸을 때, 당신은 성인으로서는 전혀 생각지도 못했을 결정을 내렸다. 당신은 작년에, 지금 아는 것을 알았다면 내리지 않았을 결정을 내렸다. 그 결정을 할 때의 당신과 지금의 당신은 다른 사람이다. 과거에 저지른 실수에 연연하지 마라. 그런 실수를 저지른 사람은 과거의 당신이다. 지금의 당신은 계속 쌓이는 지식과 경험의 창고를 토대로 새로운 선택과 새로운 결정을 할 수 있다. 당신에게 주어진 미래의 운전대에 손을 얹고 어디든 원하는 방향으로 가면 된다.

## 실패와 불행을 부르는 일곱 가지 요인

왜 모든 사람이 고매한 인격으로 살아가지 않는 걸까? 왜 모든 사람이 정직과 진실의 미덕을 실천하지 않는 걸까? 무엇보다 그것이 성공이나 행복과 밀접한 관계가 있는데도 말이다.

그 대답은 내가 **편의성 요인**expediency factor 혹은 **E 요인**이라고 부르는 것에 있다. 이것이 실패의 근본 이유다. 이 요인을 이해했을 때만 그것을 억제할 수 있다. 편의성 요인은 인간성의 결함이나 약점을 바탕으로 한다.

인성에는 많은 요소가 있지만, 거기서 기본적인 7대 요소만 보기로 하자. 이들 중 어느 하나만 통제하지 못하거나 엉뚱한 방향으로 나가도 사람을 실패로 몰고 가기에 충분하다. 사람들은 대개 일곱 가지 잘못을 동시에 범하기 때문에 성취도가 매우 낮다.

### ① 게으름

사람은 어떤 일을 마무리할 때 늘 에너지를 절약하려고 한다. 그 이유는 시간과 에너지가 곧 삶을 의미하고 사람은 자신의 삶을 중시하기 때문이다. 사람은 어떤 일을 할 때, 더 쉬운 길을 마다하고 의식적으로 더 힘든 길을 선택하지 않도록 설계되어 있다. 이것은 좋든 싫든, 당신을 포함해 모든 사람이 게으르다는 것을 의미한다.

만일 구조적으로 같은 일을 더 쉽게 마무리하는 것에 목표를 둔다면 게으름은 별문제가 되지 않는다. 인류 역사는 남녀를 막론하고 노력과 에너지를 적게 소비하면서 동일한 목표를 달성하기 위해 창의력을 발휘하며 발전해왔다. 하지만 쉬운 길을 찾다가 그것이 역효과를 내거나 심지어 해로운 결과를 초래한다면, 게으름은 좋지 못한 자질이 된다.

## ② 탐욕

사람은 누구나 적은 것보다 많은 것을 좋아한다. 만일 내가 당신으로부터 사과를 사는데 그 값으로 5달러와 10달러 중에 고르라고 하면, 당신은 10달러를 선택할 것이다. 이것이 정상적이고 자연스럽고 건강한 반응이다. 모든 인간은 적은 것보다 많은 것을 선호한다. 누구나 마찬가지다. 이것은 모든 사람에게 욕심이 있다는 의미다. 탐욕은 긍정적인 것도 아니고 부정적인 것도 아니다. 만일 탐욕이 당신의 삶을 개선하고 당신과 다른 사람들의 복지를 향상하는 방향으로 나아간다면, 긍정적인 영향을 줄 수도 있다. 대신 뭔가를 공짜로 얻거나 자격이 없는데도 얻으려는 것을 목표로 한다면, 탐욕은 파괴적인 결과를 부를 것이다. 탐욕이 좋은 것인지 나쁜 것인지는 그것이 적용되는 방식에 달려 있다.

### ③ 이기주의

모든 사람은 스스로 생각하고 느낀다. 당신의 행복, 불만, 욕망, 결핍을 느낄 수 있는 사람은 당신밖에 없다. 당신의 이런 감정을 느낄 수 있는 사람 혹은 이런 부분에서 무엇이 최선인지 당신을 위해 결정할 수 있는 사람은 당신뿐이다. 그리고 당신은 언제나 당신에게 최선이라고 느끼는 것을 토대로 결정한다. 이것은 당신이 이기적이거나 적어도 자기중심적이라는 것을 의미한다. 뷔페에 갈때, 당신의 입맛과 취향에 딱 맞는 음식 조합은 당신만이 결정할 수 있다.

이기적인 것도 별문제가 안 된다. 게으르거나 탐욕스러운 것과 똑같이 그저 자연의 이치일 뿐이다. 구조 활동을 하는 성직자가 가능한 한 많은 사람을 구하겠다는 내면 깊은 곳의 욕구를 충족하려 한다면 전적으로 이기적이라고 볼 수 있다. 그는 건강하고 건설적인 방식으로 게으르거나 탐욕스럽거나 이기적일 수 있다.

### ④ 야망

우리가 하는 모든 행동의 목적은 최악의 상황을 미리 막고 문제를 해결하는 것이다. 모든 사람은 의식적으로나 무의식적으로 그들이 하는 말이나 행동이 삶을 개선해주기를 바란다. 이것은 누구나 야망이 있다는 것을 의미한다. 누구나 자신의 일, 인간관계, 건강, 재정 상태를 개선하고 싶어 한다. 야망의 반대는 무관심이나 자기만족일 것이다. 완전히 만족한 상태에서 자신의 삶이 좋아지든 나빠지든 전혀 신경 쓰지 않는 태도 말이다.

야망은 매우 건강한 자질로서 장애물을 극복하거나 아무도 가능하다고 믿지 않는 목표를 달성하는 데 큰 자극을 준다. 물론 한 사람의 야망이 다른 사람들에게 정직하지 못하거나 해로운 행위를 하는 원인으로 작용한다면 야망은 부정적인 자질이 된다. 다만 야망 그 자체로는 긍정적이지도 부정적이지도 않다. 인간 본성의 모든 자질이 그렇듯이, 야망이 표현되는 방식이 좋고 나쁨을 판가름한다.

## ⑤ 무지

아무도 무언가에 대해 완벽하게 알 수 없다. 우리가 아무리 많이 배운다 해도, 우리가 내리는 모든 결정은 일종의 추측을 토대로 한 것이다. 우리가 모든 사실을 알 수는 없기 때문에 우리의 행동이 우리가 바라는 결과를 가져올 거라고는 절대 보장할 수 없다. 이것은 누구나 어느 정도는 무지하다는 것을 의미한다. 어떤 사람들은 다른 사람보다 더 많이 알지만, 결국 누구도 자신에게 필요한 지식을 완벽하게 얻지 못한다. 심지어 그들의 전문 영역에서도 마찬가지다. 활용 가능한 지식의 양을 늘림으로써 위험을 알고 찾아내고 최소화하려는 경향은 오늘날 인간 지식의 총량이 빠르게 두 배로 증가하게 된 주된 이유다. 과거 인류 역사 그 어느 때보다 더 많은 사람이 더 많은 정보를 만들어내고 있으며 그 속도도 점점 빨라지고 있다. 이것은 우리 인간이 모두 어느 정도는 무지하다는 것을 직관적으로 인식하기 때문이다.

## ⑥ 허영심

사람은 내심 자신의 용모와 업적, 가족, 직장, 재산에 대해 자부심을 느낀다. 사람은 외모에 신경을 쓰고 다른 사람들에게 좋은 평가를 받고 싶어 한다. 이것은 누구나 어느 정도 허영심이 있다는 것을 의미한다. 허영심의 반대는 자신이 외부에 어떻게 비치든 개의치 않는 완전한 무관심일 것이다. 허영심은 아름다움과 건강, 부, 성공을 향해 나가도록 우리를 자극한다는 점에서 좋은 것이다. 허영심은 의류와 가구, 가전, 자동차, 화장품, 엔터테인먼트, 스포츠같은 여러 산업을 추진하며, 나아가 성공적인 기업을 창업하고 키우려는 욕망까지도 부추긴다. 허영심은 동시에 정치적 행위의 원동력이기도 하다. 다만 허영심은 당신의 모든 결정에 지나치게 영향을 끼치기도 한다.

## ⑦ 성급함

사람은 누구나 느린 것보다 빠른 것을 좋아한다. 누구나 나중에 처리되는 것보다 지금 처리되기를 바란다. 예를 들어 내가 당신에게 100달러를 준다고 하자. 그 돈을 지금 줄 수도 있고 1년 뒤에 줄 수도 있다. 이때 당신은 지금 즉시 받는 것을 원할 것이다. 이런 태도는 정상적이고 자연스럽다. 이것이 바로 인간의 본성이기 때문이다. 왜 이런 태도를 보이는가? 간단하다. 당신은 당신의 삶을 중시하고 당신의 삶은 시간으로 이루어져 있기 때문이다. 미래라는 개념은 일종의 투기다. 보상이나 이익을 더 빨리 받을 수 있다면, 당신은 언제나 나중에 받기보다 지금 받기를 원할 것이다.

우리의 사회 전체는 더 빠르고 더 새롭고 더 나은 것을 가지려는 소비자의 욕구에 이끌리기 마련이다. 모든 기업은 속도에 대한 욕구에 이끌린다. 경쟁사보다 더 빠르고 더 우수한 고객 서비스를 제공해야 하기 때문이다. 무어의 법칙에 따르면, 컴퓨터 설계가 개선되어 정보 처리 속도는 18개월마다 두 배로 빨라지고 정보처리 비용은 절반으로 떨어진다. 기술 속도가 빨라지는 까닭은 인간의 본성이 엄청나게 성급하기 때문이다.

그렇다면 우리 인간이 가지고 있는 것은 무엇인가? 당신을 포함해 인간은 기본적으로 게으르고 탐욕스럽고 이기적이고 야망이 있으며 무지하고 허영심이 있고 성급하다. 따라서 보통 사람은 편한 것을 추구한다. 갖고 싶은 것을 즉시 얻기 위하여 가장 빠르고 쉬운 길을 찾는다. 부수적인 결과에 대해서는 거의 혹은 전혀 신경을 쓰지 않는다.

이것이 편의성 요인이다. 편의성만 좇는 폭주를 멈추게 하는 것은 자기 수양과 자기 억제, 극기뿐이다. 미덕과 가치, 그리고 사전에 올바른 것만 행하고 생각하겠다는 단호한 의지로 돌아가는 길밖에 없다는 말이다. 편의성 요인의 반대는 인격이나 뛰어난 인물들과 관련된 대덕great virtues의 실천이다.

## 모든 목표 중 가장 큰 것

미덕 몇 가지를 보자. 알다시피 정직은 다른 모든 미덕을 보장해주는 핵심 덕목이다. 당신의 정직성은 당신이 옳고 진실하다고 믿는 것을 토대로 얼마나 흔들림 없이 살아가는지를 결정한다.

또 하나의 아주 중요한 미덕은 책임감이다. 책임을 받아들일 때, 자기 자신이 우리 삶에서 가장 중요한 창조의 원천임을 인정하게 된다. 현재 우리가 서 있는 위치와 지위는 과거의 생각과 행동에서 비롯된 것이다. 끊임없이 "내 책임이야. 그렇게 되면 나 때문이야"라고 말하라. 책임감이라는 미덕을 선택할 때, 우리는 남을 비난하고 변명하는 것을 멈출 수 있다. 불평이나 변명을 절대 늘어놓지 않는다. 우리 자신뿐 아니라 우리를 바라보고 우리에게 의지하는 모든 사람을 위해 우리의 삶을 온전히 책임지고 그에 대한 책임을 받아들이는 것이다.

> 책임을 받아들일 때, 자기 자신이 우리 삶에서 가장 중요한 창조의 원천임을 인정하게 된다.

동정심은 최대의 미덕 중 하나다. 동정심은 불행하거나 운이 별로 안 좋은 다른 사람들에게 더 관대해지고 더 인정을 베풀게 해준다. 자신이 원하는 것을 얻으려고 끝없이 애쓰는 대신, 고생하는 사람들의 상황 속으로 들어가본다. "신의 은총이 없었다면 나도 그 자리에 있었을 것"이라는 말을 계속 되뇐다. 가장 진화된 사람들은 큰 동정심을 보여준 사람들이었다. 운이 안 좋은 사람들에 대한 동정심이 크면 클수록, 더 나은 사람이 되는 법이다. 이런 사람은 지금까지 잘 지내온 것을 큰 행운이라고 생각하며, 아직 갈 길이 먼 사람들에 대한 섣부른 판단을 유보한다.

친절도 큰 미덕이다. 친절이나 공정은 다다익선이다. 우리와 마주치는 사람은 모두 무거운 짐을 지고 있다. 당신과 마주치는 모든 사람에게 친절과 호의를 보이며 하루를 보낼 때, 당신은 그들의 짐을 덜어주는 것이다. 그들에게 따뜻한 느낌과 명랑한 분위기를 남기는 것이다.

동정심과 친절을 표현하고 책임을 짊어질 때, 당신 자신도 기분이 좋아지고 더 나은 사람이 되며 잠재의식을 재설정하게 되고 당신의 성격도 건전한 방식으로 바뀐다.

우정도 놀라운 미덕이다. 친구를 사귀려면, 친구가 되어야 한다는 말을 알 것이다. 당신을 좋아하는 사람을 얻으려고 수년 동안 애쓰기보다 다른 사람들에게 좋은 친구가 되기 위해 3~4주 애쓰는 것이 더 많은 친구를 만들 수 있다. 《카네기 인간관계론》에서 데일 카네기는 우호적인 관계를 맺는 최선의 방법은 다른 사람들에게 진심으로 관심을 기울이는 것이라고 말했다. 수줍음이나 불안감을 극복하려면, 자기 자신을 잊고 단순히 상대방에게 질문하면 된다. "무슨 일을 하고 계십니까?" "어떻게 그 분야로 나가게 되셨나요?" "일은 잘되어 가십니까?" 등의 질문을 한 다음에는 상대의 말을 끊지 말고 잠자코 귀를 기울여 대답을 듣는다. 고개를 끄떡이고 미소를 지으며 관심을 보인다. 자기 자신에서 벗어나 상대에게 더 주목할 때, 자긍심도 높아지고 당신에 대한 상대의 감정도 더 좋아질 것이다.

이렇게 긍정적인 감정들은 자기 발전의 원동력이 된다. 우리가 본질적으로 가치 있는 행동을 많이 할수록 그것은 우리의 개성 속에 자리 잡아 변치 않는 성격의 일부가 된다.

부드러움은 우리가 갈고닦을 수 있는 또 다른 미덕이다. 강한 자만이 부드러울 수 있다. 다른 사람들에게 거칠고 무관심한 사람은 보통 약하거나 불성실하며 자부심은 낮고 불안감은 높은 자들이다. 당신이 다른 사람들을 부드럽게 존중하며 너그럽게 대한다면, 어떤 상황에서도 당신은 내면적으로 더 나은 사람이 된다. 무엇보다 이런 자질을 배우자나 자녀, 친구, 직원들에게 실천할 때, 당신은 더 많은 존경과 칭송을 받게 된다. 당신과 마주치는 상대 중에 가장 친절하고 부드러운 사람이 가장 훌륭한 인물이기 마련이다.

모든 목표 중에서 가장 큰 것은 마음의 평화다. 마음의 평화는 당신이 얼마나 잘하고 있는지를 보여주는 진정한 척도다. 마음의 평화를 목표로 설정하고 이것을 기준으로 삶을 구성할 때, 실수를 저지를 가능성은 크게 줄어든다. 마음의 평화는 당신의 최고 가치에 맞춰 살 때, 당신 자신과 다른 사람들에게 한 점 부끄럼 없이 정직하다는 것을 스스로 알 때만 찾아온다. 마음의 평화는 내면에서 나오는 조용하고 작은 목소리를 들을 때 찾아온다. 그러면 당신은 직관을 믿고 당신 자신의 본성의 흐름을 따르게 된다. 또 옳고 선하고 진실하다고 아는 것을 행하게 된다. 이때 당신은 사람과 기회를 끌어들여 보통 사람이 평생 이룬 것보다 많은 발전을 2~3년 안에 이룰 수 있게 된다.

아주 중요한 행운의 요인 중에는 성공한다는 보장이 없어도 앞

모든 목표 중에서 가장
큰 것은 마음의 평화다.

으로 나가려는 용기와 자신감, 대담성, 의지 같은 것이 포함된다. 이런 특성을 갖추었을 때, 당신은 사실상 무엇이든 할 수 있다. 이런 특성이 없을 때는 어떤 자질도 별 도움이 못 될 것이다. 두려움과 의심은 지금까지 늘 그래왔던 것처럼 앞으로도 언제나 가장 치명적인 적이 될 것이다. 두려움과 의심은 개인의 가능성을 저해하는 주범이다. 당신의 모든 것, 당신이 이루는 모든 것을 결정하는 힘은, 당신 주변에서 일어나는 일이 아니라 당신의 내면에서 일어나는 일이다. 용기와 결단력을 기르는 것이야말로 당신의 삶 전체를 최고조로 끌어올리는 비결이다.

**자발적 의지의 법칙**은, 목표를 달성하는 데 필요한 것은 무엇이든 기꺼이 해야 한다는 말이다. 물론 법의 테두리 안에서, 이성의 범위 안에서 하라는 의미다. 불법적이거나 부도덕한 일은 절대 하면 안 되고 낙하산 없이 비행기에서 뛰어내려서도 안 된다. 이런 테두리 안에서 자발적 의지는 아주 강력한 행운의 요인이다.

목표를 스스로 설정할 때 많은 사람이 목표 달성에 필요한 것은 거의 무엇이든 하려고 하지만, 의지만으로는 충분치 않다. 어떤 대가를 치르더라도, 가야 할 거리가 아무리 멀어도, 어떤 희생을 치르더라도 목표에 전념해야 한다. 당신은 재정적인 자립을 원하는가? 부자가 되고 싶은가? 은퇴하기 전에 백만장자가 되고 싶은가?

재정적인 목표를 달성하는 데 당신을 가로 막을 방해물은 없다. 수백만 명이 맨주먹에서 출발해 빚더미에 올라앉았지만, 끝내 목표들을 모두 이루었다. 당신도 할 수 있다. 문제는 단 하나, 그 목표를 얼마나 간절히 원하느냐다.

일단 당신이 원하는 것이 정확하게 무엇인지 결정한 다음에는 행운을 키우기 위해 **용기의 법칙**을 활성화하라. 이 목표를 향해 대담하게 나갈 때, 보이지 않는 힘이 당신을 돕기 위해 온다. 현재 자신이 있는 곳에서 가고 싶은 곳으로 어떻게 갈지 알지 못해서 머뭇거리거나 중단하는 사람이 많다. 그들은 천 리 길도 한 걸음부터라는 이치를 모른다. 꿈에도 그리던 방향으로 한 발짝 내디디고 과감하게 행동할 때만, 당신의 일이 제대로 풀리기 시작할 것이다.

아리스토텔레스는 용기를 양극단에 있는 무모함과 비겁함의 중간으로 정의했다. 용기는 그 한가운데 있다는 것이다. 필요한 모든 상황에서 용기를 연습함으로써 용기를 기를 수 있다.

> 재정적인 목표를 달성하는 데 당신을 가로막을 방해물은 없다.

# 어떤 두려움이 당신의 발목을 잡는가

우리를 방해하는 두려움에 관한 한 가지 유용한 사실은 두려움이 학습의 산물이라는 점이다. 사람은 태어날 때 두려움을 모른다. 모든 아이가 그렇듯이, 당신도 두 가지 놀라운 자질을 갖고 태어났다. 첫째, 겁이 없다. 유아는 타고난 두려움이 없다(추락이나 시끄러운 소음 같은 물리적인 것은 제외하고). 둘째, 완벽하게 자발적이다. 유아는 어느 누가 무슨 말을 하건 무슨 생각을 하건 상관하지 않고 완벽하게 자신을 표현한다.

아이가 자라는 동안 부모나 주변 사람들은 아이의 남은 인생을 방해하는 두려움을 서서히 주입한다. 아이가 주변 세계를 탐험할 때면, 그들은 "멈춰"라든가 "가까이 가지 마" "손대지 마" "내려와" "거기서 나와", 그리고 모든 부정적인 말 중에 가장 강력한 "안 돼"라는 말을 한다. 아이가 뭔가를 만지거나 맛을 보거나 냄새를 맡으려고 하면 언제나 멈추라는 말을 하는 사람이 있다. 너무 위험하다거나 아이가 너무 어리다는 이유로.

그 결과 아이는 이내 자신이 너무 작고 약하고 무력하다는 무의식적인 믿음을 키우게 된다. 자신이 부족한 존재라고 믿는 것이다. 그러면서 아이는 "난 못 해" "난 못 해" "난 못 해" 같은 말로 표현되는 실패에 대한 두려움을 처음 배운다.

아이가 성인이 되면, 이런 부정적인 습관이 더욱 굳어진다. 뭔가 새로운 것이나 도전적인 것과 마주칠 때면, 아이는 "난 못 해" "난 별로 똑똑하지 않아" "난 창의력이 부족해" "난 교육을 제대로 받지 못했어" "나는 사교성이 부족해" 같은 말들을 한다. 새로운 기회가 와도 첫 반응은, 왜 그것이 자신에게 가능하지 않은지 이유를 찾아 내는 것이다.

이 책에서 나는 당신이 재정 자립을 원하는지 한 번 이상 물었 다. 자칫하면 당신은 직장에서 자기 자신을 논박하는 검사 꼴이 될 것이다. 그러면 즉시 그것이 왜 자신에게 가능하지 않은지 온갖 이 유를 찾으려고 할 것이다. 헨리 포드가 말한 대로 어떤 일을 할 수 있다고 믿거나, 할 수 없다고 믿거나. 둘 다 맞는 이유다.

유아기에 환경적 요인으로 발달하는 두 번째 두려움은 거절에 대한 두려움이다. 이것은 부모가 조건부로 아이를 사랑할 때 발생 한다. 아이가 뭔가를 하거나 하지 않는다는 이유로 부모가 비판하 거나 승인하지 않는다면, 아이는 언제나 부모가 원하거나 찬성한 다고 여겨지는 행동을 하려고 애쓰게 된다. 그러면서 아주 일찍이 그 방향으로 자신의 행동을 조절하는 법을 배우게 된다. 조심하지 않으면 아이는 성인이 되어서도 다른 사람의 의견이나 찬성 여부 에 과민한 반응을 보일 수 있다. 어떤 사람들은 유아기의 경험에 너무 충격을 받은 나머지, 성인이 되어서도 주변 사람들이 (혹은 모르는 사람까지도) 반대하지나 않을까 하는 생각에 어떤 결정도 못 내린다.

창업하는 사람들의 최대 장애물은 불만과 비웃음에 대한 두려움이다. 그들은 사람들이 자신을 좋아하지 않거나 자신을 칭송하지 않게 만드는 것보다는 차라리 아무것도 하지 않는 길을 택한다. 아무것도 하지 않을 때는 당연히 아무것도 이루지 못한다. 언젠가 하키 선수 웨인 그레츠키가 말했듯이, 시도하지 않은 슛은 100퍼센트 실패다.

거절에 대한 두려움의 특징은 "해야 돼" "해야 돼" "해야 돼"라는 강박감이다. 다른 사람들이 찬성하는 일을 해야 한다는 느낌, 그리고 다른 사람들이 반대할지도 모르는 일을 할 수 없다는 느낌이다.

실패와 거절에 대한 가벼운 두려움은 유익하다. 그것이 당신을 성공으로 이끌 수 있기 때문이다. 가벼운 무력감이나 열등감은 당신이 일을 하도록 밀어줄 수 있고 당신을 다른 사람들이 칭송하고 존경하는 사람으로 만들 수도 있다. 이런 경우에 가벼운 무력감이나 열등감은 건설적인 행동을 일으키는 긍정적인 자극제 역할을 한다. 거절에 대한 두려움은 그것이 다른 사람들을 확실하게 배려하는 태도로 표현될 때는 아주 유익할 수 있다. 남들에게 호감을 사고 수용되고 싶은 욕구는 법과 예의, (시민 생활을 가능하게 만드는) 사회적 규범을 따르도록 유도한다. 그리스의 유명한 속담 중에 "중용이 최고"라는 말이 있다. 당신의 잠재력에 제동을 걸지 않는 한(안타깝게도 대부분의 경우 제동을 걸지만), 적당한 두려움이 나쁠 것은 없다.

실패에 대한 두려움을 극복하는 방법은 당신을 긴장하게 하거나 불편하게 만드는 것을 생각할 때마다 대체의 법칙을 활용해 "난 할 수 있어" "난 할 수 있어" "난 할 수 있어"라는 말을 반복함으로써 그런 생각을 몰아내는 것이다.

거절에 대한 두려움을 극복하려면, 자신을 향해 "안 해도 돼" "안 해도 돼" "안 해도 돼"라는 말을 반복한다. 자기 자신을 향해 원치 않는 일을 안 해도 된다고 말하고, 하고 싶은 일은 무엇이든 할 수 있다고 말할 때, 당신은 의식과 잠재의식 양 측면에서 마음과 감정을 완전히 통제하게 된다. 당신이 과감하게 행동하고 꿈꾸던 방향으로 움직일수록, 끌어당김의 법칙은 당신을 위해 더 활발히 작용한다. 더 자신감을 갖추고 더 낙관적일수록 당신의 초의식은 당신의 생각과 행위(또 주변 세계)를 더 일치시키고 당신은 세렌디피티와 공시성의 법칙을 지속적으로 경험하게 된다.

앞에서 큰 꿈의 중요성을 언급했는데, 당신의 발목을 잡는 두려움을 극복하기 위한 아주 중요한 질문이 있다. 실패하지 않는다는 것을 알 때, 당신이 이루고 싶은 대단한 일 한 가지는 무엇인가? 만일 당신에게 무한한 가능성이 있다는 것을 알면 어떻게 할 것인

✦───────────────
실패하지 않는다는 것을
알 때, 당신이 이루고 싶
은 대단한 일 한 가지는
무엇인가?
───────────────✦

가? 만일 완전한 성공을 보장받는다면, 당신 자신을 위하여 어떤 큰 목표를 세울 것인가?

이 질문을 듣는 순간 거의 누구나 답을 알 것이다. 하지만 동시에 잠재의식이라는 악령이 의심과 불안을 일으키고 자신감을 갉아먹으면서 성난 군중처럼 사방에서 당신을 향해 몰려들 것이다.

당신 자신을 억제하기 위해 사용했던 정신적 장애물을 확인하는 좋은 방법이 하나 있다. 자신에게 물어보라, "나와 똑같은 한계를 경험했지만, 그럼에도 불구하고 계속 성공을 거둔 사람이 누가 있는가?" 이 물음은 당신 자신에게 솔직해질 것을 강요한다. 또 당신 자신을 속이는 짓을 멈추도록 강요한다. 당신이 즐겨 사용하는 변명이 무엇이든, 당신은 확신할 것이다. 당신이 상상하는 것보다 훨씬 고된 경험을 했지만 놀라운 일을 해내고 그들 자신의 삶과 가족과 지역사회에 엄청난 공헌을 한 사람이 수도 없이 많다는 것을. 그렇다면, 무엇이 당신의 발목을 잡는가?

# "난 못 해"라는 착각

심리학자들은 사실로 확인되는 것보다 훨씬 더 많은 두려움을 느끼게 하는 주요 요인 두 가지를 찾아냈다. 첫째는 실패에 대한 두려움에 깊이 뿌리박힌 것으로서 학습된 무력감이다. 심리학자인 마틴 셀리그먼은 《학습된 낙관주의Learned Optimism》에서 이 무력감을 가진 사람이 인구의 80퍼센트는 넘을 것이라고 말한다. 학습된 무력감은 자신이 무기력하고 할 수 있는 일이 하나도 없다고 느끼는 것이다. 이 감정은 끊임없이 내뱉는 "난 못 해" "난 못 해"라는 말에서 드러난다.

매슬로는 인류의 역사는 자신을 과소평가하는 남녀의 이야기라는 말을 남겼다. 인간이 스스로 할 수 있는 것보다 훨씬 작은 목표를 세우는 까닭은 우리가 상황을 바꾸기 위해 할 수 있는 것은 거의 없다고 무의식중에 확신하기 때문이다. 하지만 이 믿음은 사실이 아니다. 우리는 이 책에서 논의한 행운의 교훈을 실천함으로써 극적인 변화를 (때로는 매우 빠르게) 일으킬 수 있다.

실제로 우리의 능력에 한계가 있다면 그것은 오직 우리의 상상력과 욕망의 한계일 뿐이다. 나폴레온 힐의 유명한 말을 잊지 말자. "마음속으로 무슨 생각을 하건, 무엇을 믿건, 그것은 이루어질 수 있다." 당신에게 확실하게 정의하고 계획할 수 있는 어떤 목표가 있다면, 그것을 달성하는 타고난 능력과 자질이 당신에게 있다는 것은 분명하다. 진심으로 원하는 목표를 표현하고 정의하는 능력이 있다는 것은, 정말 오랫동안 아주 간절하게 원하는 한, 그 목표를 성취할 능력이 있다는 증거다.

## 안전지대에 갇히다

사람들의 성공을 가로막는 두 번째 두려움은 안전지대에서 나온다. 우리 인간은 습관의 동물이며 결과가 특별히 행복하지 않더라도 습관을 고수하는 경향이 있다. **습관의 법칙**은 우리 자신에 대해 명확한 결정을 내리지 않거나 어떤 외부의 자극이 없을 때, 우리는 계속 똑같은 방식으로 행동하게 된다는 말이다. 습관의 법칙은 뉴턴이 처음 발표한 **관성의 법칙**과 같은 것이다. 뉴턴은 운동 중인 물체는 외부의 힘이 작용하지 않는 한, 계속 운동하려는 경향이 있다고 말했다. 이 법칙을 당신에게 적용해보자. 상황을 변화시키려는 명확한 결정을 내리지 않는 한, 또 당신을 안전지대에서 빠져나오도록 강요하는 일이 발생하지 않는 한, 당신은 계속 똑같은 일을 하고 똑같은 사람들과 어울리고 똑같은 돈을 벌며 똑같은 수준의 성취에 만족할 것이다.

이것이 일자리를 잃거나 결혼 생활이 파탄 나거나 가진 돈을 몽땅 날리는 것이 실제로는 좋은 일이 될 수 있는 이유다. 그런 일들이 자기만족에서 벗어나도록 당신을 흔들고 안전지대 밖으로 당신을 몰아낼 수 있기 때문이다. 또 당신을 깨워 다른 쪽으로 방향을 돌리게 할 수 있기 때문이다.

어떤 일이 일어나도, 미래 지향적인 태도를 유지해야 한다. 과거의 문제에 연연하지 말고 전향적인 태도로 다음과 같은 질문을 하라. "이제 무엇을 할 것인가?" "다음 단계는 무엇인가?" 그리고 특히 "앞으로 더 강해지고 더 나아지기 위해 이 상황에서 무엇을 배울 수 있는가?"

## 실패는 있을 수 없을 것처럼 행동하라

**가정의 법칙**은 작가 도로시아 브랜디가 가장 간결하게 표현했다. 그는 당신이 진심으로 바라는 것이 무엇이든, 절대 실패하지 않을 것처럼 행동하면 그대로 될 것이라며 이것이 성공의 최대 비결이라는 결론을 내렸다.

당신이 진정으로 믿고 가치를 부여하는 것이 무엇인지는 당신의 행동 방식이나 당신이 하는 결정과 선택, 행보를 보면 알 수 있다. 당신의 실제 목표와 가치는 간단하게 당신이 매일 무엇을 하는지만 보면 누구나 알 수 있음을 명심하라. 어떤 사람이 말로는 자신은 행복하고 건강해지고 싶고 재정적인 자립을 원한다고 하면서, 지나치게 많이 먹고 운동은 거의 안 하며 독서는 별로 하지 않고 매일 저녁 텔레비전만 본다면? 자신이 진정 원하는 것이 무엇인지는 자명하다. 이 사람이 원하는 것은 편하고 규율이 없는 삶과 시간 낭비와 어리석은 오락으로 보내는 공허한 시간이라는 특징이 있다. 뿌린 대로 거두는 법이다.

누구나 두려움이 있다. 당신도 있고 나도 있고 당신과 마주치는 모든 사람은 두려움이 있다. 우리 인간은 환경의 영향을 받아 두려움의 목록을 고스란히 가지고 성장한다. 그 목록은 때로 우리에게 도움이 되기도 하지만 대개 우리를 해치거나 발목을 잡는다.

모든 사람에게 두려움이 있다면, 용감한 사람과 겁쟁이는 무슨 차이가 있나? 대답은 간단하다. 용감한 사람은 두려움에도 불구하고 행동하는 사람이다. 겁쟁이는 자신의 두려움이 자신을 덮치도록 내버려두는 사람이다. 랄프 왈도 에머슨은 자신이 배운 가장 중요한 교훈은 '자신이 두려워하는 일을 하면 두려움은 반드시 사라진다는 것'이라고 말한 바 있다.

자질이 뛰어난 사람은 자신의 두려움에 맞서는 습관을 기른다. 당신이 두려움을 확인하고 그것을 향해 달려들 때, 두려움은 작아지고 당신에 대한 지배력을 잃는다. 그러나 뒤로 물러나면, 두려움은 계속 자라나 당신의 인생을 지배하게 된다.

습관의 법칙에 따라 무엇이든 계속 반복하면 새로운 습관이 된다. 만일 당신이 두려움에 맞서고, 두려워하는 일을 하고, 마치 어떤 어려움에도 전혀 두렵지 않은 것처럼 행동하는 습관을 기르면, 두려움은 줄어들고 대신 용기가 늘어날 것이다. 곧 당신은 사실상 어떤 것도 두려워하지 않는 경지에 이를 것이다. 만일 두려움이 전혀 없다면, 당신 자신을 위해 어떤 대단한 목표를 세울 것인가?

## 걱정 파쇄기

걱정을 파쇄할 수 있는 훈련 방법이 있다. 꿈의 목록을 준비하라. 종이 왼쪽 칸에는 목록에 나온 목표를 전부 쓴다. 가운데 선을 긋고 반대편의 오른쪽 칸에는 당신이 당장 목표를 향해 나가는 행동을 할 때, 일어날 수 있는 최악의 사태를 적는다. 어느 경우든 당신은 최악의 결과는 당신이 상상하는 것만큼 심각하지 않다는 것을 알게 될 것이다.

잠재의식을 덮치기 쉬운 두려움의 한 가지 증상은 걱정이다. 걱정은 우유부단과 자신감 상실로 인해 생기는 두려움의 일관된 형 사람의 마음은 매우 강력하다. 가장 많은 감정과 생각을 쏟는 것을 삶으로 끌어들인다.

태다. 그것은 일어나기를 바라지 않는 일을 생각하고 감정적으로 다루는 부정적인 상상력의 형식으로 나타난다.

끌어당김의 법칙은 중립적이다. 사람의 마음은, 특히 사람의 초의식은 매우 강력해서 가장 많은 감정과 생각을 쏟는 것을 삶으로 끌어들인다. 돈 걱정을 하는 사람은 돈 문제가 생긴다. 비판적이고 지나친 요구를 하고 성급한 사람은 언제나 인간관계에 문제가 있는 것처럼 보인다. 온전한 책임감 없이 일을 빠르고 쉽게 마무리할 요령만 끊임없이 찾는 사람은 언제나 직장에서 문제가 생긴다.

우리가 걱정하면, 우리는 걱정하는 것을 삶으로 끌어들인다. 이것이 우리가 모름지기 원하는 것만을 생각하고 말하고 상상해야 하는 이유다. 우리는 우리가 원치 않는 것에 집착하는 것을 한사코 거부해야 한다. 이것이 성격과 자제력을 시험하는 최선의 방법 중 하나다. 또 성공과 행복의 핵심 요소이기도 하다.

## 최악 또는 최선을 상상해보라

자발적으로 위험을 무릅쓰고 안전지대를 벗어나며 학습된 무력감

310

의 굴레를 깨뜨리고 성공할 보장이 없어도 가치 있는 목표들 이루는 데 온몸을 바치는 의지는 너무도 중요한 행운의 요인이다. 당신은 용기를 어떻게 계발할 것인가? 다음은 반복해서 활용할 수 있는 세 단계다.

첫째, 당신을 두렵게 하는 상황을 생각할 때, 그 상황의 결과로 일어날 수도 있는 최악의 경우를 확인하라. 일단 확인한 다음에는 그런 일이 발생하면 받아들이기로 마음먹는다. 그러면 그에 대한 걱정을 멈추고 그것을 마음에서 지울 수 있다. 이 과정을 거쳤다면, 그다음으로는 그런 일이 반드시 일어나지 않도록 막기 위해 자신이 할 수 있는 일을 생각해본다. 일단 어떤 상황에서든지 일어날 수 있는 최악의 경우를 확인하면 두려움과 걱정이 증발하는 경향이 있다. 그러면 마음이 차분해지고 맑아진다. 당신은 실패보다 성공에 모든 에너지와 열정을 집중할 수 있다.

몇 년 전 가라테 경기에 나갔을 때, 나는 세계적인 가라테 고수로부터 흥미로운 기술 한 가지를 배웠다. 나는 가라테 경기에서 단 0.5인치라도 앞으로 나가면, 상대는 두 사람 간의 상대적인 거리를 똑같이 유지하기 위해 뒤로 물러선다는 것을 알았다. 나는 앞으로 이동하고 있었기 때문에 내 에너지와 주의력은 100퍼센트 앞으로 쏠렸다. 상대는 뒤로 이동 중이었기 때문에 에너지의 절반은 그가 움직이는 매트 가장자리 쪽으로 쏠렸다. 나는 몇 차례의 전국대회에서 아주 좋은 성적을 낼 수 있었는데, 그 이유는 더 강한 상대를 만났을 때도 늘 앞으로 나아갔기 때문이다. 에너지를 100퍼센트 앞으로 집중하는 것은 상당한 이점을 안겨주며 여기서 모든 성공과 실패가 갈린다.

용기를 키우고 두려움을 줄이는 또 다른 방법으로는 목표를 달성한 결과로 누리게 될 모든 보상을 확인하는 방식이 있다. 모든 보상을 적어보라. 독일 철학자 니체는 "살아야 할 이유가 있는 사람은 어떻게든 견딜 수 있다"라는 말을 남겼다. 당신이 목표를 달성할 이유가 많을수록, 당신은 더 큰 보상을 기대할 수 있고 더 많은 힘과 에너지를 갖게 될 것이다. 한 번에 한 가지만 생각할 수 있다는 것을 명심하라. 성공에 따른 보상을 생각하면서 동시에 실패에 따른 피해를 생각할 수는 없는 노릇이다. 당신이 원하는 것을 생각하면 할수록, 당신은 더 강해지고 힘이 넘칠 것이다. 그리고 더 힘이 넘칠수록 당신은 더 많은 용기를 얻고 마침내 어떤 것도 두려워하지 않는 경지에 이를 것이다. 일단 출발하면 목표를 향한 움직임을 멈추지 않게 될 것이다.

# 백만불짜리 질문

용기의 첫째 부분이 성공한다는 보장이 없어도 자발적으로 시작하고 믿음으로 행동하며 목표를 향해 앞으로 나가는 의지라면, 둘째 부분은 자발적으로 견디며 흔들리지 않는 의지다. 때로는 절대 포기하지 않겠다고 단호하게 결심하는 것이 유일한 무기일 경우도 있다. 어떤 경쟁에서든, 가장 단호하고 굳게 결심한 사람이 보통 최종 승리를 거두게 된다. 사람들이 실패하는 이유는 그들의 능력이 부족하고 기회를 못 만나서가 아니라, 장애물을 만났을 때 그것을 극복할 정신력과 끈기가 부족하기 때문이다.

자신을 위해 큰 목표를 세우는 순간, 마치 삶의 배가 폭풍을 만난 것과 같은 상황이 벌어질 것이다. 당신은 돌풍에 휘말리고 연속해서 예상치 못한 반전과 난관에 부닥치고 흔들리게 될 것이다. 당신이 새롭게 크고 도전적인 목표를 세운다면, 당신의 초의식은 주변 세계에 변화를 불러일으킬 것이다. 이 모든 변화의 공통점이 단 하나 있다면, 그것은 당신 스스로 세운 새롭고 높은 기준을 세우는 데 필요한 경험과 기회를 주기 위한 변화라는 것이다.

당신이 실패를 성공으로 바꾸려고 할 때, 역경을 만났을 때 지구력을 높이는 데 활용할 효과적인 두 가지 질문이 있다. 자수성가한 백만장자로부터 배운 이 두 가지를 나는 '황금 질문'이라고 부르며 많은 사람에게 가르쳐주었다. 이들 또한 이 질문을 활용해 자수성가한 백만장자가 되었다.

첫 번째 질문은 어떤 경우에도 "내가 올바로 처리한 일은 무엇인가?"여야 한다. 그 상황에서 당신이 올바로 처리한 모든 일을 하나하나 세부적으로 신중하게 분석한다. 설사 그것이 재앙으로 드러난다고 해도, 당신은 생산적이며 반복할 가치가 있는 무언가를 해낸 것이다.

그런 다음에 두 번째 질문을 하라. "이런 상황을 다시 겪게 된다면 나는 어떤 차별화된 행동을 할 것인가?" 이 질문은 당신에게 이런 상황에서 여러 교훈을 생각하도록 돕는다. 또 과거에 일어난 일을 곱씹기보다 미래에 무엇을 할 수 있는지 생각하도록 돕는다.

이 질문은 두 가지 다 모든 상황에서 최대의 가치를 뽑아내도록 해주는 긍정적인 대답을 유도한다. 그 질문들은 당신의 마음이 긍정적인 대상에 집중하며 미래 지향적인 자세를 유지하도록 해준다. 또 당신이 빠른 속도로 배우고 성장하도록 해줄 수 있다. 모든 상황을 겪은 뒤에 이 두 가지 질문을 하면, 당신은 한 달 만에 다른 사람들이 2~3년 동안 배우는 것보다 더 많이 배우고 성장할 것이다.

만일 다른 사람들과 함께 근무한다면, 이 질문을 규칙적으로 되새겨야 한다. 당신은 통찰력을 얻어 더 빠르게 앞으로 치고 나갈 것이며 상상을 초월하는 행운을 경험할 것이다.

내가 즐겨 인용하는 구절로, 나이키의 필 나이트가 한 말이 있다. 그는 "마지막에 성공하기만 하면 된다"라고 말했다. 실패를 거듭할 수 있지만(꾸준히 버티는 한 사실상 피할 수 없다), 필요한 것은 큰 성공뿐이며 그것이 그때까지의 모든 실패를 날려버린다는 것이다. 지구력 테스트를 통과하지 않고 큰 성공을 거두는 사람은 없다. 그것은 마치 계속 반복해야 하는 시험과 같다. 우리는 더 높은 수준의 끈기를 발달시킬 때만 발전할 수 있다. 사람들은 대부분 다른 사람이 포기한 곳에서 한 발짝 더 나갔을 때 최대의 성공을 거둔다. 목표를 달성할 때까지 절대 포기하지 않겠다고 굳게 다짐한 사람은 계속 앞으로 나아가다 마침내 목표를 돌파하게 된다.

때로 최대의 실패는 최대의 성공으로 오르기 위한 구름판이 될 수 있다. 또 어떤 아이디어나 사업의 완벽한 붕괴가 퍼즐의 마지막 조각이 되어 재정 자립에 필요한 결정으로 이어질 때도 있다.

## 끈기와 고집의 차이

그런데 끈기와 고집은 차이가 있다. 끈기는 명확한 목표를 향해 가는 동안에는 참고 견디지만 목표를 달성하는 수단에 대해서는 유연한 태도를 말한다. 언제나 눈에서 공을 놓치지 않는다. 그리고 언제나 자신이 어디로 가는지 안다. 기꺼이 변화를 받아들이면서 목표에 이르는 다양한 방법을 시도하지만, 절대 목표를 포기하지는 않는다.

반면에 고집은 사실에 맞선다. 명백히 실행 불가능한 어떤 일에 매달린다. 안 된다는 증거는 차고 넘친다. 자기 자신과 상황에 대하여 현실적이지도 못하고 정직하지도 않다.

우리는 규칙적으로 끈기와 고집의 차이를 생각해야 하며 우리 자신의 행위가 고집이 아니라 끈기인지 반드시 확인해야 한다.

끈기 있게 견딜수록 우리는 더욱 자신을 믿게 되고 우리 자신을 믿을수록 더 참고 견디는 법이다. 끈기는 자기 자신을 얼마나 믿는지를 보여주는 잣대다. 당신은 그저 계속 노력하기만 하면 성공이 보장된 것처럼 행동함으로써 성공에 대한 확신을 키울 수 있다. 당신은 멈추기를 거부함으로써 멈출 수 없는 흐름을 타게 된다. 일관되게 행동 지향적인 태도를 계발하고 자신의 행위에 대한 모멘텀 전략을 적용한다면, 당신은 갑작스러운 홍수나 특정 방향으로 무자비하게 흐르는 빙하처럼 강력한 존재가 될 것이다. 더 강하고 더 낙관적이고 더 단호해질 것이며 마침내 멈출 수 없는 사람이 될 것이다.

316

용기와 끈기라는 두 가지 자질을 키우면, 전에는 생각지도 못한 방식으로 행운을 경험하게 될 것이다. 용기와 끈기를 실천하면 할수록 더 뛰어나고 더 강한 힘을 갖게 된다. 성공의 첫 번째 열쇠가 끈기를 발휘하는 것이라면 성공의 두 번째 열쇠는 끈기를 계속 유지하는 것이다. 일단 목표를 향해 출발하면, 목표 지점에 닿을 때까지 그저 한 발을 꾸준히 다른 발 앞에 놓겠다고 결심한다.

## 최종 결론

이 책 전반에 걸쳐 나는 '행운'을 예측할 수 있다는 점을 설명했다. 성공과 행복은 우연이 아니다. 우리에게 일어나는 모든 일은 충분한 이유가 있어서 우리에게 일어나는 것이다. 사람들이 현재 차지하고 있는 위치와 지위는 그들 자신이 끌어당긴 것이다. 사람은 생각하는 대로 살게 된다. 성공의 비밀은 성공에는 비밀이 없다는 것이다.

인류 역사가 시작된 이후, 성공의 요인은 끝없이 발견되어왔다. 그것은 다음과 같다.

① 당신이 원하는 것과 당신이 되고 싶은 사람에 대해 훤히 꿰

뚫고 있어야 한다.

② 오직 그것들만 끊임없이 생각하고 말하라. 당신이 원치 않는 것에 대해서는 생각하고 말하고 걱정하는 것을 일절 중지하라.

③ 당신이 몸담은 업계에서 남들보다 뛰어난 능력을 기를 수 있도록 무엇이든 배워라. 기술을 개발하고 소속 분야에서 상위 10퍼센트 안에 들겠다고 결심하라. 이것이 다른 어떤 요인보다 큰 도움을 줄 것이다.

④ 완전히 긍정적인 사람이 되어야 한다. 그래야 사람들이 당신을 좋아하고 당신 주변에 모여 당신을 도울 것이다.

⑤ 사람들과의 교류와 인적 네트워크를 확대하는 전략을 개발하라. 당신을 알고 좋아하는 사람이 많을수록 당신을 위한 기회가 찾아올 것이다.

⑥ 저축하는 습관을 들여라. 처음에는 소득의 1퍼센트에서 시작해 10퍼센트로, 다시 20퍼센트, 30퍼센트로 늘려간다. 은행에 돈이 있는 사람은 파산한 사람보다 많은 기회와 행운을 끌어들인다.

⑦ 타고난 창의력을 발휘하라. 당신은 잠재적인 천재다. 당신의 놀라운 정신력을 적용할 때, 당신이 못 풀 문제는 없으며 이루지 못할 목표도 없다.

⑧ 매일 매 순간 결과에 집중하고 시간을 가장 소중하게 쓰는 일에 집중하라.

⑨ 행동 지향성은 모든 성공하는 사람들의 필수적인 자질이다. 자리에서 일어나 바쁘게 움직이고 긴박감에 익숙해지고 당신이 열망하는 방향으로 끊임없이 이동하라.

⑩ 인격의 발달을 꾀하라. 내면적으로 멋진 사람이 될수록 당신은 외적으로 더 놀라운 삶을 누리게 될 것이다.

⑪ 끝으로, 시작할 용기와 참고 견딜 끈기가 있어야 한다.

이 모든 요인을 결합할 때, 당신은 완전히 긍정적이고 미래에 초점을 맞추고 에너지 넘치고 호감이 가고 재능이 있고 숙련되고 지적이고 낙관적인 인간이 된다. 당신은 멈추지 않는 자질을 갖추고 삶의 모든 영역에서 행운을 경험하기 시작하며, 이로 인해 당신이 세울 수 있는 모든 목표를 이룰 수 있을 것이다.

나중에 사람들이 당신에게 운이 좋다고 말하면, 당신은 겸손하게 웃으며, 얼마나 운이 좋았는지, 그리고 그것을 얼마나 감사히 여기는지 말할 수 있을 것이다. 하지만 마음속으로는 그것이 전혀 운이 아니었다는 것을 안다.

You did it all by yourself.

당신이 해낸 것이다, 전부, 스스로.

### ✦ 행복해지는 비결 ✦

1. 모든 사람의 궁극적인 목표는 행복이다.

2. 우리는 좋은 사람일 때만 행복할 수 있다. 우리는 미덕을 쌓아야만 좋은 사람이 될 수 있다.

3. 정직은 핵심 미덕이다.

4. 자기 자신에게 진실하다는 것은 우리 내면에 있는 최고의 가치를 충실히 따른다는 의미다.

5. 실패의 주된 요인은 게으름, 탐욕, 이기주의, 야망, 무지, 허영심, 성급함이다. 그 해독제는 자기 수양이다.

6. 더 많이 더 크게 얻으려면, 안전지대를 벗어나라.

7. 시작할 용기와 참고 견딜 끈기가 있어야 한다.

# 행운에 관한 법칙 A to Z

**01** **Abundance** 풍요의 법칙

우리는 무한하고 풍요로운 우주에 살고 있다. 모든 사람을 위한 것이 무엇이든 널려 있다.

**02** **Accelerating Acceleration** 가속도의 법칙

당신이 무언가에 다가가면, 그것 또한 당신에게 다가온다. (≒끌어당김의 법칙)

**03** **Accident** 우연의 법칙

계획을 못 세우는 것은 실패를 계획하는 것과 같다. 목표 없이 행동하는 것은 목표 없이 사는 것을 의미한다. (↔통제의 법칙)

## 04   **Accumulation** 축적의 법칙

희망과 욕망의 감정을 실어 조금씩 돈을 저축하거나 투자하면, 그 돈 주변에 힘의 장이 생겨나고 돈이 저절로 더 많이 불어나기 시작한다.

## 05   **Action and Reaction** 작용과 반작용의 법칙

모든 작용에는 그와 같거나 반대되는 작용이 있다.

## 06   **Affirmation** 긍정 확언의 법칙

자신에게 맞는 긍정적인 목표를 현재 시제로 반복해서 되뇌면, 그 목표는 잠재의식에 명령으로 받아들여진다. 그 결과, 원하는 것을 우리 삶으로 끌어당길 수 있다.

## 07   **Applied Effort** 응용 노력의 법칙

어떤 목표, 임무, 행위든 꾸준하고 일관된 노력이 필요하다.

## 08   **Assumption** 가정의 법칙

당신이 진심으로 바라는 것이 무엇이든, 절대 실패하지 않을 것처럼 행동하라. 그러면 그렇게 될 것이다.

### 09 **Attraction** 끌어당김의 법칙

사람은 살아 있는 자석 같은 존재다. 자신이 주로 하는 생각에 어울리는 사람이나 환경, 아이디어, 자원을 삶으로 끌어당긴다.

### 10 **Average** 평균의 법칙

잇달아 발생하는 사건 중 무엇이 성공할지 정확히 예측할 수는 없다. 하지만 어떤 일이 발생할 확률은 일정하므로, 무엇이든지 반복하면 반드시 성공한다.

### 11 **Belief** 믿음의 법칙

당신이 굳게 믿는 것은 당신의 현실이 된다.

### 12 **Cause and Effect** 원인과 결과의 법칙

모든 일은 이유가 있어서 발생한다. 살면서 직면하는 결과에는 한 가지 원인이 있기 마련이다. 아니면 일정한 한도에서 측정하고 정의하고 식별할 수 있는 일련의 원인이 있다.

### 13 **Clarity** 명확성의 법칙

자신이 원하는 것을 더 명확하게 알수록 그것을 더 빨리 얻는다.

### 14 **Concentration** 집중의 법칙

당신이 누누이 말하는 것은 무엇이든 당신의 세계에서 자라
나고 늘어난다.

### 15 **Conservation** 보존의 법칙

문제는 얼마나 버느냐가 아니라 얼마나 간직하느냐다.

### 16 **Contribution** 기여의 법칙

당신이 받는 금전적 보상은 당신이 기여한 가치에 정비례하
며, 그 가치는 다른 사람이 결정한다. (≒결과의 법칙)

### 17 **Control** 통제의 법칙

자신의 삶을 스스로 통제하고 있다고 느낀다면 자신에 대해
긍정적인 생각을 지닌 것이다. 반대로 외부의 힘이나 다른 사
람에 의해 통제되고 있다고 느낀다면 자신에 대해 부정적인
생각을 품은 것이다.

### 18 **Correspondence** 일치의 법칙

외부세계는 내면세계를 반영한다. 주변에서 벌어지는 일은
마음속에서 벌어지는 생각이 실현된 것이다.

**19  Courage 용기의 법칙**

목표를 향해서 대담하게 나아갈 때, 보이지 않는 힘이 당신을
돕는다.


**20  Credit 신용의 법칙**

당신을 안심하고 믿는 사람이 많을수록, 다른 사람과 협업하
고 사업상의 의사결정을 내리는 과정이 더 쉬워진다.


**21  Decision 결정의 법칙**

성공의 지름길은 명확하고 단호한 판단이다. 성공하지 못하
는 사람은 절대 그런 결정을 못 내린다. 특정한 일을 하겠다는
분명하고 구체적인 결심은 정신을 맑게 하고 창의력을 일깨
운다.


**22  Desire 욕망의 법칙**

인간의 능력에 유일한 한계가 있다면, 자신이 진정으로 원하
는 것을 제대로 알지 못한다는 것이다. 욕망을 정확히 파악하
면 목적과 수단을 찾고 잠재력을 한껏 발휘할 수 있다.

### 23  **Emotional Reciprocity** 감정적 호혜성의 법칙

당신이 다른 사람을 기분 좋게 하는 말과 행동을 할 때, 그들은 무의식적으로 당신에게 보상하고 싶고 당신을 똑같이 기분 좋게 해주고 싶은 욕구를 느낀다.

### 24  **Emulation** 따라 함의 법칙

성공한 사람들이 하는 일을 정확히 파악하고 그대로 따라 하면 동일한 성공을 거둘 수 있다.

### 25  **Expectation** 기대의 법칙

무엇이든 확신을 품고 기대하면 그 기대는 자기실현적 예언이 된다. 우리가 얻는 것은 (삶에서 부족하다고 느껴서) 원하는 것이 아니라 (자발적으로) 기대하는 것이다.

### 26  **Flexibility** 유연성의 법칙

목표에 대해서는 분명한 태도를 견지해야 하지만, 그 목표를 이루는 방법에 대해서는 늘 유연한 태도를 유지해야 한다.

### 27  **Futurity** 미래의 법칙

중요한 것은 어디서 왔는가가 아니라 어디로 가는가다.

### 28 **Giving** 베풂의 법칙

아무 대가 없이 당신 자신을 내어줄수록 전혀 생각지 못했던 곳에서 더 많은 것이 당신에게 돌아온다.


### 29 **Habit** 습관의 법칙

자신 또는 외부 자극에 대해 명확한 결정을 내리지 못할 때 우리는 이전과 똑같은 방식으로 행동하게 된다. 더욱이 무엇이든 계속 반복하면 새로운 습관이 된다.


### 30 **Improvement** 개선의 법칙

맡은 일을 더 잘할 때 인생도 더 나아진다.


### 31 **Incremental Improvement** 점진적 개선의 법칙

사람은 조금씩 나아진다. 뛰어난 경지는 길고 점진적인 진척 과정 끝에 이를 수 있다. 알아차릴 수 없을 만큼 미세한 발전이 조금씩 쌓이면 해당 분야의 정상에 오른다.


### 32 **Indirect Effort** 간접 노력의 법칙

상대에게 좋은 인상을 심어주려고 하지 말고, 질문을 던지고 상대의 대답에서 좋은 인상을 받아라. 우리가 다른 사람에게 원하는 것을 얻을 때는 자신의 노력보다 타인의 노력 덕분일 때가 많다.

### 33  **Integrative Complexity** 통합적 복합성의 법칙

어느 집단이든 정보를 가장 많이 모을 수 있는 사람이 집단 안에서 우뚝 서서 나머지 전체를 지배한다.

### 34  **Inertia** 관성의 법칙

상황을 변화시키려는 결정을 명확히 내리지 않거나 안전지대에서 빠져나오도록 강요하는 일이 발생하지 않는 한, 당신은 계속 똑같은 일을 하고 똑같은 사람들과 어울리고 똑같은 수준의 성취에 만족해야 할 것이다.

### 35  **Investing** 투자의 법칙

투자하기 전에 충분히 조사해야 한다. 적어도 돈을 버는 데 들인 만큼의 시간을 투자 공부에 들여야 한다.

### 36  **Liking** 호감의 법칙

당신에게 호감을 느끼는 사람에게는 영향을 미치기 쉽다. 당신을 좋아하는 사람이 많을수록 그들은 당신에게 더 많이 영향받고, 당신이 목표를 달성하도록 당신을 더 많이 도와준다.

### 37 Love 사랑의 법칙

사람이 살아가면서 하는 모든 일은 사랑을 얻거나 결핍된 사랑을 보상받기 위한 것이다. 결과적으로 당신이 가장 하고 싶은 일에 온 마음을 다해 매달릴 때만, 진정한 성공과 행복이 찾아온다.

### 38 Mental Equivalent 정신적 등가교환의 법칙

외부세계에서 즐기고 싶은 것과 동등한 것을 마음속으로 만들어내는 일에 주력해야 한다. 이때 과거나 미래의 생각은 중요치 않다. 단 한 가지 중요한 것이 있다면, 바로 이 순간 당신이 생각하는 방식이다.

### 39 Mind 마음의 법칙

당신의 생각은 주변 세계에서 언젠가 실현된다. 믿음의 법칙의 필연적인 결과가 마음의 법칙이다.

### 40 Opportunity 기회의 법칙

준비된 사람에게는 딱 맞는 시간에 딱 맞는 기회가 온다.

### 41 **Parkinson** 파킨슨의 법칙

소득이 늘어나는 만큼 지출도 늘어난다.


### 42 **Positive Expectation** 긍정적 기대의 법칙

어느 상황에서든 좋은 일이 생길 거라고 더 자신 있게 기대할수록 그런 결과가 일어날 가능성은 더 커진다.


### 43 **Practice** 실천의 법칙

무엇이든 꾸준히 실천하다 보면 결국 그것이 새로운 습관이 되고 기술이 된다.


### 44 **Probability** 확률의 법칙

모든 사건은 특정 상황에서 그 사건이 발생할 확률이 있다.


### 45 **Purpose** 목적의 법칙

성공의 비결은 일관된 목적의식이다.


### 46 **Reciprocity** 호혜성의 법칙

당신이 다른 사람에게 무언가를 주면, 그 사람도 당신에게 무언가를 주고 싶어 한다.

### 47  **Relationship** 관계의 법칙

당신을 긍정적으로 생각하는 사람이 많아질수록 더 많은 기회와 성공을 누리게 될 것이다. (≒호감의 법칙)

### 48  **Relaxation** 이완의 법칙

긴장을 풀고 해결해야 할 문제를 초의식에 내맡기면 마음의 문이 열리면서 영감이 떠오른다.

### 49  **Repulsion** 밀어냄의 법칙

자신이 주로 하는 생각과 조화를 이루지 못하는 사람이나 환경은 자동으로 밀려난다. (↔끌어당김의 법칙)

### 50  **Responsibility** 책임의 법칙

자신의 현재와 미래에 대한 책임은 100퍼센트 자신에게 있다.

### 51  **Result** 결과의 법칙

당신이 받는 보상은 언제나 당신이 다른 사람을 위해 달성한 결과와 동일한 양과 질로 적절한 시기에 돌아온다.

### 52 **Reversibility** 가역성의 법칙

감정이 그와 일치하는 행동을 만들어내듯이, 행동도 그와 일치하는 감정을 만들어낸다. 이것은 당신이 느끼고 싶은 방식대로 행동할 수 있다는 뜻이기도 하다.

### 53 **Saving** 저축의 법칙

일할 때 수입의 10퍼센트를 저축하거나 투자하면, 백만장자로 은퇴하게 된다.

### 54 **Self-Development** 자기계발의 법칙

스스로 설정한 목표를 달성하기 위해 배울 필요가 있는 것은 무엇이든 배울 수 있다. 사람이 이룰 수 있는 것은 무한하다.

### 55 **Self-Esteem** 자긍심의 법칙

당신이 자기 자신을 더 좋아하고 존경하고 인정할수록 당신은 다른 사람을 더 좋아하고 존경하고 인정하게 된다. 그들 또한 당신을 더 좋아하고 존경하고 인정하게 된다.

### 56 **Serendipity** 세렌디피티의 법칙

어떤 상황이든 더 나아질 것이라고 굳게 믿을 때 행복한 일들이 일어난다. 그중 많은 것은 처음에 실패로 보이기도 하지만, 조금 있으면 목표를 달성하는 과정에서 꼭 일어날 수밖에 없었던 일로 드러난다.

### 57 **Service** 이바지의 법칙
우리가 받는 보상은 우리가 남들에게 이바지한 가치와 같다.

### 58 **Sowing and Reaping** 파종과 수확의 법칙
우주는 언제나 균형을 취한다. "사람이 무엇을 심든지 그대로 거두리라"(〈갈라디아서〉 6장 7절).

### 59 **Subconscious Activity** 잠재의식 활동의 법칙
의식 속에 있는 생각이나 목표는 잠재의식에 명령이나 지시로 받아들여진다. 잠재의식이 받아들인 것은 무엇이든지 주변 세계에서 구체화되기 시작한다.

### 60 **Substitution** 대체의 법칙
의식은 한 번에 한 가지만을 생각할 수 있고 그 생각을 선택할 수 있다. 우리는 언제든 부정적인 생각을 긍정적인 생각으로 대체할 수 있다.

### 61 **Suggestion** 연상의 법칙

우리의 생각은 원하거나 원치 않는 일을 불러일으키는 강력한 힘의 장을 만들고 있다.

### 62 **Superconscious Activity** 초의식 활동의 법칙

의식 속에서 지속적으로 붙잡고 있는 생각이나 계획, 목표, 아이디어는 초의식을 통해 반드시 실현된다.

### 63 **Synchronicity** 공시성의 법칙

살다 보면 직접적인 인과관계가 없는 일들이 일어난다. 각각의 사건은 인과율이 아니라 의미에 의해 연결될 때도 많다.

### 64 **Talent** 재능의 법칙

재능 혹은 능력을 계발하려면, 반드시 먼저 그것을 좋은 목적에 적용할 기회를 잡아야 한다.

### 65 **Value** 가치의 법칙

오늘날 가치의 주요 원천은 시간과 지식이다. 당신이 다른 사람의 삶과 세상에 선한 가치를 더할수록 당신에게 돌아오는 금전적 보상이 커진다.

### 66  **Variety** 다양성의 법칙

성공은 자신의 상황을 개선하기 위해 끌어낼 수 있는 아이디어의 양과 질에 달려 있다.

### 67  **Willingness** 자발적 의지의 법칙

성공은 승리를 자발적으로 준비하려는 의지의 결과다. 노력과 희생이라는 대가를 기꺼이 치르는 사람이 목표를 달성한다.

### 68  **Winning Edge** 경쟁 우위의 법칙

지식과 능력의 작은 차이가 결과의 엄청난 차이를 부른다.

### 69  **Work** 업무의 법칙

당신이 존중하고 감탄하고 우러러볼 수 있는 상사가 있는 일자리를 선택하라. 배울 점이 없고 매사에 부정적인 상사와 함께 근무하는 것은 시간과 인생을 낭비하는 것이다.

### 70  **Zero–Based Thinking** 원점 기반 사고의 법칙

당신이 하는 일 중에서 지금 알고 있는 것을 미리 알았더라면 절대 손대지 않았을 일이 있는가? 있다면 가능한 한 빨리 그 일을 접어라.

**THE LAWS**
**OF LUCK**